Objectif Bien-être®

Théologie et vie politique de la terre
Collection dirigée par Dominique KOUNKOU

Dans les années soixante, la vie de la terre rassemblait les théologiens, les politologues, les acteurs politiques, les sociologues des religions, les philosophes. Tout, tout était tenté pour réconcilier l'homme d'avec son Dieu, l'homme d'avec l'homme, l'homme d'avec l'Homme, l'homme d'avec sa responsabilité de continuer à faire vivre en harmonie la création. Tant et si bien qu'on est arrivé à projeter la construction de la civilisation de l'universel Puis il y a eu cette sorte d'émancipation de la politique vite supplantée par le commerce dans un monde en globalisation.
Et l'homme ?... Et son Dieu ?... Et sa pensée ?...
Tout ce qui est essentiel paraît de plus en plus dérisoire face à la toute-puissance du commerce.
Comment réintroduire l'homme au cœur de cette avancée évolutionnaire du monde afin que sa théologie et sa volonté politique influent sur la vie de la terre ?
Tel est le questionnement que poursuit, de livre en livre, cette collection.

Déjà parus

MARTIN-LAGARDETTE Jean-Luc, *Les Droits de l'âme. Pour une reconnaissance politique de la transcendance*, 2008.
KOUNKOU Dominique, *Un bilan de la liberté religieuse en France*, 2008.
DESPLAN Fabrice et Régis DERICQUEBOURG (dir.), *Ces protestants que l'on dit adventistes*, 2008.
Nahed Mahmoud METWALLY, *Une égyptienne musulmane convertie au christianisme*, 2008.
ZAKI Magdi Sami, *Dhimmitude ou l'oppression des chrétiens d'Égypte*, 2008.
KOUNKOU Dominique, *Pour une renaissance de la tontine*, 2008.
DELECRAZ Guy, *Etincelles de foi, flammes de joie*, 2008.
SŒUR MYRIAM, *Sable et or. Poèmes*, 2007.
LE BERRE Patrick, *Le fil de la vie*, 2006.
ANTHONY Dick – INTROVIGNE Massimo, *Le lavage de cerveau : mythe ou réalité ?*, 2006.

Patrick Le Berre

Objectif Bien-être®

Préface de Philippe Desbrosses
Postface de Jean Marie Pelt

L'Harmattan

OUVRAGES DU MEME AUTEUR :

L'eau, matrice de la vie, miroir de la conscience, 2006,
I.S.B.N : 2-296-00502-0

Le fil de la vie, 2007,
I.S.B.N. : 978-2-296-02651-3

© L'Harmattan, 2009
5-7, rue de l'Ecole polytechnique ; 75005 Paris

http://www.librairieharmattan.com
diffusion.harmattan@wanadoo.fr
harmattan1@wanadoo.fr

ISBN : 978-2-296-07656-3
EAN : 9782296076563

Dédicaces :

A tous les amoureux de la vie.

A toute ma famille qui a favorisé l'éclosion de ma légende personnelle et en particulier à mes enfants à qui je dédie cet ouvrage au moment où ils entrent dans l'âge adulte pour participer à l'élaboration de ce monde.

Aux courageux pionniers de la conscience qui ont appris à trouver leur paix intérieure et qui l'utilisent pour faire évoluer notre monde.

A tous les Passeurs d'âme® en devenir, désireux de parvenir à être à la fois métaphysicien-conteur, Chaman et mystique.

A toutes les femmes du monde qui sont en train d'ensemencer une Terre nouvelle et qui incitent les hommes à plus de courage intérieur.

A toutes celles et tous ceux qui se sentent appelés par ce rare chemin d'exigence, de foi et d'amour.

Aux enfants qui ressentent intimement l'appel du divin en eux-mêmes et leur place dans la mutation actuelle.

À tous ces enfants, ces adolescents, ces jeunes auxquels nous allons léguer ce monde.

Profonds remerciements
à mon épouse Élisabeth ainsi qu'à Christine Sauvion.
Merci de m'avoir grandement aidé dans la relecture attentive et patiente du fond comme de la forme de cet ouvrage.
Merci d'avoir su m'amener à évoluer au fur et à mesure de cette genèse afin de revenir à l'essentiel : l'amour.

PRÉFACE

Philippe Desbrosses

Agriculteur
Docteur en Sciences de l'environnement
Expert consultant auprès de l'Union Européenne
Directeur de la ferme de Ste Marthe
Auteur de nombreux ouvrages
en agro-écologie et sciences de l'environnement

Objectif « Bien-être » est un livre qui arrive juste à point dans une époque ultime de grandes mutations, disons même de bouleversements majeurs qui vont affecter de manière considérable la trajectoire de l'humanité dans son expérience terrestre.

Nous vivons une situation inédite.

L'humanité n'a pas connu pareille circonstance sauf à se référer aux légendes antédiluviennes dont parlent les investigateurs de l'Atlantide.

D'autres civilisations mythiques auraient disparu après des cataclysmes environnementaux gigantesques provoqués par les ambitions démesurées de l'espèce humaine.

En fait, plus l'histoire avance, plus la légende paraît plausible. À chaque fois les dieux ont mis un arrêt brutal aux vanités humaines en anéantissant tout ce qui n'était pas conforme aux lois physiques du cosmos, aux lois biologiques de la terre, et aux lois spirituelles de l'univers que l'on qualifiait tout simplement de «lois Divines ».

La mythologie qui relate les grandes épopées légendaires, Icare, Prométhée... ne fait que mettre en scène les tribulations et les erreurs de notre espèce.

« - Homme, petit homme, héros improbable qui veut se mesurer aux dieux, à chaque fois retenu et fracassé si près du but, te voilà donc à nouveau arrivé au point crucial, face à ton destin et à tes contradictions ».

Ces histoires se répètent à l'infini depuis que le monde est monde pour incliner à la sagesse ceux qui peuvent les comprendre.

Quand nous parlons de situation inédite, pour évoquer l'époque que nous vivons, nous voyons bien qu'il n'y a pas d'exagération dans le propos.

Toutes les crises se sont donné rendez-vous à ce tournant du millénaire et nous ne savons pas en mesurer les conséquences car ce choc frontal est d'une exceptionnelle ampleur avec la convergence des crises climatique, énergétique, économique, financière, démographique, alimentaire, écologique, sanitaire... toutes liées entre elles dans un choc de civilisation, culturel, moral, politique...

On voit bien qu'il s'agit d'une cause unique qui affecte le comportement de l'homme.

Celui-ci agit le plus souvent, collectivement, dans l'inconscience et l'irresponsabilité.

Et c'est peut-être cet immense défi que rappelle Patrick Le Berre qui va nous permettre de sortir de la chrysalide pour accomplir une autre étape de notre extraordinaire destin. Le fameux saut quantique qui doit nous propulser dans une nouvelle dimension nous permettra-t-il d'accomplir ce que tous les prophètes ont annoncé en proclamant notre nature divine ?

Nous ne l'avons peut-être pas remarqué mais nous sommes aujourd'hui dans l'Apocalypse annoncée pour la fin des temps ou plutôt la fin d'un temps...

En effet au sens étymologique du terme, l'apocalypse est la « Révélation ».

À cet égard l'humanité n'a jamais eu autant de chances de comprendre son destin et d'en influencer le cours que dans ces quelques décennies, décennies qui ont permis en une génération d'embrasser l'absolue complexité de l'univers et de découvrir la Terre, notre belle planète bleue vue d'ailleurs...

Ce fragile esquif dans l'immensité des galaxies est l'unique refuge sur lequel nous devons partager l'espace et les ressources avec toutes les formes de vie qui y cohabitent sous peine de disparaître avec elles et avec toute la trame de vie qui assure notre pérennité.

Nous avons expérimenté ces derniers temps avec quelle régularité et quelle rigueur l'univers nous renvoie les conséquences de nos turpitudes.

Nous en avons l'illustration par les phénomènes récents des désordres climatiques, sanitaires, sociaux, écologiques. Nos choix de société ne sont pas anodins et toutes les catastrophes ne sont pas des fatalités.

Dans cette perspective nous devons retourner aux sources et nous réaligner sur les préceptes des grandes traditions, à savoir la coopération, la sagesse et l'amour comme l'exprime pertinemment Patrick Le Berre avec la légitimité de son expérience.

AVANT-PROPOS

Traditionnellement, des hommes s'intéressent et participent à la vie de leur cité, de leur nation, de leur monde. On les appelle hommes et femmes politiques. L'observation actuelle montre qu'une infime fraction d'entre eux développent une vision politique qui intègre la spiritualité. Comme vous, sans doute, je me suis demandé pourquoi et j'y ai trouvé de multiples réponses. Il est à noter que l'expression de la spiritualité est souvent décalée par rapport à ce qu'elle devrait être et qu'elle est mal perçue dans la société. Elle est souvent source de confusion avec le terme religion. Maintenant il est vrai que nul ne peut nier l'importance que la spiritualité a eue sur le globe terrestre depuis la nuit des temps. Cette spiritualité apporte du sens au parcours de chaque être humain sur Terre, à sa quête lorsqu'il y en a une.

Cet ouvrage va aborder le lien entre la spiritualité et la politique pour la première fois sous l'angle d'une spiritualité qui intègre le fait politique, d'une spiritualité qui s'intéresse à l'expérience du genre humain au sein de l'environnement des différents règnes de la Terre, et non sous l'angle habituel d'un essai de politique spirituelle.

Il s'agit donc ici d'**un livre de « spiritualité politique »** car de mon point de vue nous sommes davantage des êtres spirituels expérimentant la vie humaine que des êtres humains découvrant la spiritualité.

J'ai souhaité que le lecteur parte de sa propre conception de la spiritualité pour la soumettre à la cohérence des faits réels les plus divers de notre monde politique. J'ai souhaité aussi permettre à chacune et chacun de réajuster lui-même les écarts entre cette propre conception et sa pratique réelle au quotidien. J'ai conçu cet ouvrage pour que chacun se l'approprie, se prenne en charge, bâtisse ses propres cartographies, synthèses ou processus exploratoires et non pour apporter une vérité de plus au monde. Je n'ai plus envie de convaincre, de prêcher une bonne parole avec un fond de manichéisme, de jouer un rôle de missionné. Si d'autres le font je les respecte. Peut-être aussi que je ressens, comme bon nombre, que le temps est venu de passer à autre chose, sans guerre ni conflit d'idées. Voilà pourquoi je vais faire en sorte de poser des questions ouvertes afin que chacun puisse y trouver ses réponses en parcourant à sa façon la variété des terrains d'expérience utiles, du local au global, du subjectif à l'objectif, de l'infiniment grand à l'infiniment petit, du Père céleste à la Terre Mère. Néanmoins, je vais également apporter le fruit de mes travaux dans le domaine du bien-être, surtout quand ces expériences ont conduit à retrouver ce que j'appelle « des lois de l'univers » ou « les lois du Père ». Ces lois ne sont pas l'affaire d'un simple point de vue d'auteur. Elles sont exploitables par celles et ceux qui le souhaitent. Ce sont devenues mes co-naissances, de véritables changements de regards sur la vie et sur le monde. Je ne vais pas chercher à projeter mes co-naissances sur vous pour que vous les fassiez votre. En ce qui concerne le besoin de reconnaissance, ma propre foi me guide et me reconnaît déjà. Il vous appartient d'avoir le courage de vivre vos propres naissances, de vous émerveiller dans la découverte d'infinies possibilités de création. Je vais seulement vous témoigner ces connaissances afin de partager avec vous la cohérence que j'y ai trouvé. Je souhaite que vous ressentiez le même bonheur que moi en ajustant votre vision du monde lors de cette lecture. Je souhaite que cette lecture vous aide à élargir votre champ conscience, afin que dans un deuxième temps vous puissiez déterminer la façon d'apporter votre créativité dans la société. Au-delà de ce que j'ai vécu et de ce que je connais, je rajouterai la contribution de nombreux experts dans leur domaine. Il s'agira de faits glanés de-ci de-là. Il vous appartiendra ensuite d'aller creuser vous-même et d'approfondir auprès des auteurs référencés si des questions apparaissent.

Voilà pourquoi le style d'écriture de l'ouvrage est volontairement lacunaire, afin que chacun puisse faire les liens lui-même, que chacun puisse tester avec courage la cohérence de son propre modèle du monde pour en tirer les conclusions qui s'imposent, que chacun puisse donner une explication des mêmes phénomènes sous un autre angle de vue, puis proposer ensuite des solutions qui font sens. J'ai dû faire ce même chemin et je chemine encore dans ce que Patrick Viveret appelle « un parcours d'expertise en humanité ». Alors je vous propose de cheminer avec moi.

Sur ce chemin, je définis les notions que j'emploie, afin de partir ensemble sur de mêmes bases et pouvoir communiquer de façon plus harmonieuse. Il me semble important d'être comme un musicien, d'exprimer des accords musicaux, justement composés de notes différentes, de jouer une même symphonie avec la variété des instruments de chacun, voire de communier ensuite dans le silence sur des longueurs d'ondes qui sont communes. Je redéfinis le langage, les codes sociaux et la manière de communiquer autour du bien-être durable pour tous car les anciens modèles issus de nos parents et de nos grands-parents sont devenus obsolètes. Un individu pleinement conscient et ouvert à une autre qualité d'être dans la vie ne peut œuvrer en utilisant les anciennes architectures invisibles ou les anciennes structures visibles. Un monde est à inventer, un monde où le contenant autant que le contenu vont déterminer ce qui va être créé.

Cet ouvrage ne fait aucun procès d'intention à quiconque. Pour moi, l'ensemble des sœurs et des frères sur cette Terre sont des apprentis Créateurs à l'école de la vie. Chacun apprend à son échelle les lois de la vie terrestre, exerce son discernement. Chacun a droit à l'erreur, à l'égarement et pourquoi pas à l'entêtement. Bien entendu, l'observateur que je suis s'est donné le droit de la mesure et de l'évaluation des cohérences pour fournir une telle synthèse. Selon moi, nous avons le droit d'être celui qui mesure et non d'être celui qui juge. Car en ayant ce sens de l'évaluation, il est possible de différencier les branches de l'arbre portant des fruits pourris de celles portant des fruits sains. Même la notion de pourri ici ne revêt aucunement un caractère péjoratif. Le fruit pourri nourrit la terre nouvelle pour faire naître ensuite, par le biais de la sève renouvelée, des fruits éclatants. Cette remarque est un clin d'œil amical aux mouvements alter-mondialistes appuyés sur les associations de la société civile. Effectivement ces mouvements partent d'une bonne analyse des faits sur le terrain. J'ai d'ailleurs rédigé ce livre en écoutant les paroles prophétiques de la chanteuse française de Rap Keny Arkana, des paroles qui donnent courage et cœur à l'ouvrage. Maintenant il est vrai qu'il peut être utile de dépasser un propos seulement plaintif, même s'il est propice pour prendre conscience et ouvrir les yeux car il reste moins valide pour la reconstruction de ce nouveau monde. Reconnaissons notre pouvoir de révolution intérieure plus que notre pouvoir de révolte. Découvrons ce vent nouveau qui se lève, un vent d'espoir pour ceux qui ressentent intimement le changement de monde qui s'opère actuellement. Car compte tenu des défis qui s'annoncent nous ne pourrons pas rester plus longtemps immobiles. Pour dépasser la sensation de fatalité et le sentiment d'impuissance, débouchons la source d'amour en nous-mêmes, puis ouvrons les espaces de dialogue et de confrontation sous la forme d'une intelligence collective qui apprend de ses accords et de ses désaccords. Osons même avec courage aller sur le terrain des sujets qui dérangent. Un joyau nous y attend.

    C'est alors que jaillira l'Homme nouveau sur le terreau de l'homme ancien.

PRÉAMBULE

La genèse d'un concept mondial, d'un idéal planétaire crédible

Le but d'une société humaine est-il seulement de bâtir un projet qui a pour objectif central la croissance mondiale ? Est-ce de construire une société censée favoriser le plus grand nombre alors que les faits démontrent qu'en réalité elle ne favorise que quelques-uns et accroît considérablement et durablement les inégalités ?
Doit-on ériger en objectif le fait de donner à quelques-uns du superflu à profusion, alors qu'une majorité sans cesse grandissante d'êtres humains manque encore du nécessaire ?

À l'heure où de nombreux dirigeants politiques semblent en manque d'inspiration pour imaginer un projet de civilisation cohérent autre que le projet axé sur la mondialisation de notre économie de croissance, n'y a-t-il pas d'autre alternative ? Quel autre but pourrait avoir l'humanité ? Les dirigeants ne finissent-ils pas à la longue par s'enfermer dans des systèmes de croyance établis, dans des stratégies bien loin de leurs théories de départ ?

Se pourrait-il qu'il existe un espace pour des valeurs autres que celles de l'argent, des valeurs pouvant être mises en avant en tant que finalités dans la vie ?

À l'ensemble de ces questions, un enfant donnerait alors cette réponse : et le bien-être alors ? Et l'enfant de poursuivre : un vrai bien-être durable pour tous les êtres vivants, un bien-être qui dure sans que certains possèdent presque tout, alors que d'autres n'ont quasiment rien et souffrent, est-ce possible ? En vocabulaire d'adulte, on pourrait transposer cela en un bien-être durable pour tous sans contreparties négatives pour son entourage.

Que signifie bien-être durable, au-delà de la simple expression ? Est-il possible de tenter une nouvelle approche planétaire concrète autour de cette finalité ?
C'est là la proposition de cet ouvrage. Voyons si cet objectif peut se révéler une véritable utopie au sens noble du terme, à savoir *« une définition politique d'une construction rigoureuse qui réalise un idéal total »*, selon la définition du dictionnaire.

Afin que vous puissiez suivre l'évolution de ces idées depuis leur émergence chez moi en 1993 et leur cheminement au cours des années, je vais décrire succinctement mon parcours personnel sur ce sujet. Proposer une idée peut être aisé, même pour un enfant. La rendre concrète et la réaliser demande un peu plus de temps et d'énergie.

En 1993, la notion de bien-être durable a été une simple idée trottant dans ma tête, certainement comme dans celle de bon nombre de personnes conscientes du mal-être global grandissant chez nos concitoyens, dépendants de la société que l'Occident a bâtie.

En 1993 encore, je me suis confronté à cette notion de bien-être à titre personnel, expérimentant alors une relation de couple qui ne me procurait pas de réelle joie et qui instillait en moi mal-être et souffrance. En 1998, après un véritable travail intérieur et une démarche conduisant à un épanouissement personnel en profondeur, j'ai pu accéder à un bien-être durable. La richesse de ce travail consista notamment à recréer le lien entre la partie la plus incarnée de moi-même et la partie la plus intime et la plus spirituelle.

Fort de cette expérience et de ce vécu, j'ai déposé en 1998, dans le cadre d'un concours sur la création d'entreprise en France, un dossier d'essaimage d'une entreprise favorisant l'épanouissement personnel permettant de conduire au bien-être individuel.

En 1998, j'ai par ailleurs pu participer à un groupe de réflexion regroupant chefs d'entreprises et citoyens en Indre et Loire, groupe qui étudiait les possibilités d'avenir du Département. Après de nombreux débats et réflexions, l'idée de propager un concept autour d'un certain bien-être a vu le jour en Touraine. Et c'est ainsi que le slogan « La Touraine, capitale européenne de l'énergie du Bien-être » fut adopté en 1999 par la centaine de membres constituant ce groupe de travail rassemblant notamment les forces vives politiques, institutionnelles, entrepreneuriales et citoyennes de la région.

Or à l'époque, rares étaient ceux qui avaient une véritable idée de ce que « bien-être durable sans contreparties pour son entourage » signifiait.

J'ai donc poursuivi mon étude de 1999 à 2003, afin d'être à même de faire évoluer cette idée devenue slogan, vers un concept sociétal complet et cohérent. Il me fallait bâtir progressivement un modèle théorique de cette utopie, afin de pouvoir ensuite en développer une image projetée concrète sous la forme d'un projet politique réaliste sur le plan mondial.

S'assurer du passage du slogan au concept s'avérait pour moi un grand chantier d'étude. En effet, le challenge consistait à pouvoir présenter un concept novateur, en faisant face à des spécialistes ancrés dans un unique modèle économique devenu obsolète, même s'il a pu être valide dans le passé. L'objectif était de faire prendre conscience de l'existence d'une possible utopie, sans que cela soit taxé de concept utopiste, au sens péjoratif du terme cette fois.

Passer ensuite à la construction d'une étape de transition entre un monde ancien, centré sur des concepts encore très majoritairement ancrés dans les esprits et les habitudes, et la proposition d'un monde nouveau, devenait un challenge de taille. C'est pourtant ce à quoi je me suis attelé. Cet essai de spiritualité politique en décrit la trame.

Étant encore en 2003 ingénieur-physicien chercheur au Commissariat à l'Énergie Atomique, la proposition me fut faite de devenir l'adjoint de l'Administrateur Général du CEA chargé du Développement Durable. J'avais ainsi l'opportunité de tester, à l'échelle d'un organisme de 17 000 personnes ma conception du bien-être durable face à celle du Développement Durable, concept commençant à être en vogue. J'ai rapidement pu constater qu'il existait des divergences importantes entre ces deux notions. Profondément convaincu que le Développement Durable mènerait à terme à un cul-de-sac, j'ai donc pris la décision de quitter le CEA pour développer le concept de bien-être durable à l'extérieur.

Mes réflexions et recherches de l'époque m'indiquaient déjà que cet idéal planétaire nécessitait un cadre précis, une définition claire et de nouvelles bases conceptuelles à priori peu évoquées jusque-là. Voilà pourquoi, quelques mois plus tard, muni d'une première ossature cohérente autour de ce projet, j'ai déposé à l'INPI la marque de ce concept, « Objectif bien-être® ». Poser cet acte me permettait de préparer un travail de qualité pour passer d'une simple idée à un modèle théorique concret. Une fois déposés, le nom du concept et sa définition claire devenaient juridiquement garantis et leur dénaturation éventuelle pour devenir un slogan réducteur ou galvaudé était évitée. Par contre, il était dès le départ clair pour moi que cet acte de propriété intellectuelle ne pouvait être que transitionnel et temporaire, le temps que j'arrive moi-même à bien définir comment passer du bien-être personnel au bien-être de la société, le temps d'assurer une cohérence d'ensemble. Car à chaque fois, cette cohérence m'a été donnée au-dedans de moi-même. Quelque chose s'est éclairé en moi. Je ne suis donc pas le propriétaire du concept d'Objectif Bien-être®, seulement son vecteur de transmission pour le bien collectif de tous. En procédant ainsi, je ne fais que suivre les lois de Mère nature, qui protège la création de chacune de ses formes tant qu'elle ne les a pas amenées à maturité, tant qu'elle n'a pas garanti leur viabilité. Un enfant est ainsi protégé par ses parents tant qu'il n'est pas adolescent. Une cellule saine protège sa duplication tant qu'elle n'est pas assurée que l'ADN primordial est bien copié sans défaut. Une graine protège son patrimoine génétique contre toute intrusion tant qu'elle reste une graine. Quand elle germe, il en va autrement. Et la vie d'une création humaine en phase d'incubation suit les mêmes règles.

Par ailleurs, certaines coïncidences sont venues enrichir le terreau de mes réflexions concernant une vision plus politique de ce concept. En effet, au CEA, puis dans le cadre du groupe de réflexion des tourangeaux, j'ai eu l'occasion d'aider à la mise en place de deux projets d'incubateurs, des structures relais créées pour favoriser l'émergence, la création et le développement de nouvelles entreprises. Cette expérience m'a fourni les informations nécessaires pour établir un état des lieux précieux sur un plan administratif, juridique et politique pour la création d'incubateurs.

Cependant dans le cadre d'un nouveau paradigme sur le bien-être, il s'agit de créer un incubateur d'un genre nouveau : un incubateur spécifique uniquement pour des porteurs de projet voulant développer des entreprises autour du concept d'Objectif Bien-être®. Le contexte local s'avérant favorable à ce type d'initiative, son implantation tourangelle était rendue possible. En outre, comme le projet ne pouvait être qu'un idéal planétaire, qu'un projet de civilisation, la structure d'une fondation s'imposait. Je pris donc entre 2003 et 2009 un temps de préparation et de réflexion pour mener à bien la faisabilité d'une telle aventure.

Parallèlement, je croisais sur mon chemin un groupe politique nouveau qui avait décidé de bâtir son slogan sur la notion du bien-être et souhaitait en faire son idéal. Ce mouvement politique émergent avait l'originalité de décliner nombre d'idées concrètes pour proposer le passage d'un monde à un autre. En participant activement à plusieurs commissions de travail sur des thèmes donnés, j'eus la possibilité de valider et d'étoffer certaines propositions, puis de vérifier si le programme d'ensemble était cohérent. Mon implication en tant que candidat député lors de la campagne législative de 2007, m'a donné l'occasion d'échanger sur le terrain avec beaucoup de citoyens sur maints sujets et de recenser le nombre d'électrices et d'électeurs français intéressés par les propositions du mouvement. Cela me permit en outre de valider ce qui était cohérent ou non avec le concept Objectif bien-être®. À l'issue de ces élections, j'ai pu observer qu'à l'heure actuelle, bien peu de citoyens français semblaient réellement prêts à mettre en place un changement de leurs habitudes et de leur mode de vie.

En ce qui me concerne, cette participation politique ponctuelle favorisa la rencontre d'un réseau composé de nombreuses personnes pour qui l'objectif de bien-être était bien plus qu'un vain mot. C'était une quête profonde de réalisation dans leur vie. Une graine était semée dans la conscience d'un certain nombre. Le temps permettrait la germination et la poussée en son heure.

Cet engagement politique me permit également, et c'est une des belles lois de l'expérience, de me rendre compte que bien au-delà des simples convictions séduisantes de certaines lignes d'un programme, il demeurait des lacunes incompatibles avec un réel objectif de bien-être durable pour tous. Car même si avoir un idéal, avoir un slogan, voire des convictions et des propositions concrètes est important, présenter une cohérence d'ensemble de qualité pour passer du concept à la réalité me paraît incontournable. Sinon le travail devient contre-productif. De plus, aligner un programme politique cohérent à partir d'anciennes structures ne peut fonctionner, chacun étant pris dans le formatage et les limites du système, même à son insu. Augurons donc que ce parti politique émergent sache à l'avenir corriger les erreurs de trajectoire inhérentes à la jeunesse de son mouvement.

C'est en conséquence la synthèse de ces 15 ans de réflexion et de maturation qui donne aujourd'hui lieu à cet ouvrage. C'est à la fois un essai politique, puisque tourné vers le monde extérieur et une œuvre spirituelle puisqu'elle s'adresse à l'essence de nous-mêmes. C'est un livre qui sollicite la partie la plus « élevée » de chaque être en quête du sens de la vie terrestre, comme la partie la plus incarnée en quête d'un sens à sa vie.

C'est un écrit qui va vous inciter à réaligner les lois du Père céleste au-dedans de vous-même car ces lois existent bien et elles sont même exigeantes, avec les lois d'une Mère terrestre qui permet tout dans son infinie compassion.

CHAPITRE I

LE BUT ET LES VALEURS

« Le bien-être durable pour tous sans contreparties négatives pour son entourage » est le but que nous nous fixons, l'utopie du projet de civilisation que nous portons et que nous souhaitons faire connaître.

Si le but énoncé dans le préambule est louable, encore convient-il d'obtenir les conditions préalables à son émergence.

Aussi il est important d'analyser chacun des mots contenus dans cet objectif.

Les quatre étapes de l'objectif à atteindre

L'Objectif bien-être® peut être défini selon quatre étapes différentes.

- ➢ **Le bien-être** : il s'agit ici de la définition du bien-être à l'échelle individuelle.
- ➢ Un bien-être **durable,** conçu au niveau collectif comme un terreau favorable pour plusieurs générations. Il ne s'agit pas d'un bien-être durable individuel vécu comme un état passager, un apaisement temporaire, une satisfaction éphémère, une joie ponctuelle pour soi.
- ➢ Un bien-être durable **pour tous,** en conséquence accessible à ceux qui le désirent.
- ➢ Un bien-être durable pour tous **sans contreparties négatives pour son entourage,** cela sous-entend la possibilité d'accéder au bien-être pour soi sans pour cela en déposséder un autre.

Connaître l'être humain suppose avoir réfléchi à ses besoins véritables, son fonctionnement et ses buts.

Connaître l'évolution de l'être humain suppose avoir appréhendé comment fonctionne l'environnement dans lequel l'homme vit, avoir découvert la nature et les principales lois fondamentales du vivant.

C'est seulement ensuite qu'il est possible d'étudier la louable évolution de l'homme dans le monde et pour le monde, dans le cadre d'un programme sociétal ou politique de bien-être durable.

Or ce triple challenge est celui que j'ai eu envie de vivre au fond de moi depuis mes plus jeunes années. Les trois questions majeures concernant le sens de l'existence, les moyens pour avoir une vie heureuse et le rôle de la nature et la place de chacun dans la société, m'ont accompagné dans une seule et même quête, une seule et même passion pour la vie. C'est bien entendu en connaissant la relativité des besoins, des fonctionnements et des buts de chacun, que j'ai pu y apporter patiemment des réponses, tel un ethno-sociologue plongé dans des univers sans cesse changeants. C'est en découvrant le « modèle du monde » ou la vision personnelle de nombreux êtres que j'ai pu sonder ce qui apportait réellement des éléments de compréhension à mes trois questions citées ci-dessus. Ma grande chance aura été de vivre pour l'instant 10 phases très différentes dans ma vie. J'ai ainsi pu côtoyer en 28 années d'adulte des univers très contrastés avec des degrés d'ouverture de conscience allant du plus fermé au plus ouvert.

Le Développement Durable

Jusqu'à présent les approches d'évolution de l'homme ont été appréhendées au mieux avec la notion de Développement Durable (DD) et non avec celle du bien-être durable.

Historiquement, l'idée est partie d'un échange entre un chaman d'Amazonie et Gro Bruntdland, ancienne Premier ministre de Norvège et Directrice Générale de l'OMS, pour faire du thème du Développement Durable un nouvel axe de projet planétaire. En 1987, Gro Bruntdland, avait suggéré un développement *« qui réponde aux besoins des générations présentes sans compromettre la capacité des générations futures à satisfaire leurs propres besoins ».* Le concept du Développement Durable était né. Celui du « bien-être sans contreparties négatives pour son entourage » était juste effleuré sous cette dénomination. Par la suite, les faits ont montré que le thème du bien-être durable ne fut pas suffisamment approfondi pour en faire réellement un idéal de vie planétaire crédible. Dans le modèle du monde des dirigeants de l'époque le concept du bien-être durable était inconnu et ne présentait pas d'intérêt économique immédiat. Alors qu'aujourd'hui, même la publicité et le commerce se sont emparés de cette appellation pour en faire un concept fourre-tout. C'est peut-être parce qu'il parle à l'inconscient de la majorité des gens. Qui sait ? Le concept du Développement Durable, lui, sonnait déjà beaucoup mieux à l'oreille des dirigeants des plus grandes multinationales avec ses perspectives de croissance. Reprenons aujourd'hui succinctement le résultat de l'ensemble des années d'évolution de ce concept.

Rappelons la définition internationale du Développement Durable. C'est le domaine restreint de l'intersection de trois sphères qui s'interpénètrent les unes avec les autres : la sphère de **l'environnement**, la sphère de **l'économie** et la sphère du **bien-être social**. Cependant, le plus couramment, la définition de Développement Durable est souvent tronquée dans la réalité car elle n'est au mieux que l'intersection de deux de ces trois sphères.

➤ Quand l'économie et l'environnement sont traités sans le bien-être social, on a la définition internationale du **développement viable**.

➤ Quand l'environnement et le bien-être social sont traités sans l'économie, on obtient alors la définition internationale du **développement vivable**.

➤ Quand l'économie et le bien-être social sont traités sans l'environnement, la définition internationale du **développement équitable** apparaît.

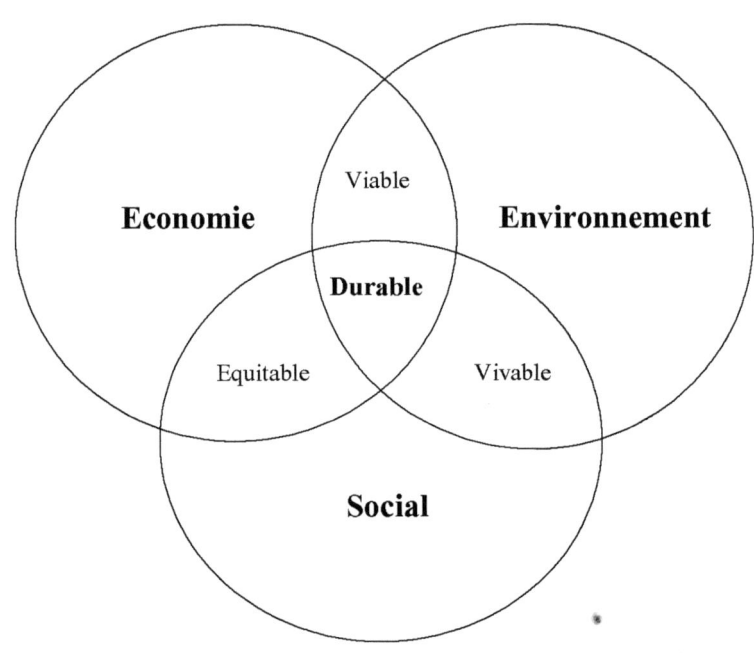

Le bien-être durable

Le bien-être durable vise à satisfaire les besoins fondamentaux de chacun, qu'il s'agisse :

➢ des besoins de la nature dans ses différents règnes, besoins allant bien au-delà du simple respect de l'environnement,

➢ des besoins profonds d'épanouissement individuel et collectif des êtres humains, allant bien au-delà des simples relations sociales,

➢ des besoins économiques de subsistance pour chacun, allant bien au-delà des possessions superflues de quelques-uns.

La satisfaction de ces trois besoins transforme une société de consommation en société de vie.

L'historique de la genèse du Développement Durable (DD)

Pourquoi et comment le Développement Durable s'est-il imposé comme alternative à une politique de mondialisation devenue aujourd'hui effrénée ?

Tout d'abord pourquoi ? La stratégie de DD mondiale a commencé à apparaître quand la plupart de nos dirigeants planétaires ont été amenés à se pencher sur le futur de notre humanité[1]. Poussés par les rapports alarmistes d'un nombre croissant d'experts analysant les situations de crise et les problèmes de survie de plus en plus nombreux, sollicités par des populations de plus en plus en demande ou en révolte contre l'unique modèle économique de croissance en vigueur, interpellés par la planète qui donnait des signes visibles de pollutions multiples de l'environnement, une réflexion urgente s'imposait.

Comment ce modèle a-t-il vu le jour en France ?

Une suggestion internationale forte pour adopter le Développement Durable a donc émergé dans ce rapport initial de Gro Bruntdland en 1987 pour la CNUCED (Conférence des Nations Unies sur le Commerce Et le Développement). Ensuite, au fur et à mesure, une volonté européenne sur le Développement Durable est née. Enfin, avec retard par rapport aux autres pays européens, une stratégie française sur le Développement Durable a vu le jour lors du séminaire gouvernemental du 28 novembre 2002[2]. La première stratégie française fut articulée autour de thèmes précis comprenant ensuite des fiches d'action ciblées avec diagnostic, objectifs, plan d'action et calendrier. Des actions transverses dans la plupart des ministères concernés furent lancées. Par la suite, une semaine sur le Développement Durable fut organisée par le Premier ministre Jean Pierre Raffarin au niveau des ministères[3]. Puis, devant l'ampleur des changements à effectuer, les principaux acteurs économiques et politiques se rétractèrent et renoncèrent à mettre en œuvre ce programme de Développement Durable. D'un point de vue concret, une simple retouche des projets, avec des mots porteurs sur un plan marketing fut appliquée, pour donner l'illusion à un large public que les instances dirigeantes étaient conscientes des problèmes et s'employaient à les résoudre par des solutions appropriées.

Finalement depuis 2003, seule une charte sur l'environnement a été introduite dans la Constitution française. Et elle est en totale contradiction avec la réalité du terrain. Cette loi constitutionnelle 205 du 1er mars 2005 déclare *« le droit de chacun de vivre dans un environnement équilibré et respectueux de la santé »* et introduit le droit de précaution en droit français. Or de nos jours où est la réalité en la matière ?

Combien de belles lois inapplicables et inappliquées les députés et les sénateurs français oseront-ils encore émettre à une époque où le décalage entre les textes et leur application est criant sur un plan national ?

Le concept international de Développement Durable, parfois appelé **développement soutenable** du fait de sa traduction littérale à partir de l'anglais, constituait pourtant déjà un changement complet de paradigme. Il a fait l'objet d'une normalisation précise[4] puisqu'il s'agissait d'un concept nouveau. Aujourd'hui, bien peu connaissent cette norme et l'emploient.

Sur un plan économique :

Le concept du Développement Durable proposait au départ le passage d'une économie gérée à court terme dans un rapport du fort au faible, à une économie du bien-être valable pour tous. Il est à noter que la base des premiers travaux économiques du bien-être fut celle réalisée par la « Société intellectuelle de l'émancipation » dans ses travaux visant à accroître le bien-être sans augmenter les dépenses. Comme le dit l'économiste François Plassard, c'est dans leur « Journal des connaissances utiles » de 1838 que les réseaux cévenols d'Alès, de Nîmes et de Montpellier, associés à ceux de Toulouse et Bordeaux, proposèrent les premiers une vision de l'économie du bien-être, vision qui fut ensuite reprise par l'économiste Arthur Cecil Pigou en 1920[5]. Cependant l'approche de Pigou ne capta pas l'attention des industriels et des hommes politiques de l'époque. Il fallut attendre 1936 pour que John Maynard Keynes[6] élabore un autre modèle économique qui fut retenu et qui est même encore en vigueur aujourd'hui. Malgré le choix américain, évident à court terme, de développer concrètement une économie keynésienne, des études sur la théorie économique du bien-être perdurèrent. Elles aboutirent ainsi à la reconnaissance d'un prix Nobel d'économie en 1998, celui de l'Indien Amartya Kumar Sen, non sans perdre quelques-unes des idées originelles du concept de « bien-être des individus sans contreparties négatives pour leur entourage ».

Aujourd'hui, malgré un changement radical d'orientation stratégique des fonds de pension américains en faveur du Développement Durable, il n'y a encore pas de repères concrets sur ce que « bien-être durable » signifie.
Pour combler cette lacune, nous proposerons dans cet ouvrage quelques repères.

Sur un plan environnemental :
Le concept de Développement Durable envisageait l'élargissement des principes de préservation de l'environnement se résumant au seul principe de responsabilité, à 9 principes d'action forts et contraignants pour garantir une durabilité du développement. Ces 9 principes qui font l'objet de définitions internationales précises sont :
- ➢ le principe de précaution
- ➢ le principe de prévention
- ➢ le principe pollueur-payeur
- ➢ le principe de participation des partenaires situés en amont
- ➢ le principe d'amélioration continue et d'innovation
- ➢ le principe de responsabilité
- ➢ le principe de solidarité vis-à-vis des plus démunis
- ➢ le principe de gestion économe
- ➢ le principe de subsidiarité

Or aujourd'hui on constate que rares sont les principes qui sont appliqués par les entreprises ou les gouvernants, que ce soit avec ou sans négociation avec l'État, avec ou sans délai d'application. Nous verrons dans cet ouvrage en abordant les lois de la nature, que la Terre ne nous en laissera pas le choix.

Sur un plan sociétal :

Le concept international de Développement Durable suggérait l'ouverture d'un débat éthique avec les citoyens, ainsi qu'une formation, une information, une mesure et un pilotage d'indicateurs personnalisés de suivi du Développement Durable (voir par exemple les 90 indicateurs mondiaux de la « Global Reporting Initiative »[7]). La facette sociétale du concept de Développement Durable proposait d'assurer une dimension psychologique, sociologique et philosophique aux débats sur quelque projet que ce soit. Or aujourd'hui, on constate en France qu'il n'existe aucun débat citoyen sur le sujet, aucune formation ou information généralisée et que les indicateurs sont inexistants à l'échelle de la nation.

Ainsi, malgré une intention initiale louable, les tentatives de réalisation du concept de Développement Durable ont débouché sur un résultat contraire, à savoir sur une poursuite encore plus effrénée du seul modèle économique de croissance actuellement généralisé depuis les années 1990, c'est-à-dire le modèle d'économie de marché mondialisé que les États Unis et les pays occidentaux ont proposé, voire imposé au niveau de la planète.

L'échec du Développement Durable

Suite aux perspectives vouées à l'échec du modèle d'économie de croissance et plus récemment du Développement Durable, la vigilance est de mise pour proposer dans cet ouvrage un concept de projet de civilisation au moins viable, vivable et équitable pour tous.

De plus, il devient important de le faire puisque le constat d'expérience actuel nous montre que les sociétés d'économie de croissance sont aujourd'hui au pied du mur. Elles risquent d'entraîner avec elles les autres sociétés du monde et même les peuples premiers.

Car c'est au pied du mur sur un plan économique que se retrouvent aujourd'hui les êtres humains, avec des niveaux d'endettements de plus en plus insoutenables, que cela concerne une entreprise, un État ou un particulier. Ayant bâti pour cette politique de mondialisation des échanges, l'équivalent d'un supertanker pétrolier dans le domaine de la finance, un supertanker sans cloisons étanches, le jour où un trou dans la coque apparaît, c'est le pétrolier entier qui sombre d'un seul coup. N'est-ce pas une des leçons que le récent crash boursier nous donne avec ses corollaires de guerres économiques et militaires qui se profilent si les dirigeants persistent à nous projeter une vision d'un monde de la peur et de la terreur ?

Car c'est au pied du mur environnemental qu'est l'espèce humaine actuellement. La très grande majorité des experts de l'environnement s'accordent à dire que nous courrons à la catastrophe à court ou moyen terme, que nous prenions les rapports alarmistes des 1360 scientifiques membres du GIEC (Groupe Interdisciplinaire d'Étude du Climat), qui étudient l'évolution du climat, que nous prenions le rapport du Pr. Dominique Belpomme lors de son « Appel de Paris » en 2004, que nous prenions le rapport de Nicolas Stern, expert de la banque mondiale au gouvernement britannique de Tony Blair (Oct. 2006) qui annonce une facture de 5 500 milliards de dollars si nous ne faisons rien, ou d'autres encore. Faudra-t-il attendre la réalité des catastrophes avant de bouger dans ce domaine ?

Car c'est au pied du mur sociétal que les femmes et les hommes se trouvent aujourd'hui, avec la montée de tendances révolutionnaires partout dans le monde, des tendances qui utilisent la souffrance et la plainte collective pour la muer en contre pouvoir militant malheureusement souvent extrémiste. Est-ce de cela dont les êtres vivants ont besoin dans le futur, d'une armée de rebelles exclus qui déclare la guerre à une petite poignée de nantis de l'ancien système ?

Et pourtant oui, au pied du mur nous sommes. Y a-t-il pour cela besoin de faire du catastrophisme ? **La Terre en tant que planète n'est pas en danger.** En revanche, ce sont certaines espèces vivantes, dont la race humaine, qui sont en danger d'extinction si l'on écoute ce que nous disent ces experts du GIEC issus de 95 pays de l'ONU. Comme nous le raconte si bien Jean Marie Pelt, ce sont habituellement les espèces les plus grosses, les plus nombreuses et les plus spécialisées qui disparaissent les premières en période de chaos. L'homme occidental répond à ces trois critères, pas les peuples premiers. C'est donc le modèle de vie, le modèle sociétal et économique de l'Occident qui est irrémédiablement condamné. La planète, elle, s'en remettra sans aucun doute, comme elle l'a déjà fait il y a 65 millions d'années pour la cinquième extinction des espèces au moment de la disparition des dinosaures. Or pour la première fois dans l'histoire de l'humanité, une fraction de l'espèce humaine au pouvoir est en train de créer les conditions d'un sabotage massif de l'ensemble des plus grandes espèces (depuis quelques décennies les grands oiseaux, les grands poissons, les grands mammifères, les grands reptiles disparaissent à très grande vitesse). Il s'agit là d'un sabotage se produisant avec une accélération inégalée du fait de la conjonction de 5 facteurs (1-croissance exponentielle de la population mondiale humaine, 2-épuisement des ressources naturelles, 3-pollution des milieux de vie, 4-extinction de la biodiversité végétale et animale, 5-modification de la reproduction des espèces vivantes par franchissement de la barrière sexuelle des espèces). La société saura-t-elle tirer parti de ses erreurs passées et avoir l'intelligence de les corriger ? Ou bien saura-t-elle uniquement nier ses erreurs, accuser les autres ou le destin et mourir ? Là est le dilemme. **En indiquant dans cet ouvrage comment bâtir une voie crédible, un optimisme nouveau peut émerger, une vraie espérance**

pour le vivant. J'ose espérer qu'elle sera relayée et que nous serons de plus en plus nombreux, femmes et hommes, à vouloir sortir de notre maladie planétaire, de ce cancer sociétal qui nous ronge en générant toujours plus de structures sociales mutantes, anormales et anti-vie, pour relever le défi qui se présente devant nous. Car c'est comme pour le cancer, un défi face à la vie. *« Sommes-nous le point final ? »* de l'espèce humaine comme nous dit le chanteur Jean Louis Aubert dans son album Idéal Standard ? Ou bien allons-nous enfin décider que nous voulons vivre sur la Terre dans la joie, la paix, l'amour et l'harmonie ? Préférons-nous vivre dans l'ombre de ceux qui nous dirigent...droit dans le mur ou vivre dans la pleine lumière de nos talents de créateurs enfin exprimés ?

Saurons-nous être davantage dans une intelligence du cœur que nos stratèges mondiaux, dont certains des plus machiavéliques nous prônent un axe du bien et du mal ? En d'autres termes plus crus, saurons-nous aller plus loin que ceux qui ne jurent que par de « bonnes petites guerres propres » afin de réduire une certaine partie de la population mondiale pour des motifs pas très propres ? Accepterons-nous ensuite de poursuivre le même schéma suicidaire de croissance mondialisée sous la forme d'un quasi-assistanat financier en matière de crédits de reconstruction de ce qui a été détruit par les guerres ?

La naissance d'un nouvel optimisme

C'est l'espoir que souhaite lever cet ouvrage. Démontrer qu'il y a une autre voie possible, une voie de la vie et de l'amour, une voie du vivant dont le genre humain fait partie intégrante, une voie qui peut aussi être profitable aux entreprises sous certaines conditions, une voie sociétale respectant les différences, qu'elles soient culturelles, cultuelles, ethniques, sociales ou autres. Dans ce challenge, l'humanité est à l'aube d'une grande fête et nous vous y invitons dès à présent.

Les valeurs du bien-être durable

Pour que les êtres aient la possibilité d'atteindre réellement le bien-être durable sans contreparties négatives pour l'entourage, j'ai acquis la conviction que **chacun doit redevenir un être humain Créateur, un être humain de plus en plus conscient de soi, des autres et du monde.** Selon mon expérience, il va être fondamental que chacun, dans un état d'ouverture de conscience et de cœur, puisse vivre autrement dans le respect du vivant. Pour ce faire, des valeurs universelles sont nécessaires, des valeurs que chacun peut choisir de pratiquer au quotidien car ces valeurs donnent du sens à l'existence.

Je vais définir à présent les valeurs que j'ai trouvées les plus appropriées. Loin d'être un postulat que je pose, ces valeurs sont le fruit des fameuses expériences de vie qui m'ont éclairé, de ces co-naissances résultant d'un travail spirituel personnel. La suite de l'ouvrage y reviendra pour les aborder différemment, pour en valider la cohérence. **Or dans une société, les valeurs ne se décrètent pas, puisque c'est à chacun, avec sa propre expérience, sa propre éducation, de les expérimenter et de trouver son propre sens à la vie.** Et pourtant je vais partir d'elles. C'est donc avec ce paradoxe que je débute cette étude. Il vous appartiendra ensuite de les garder présentes à l'esprit pour tester et valider par vous-même leur justesse sans complaisance. Quelles peuvent être les principales d'entre elles ?

La pratique millénaire « des lois de Niyama » issues des textes sacrés des Yogas Sutras de Patanjali, ayant vraisemblablement servi de base à la formation de Siddhârta Bouddha, indique **5 observances fondamentales pour** devenir pleinement un être humain Créateur. Mon expérience de vie me confirme la portée universelle de ces 5 observances qui se décrivent en partant de notre conscience créatrice jusqu'à notre incarnation physique. Ces cinq observances sont : le centrage sur un Grand Architecte de l'univers (voir aussi le récit sur la Genèse Biblique en annexe), le contentement, l'étude de soi, la pureté et enfin l'austérité (austérité signifiant en Occident frugalité heureuse).

Ces 5 observances me conduisent à proposer une hiérarchie entre deux catégories de valeurs, les supra valeurs et les valeurs fondamentales, l'ensemble étant issu d'une seule énergie de base : l'amour.

✓ **5 supra valeurs du bien-être durable** valables pour le vivant et reliées à ces 5 observances de base :
Ces 5 supra valeurs sont décrites dans l'ordre de leur création, de la 1ère à la 5ème.

Le centrage sur le Grand Architecte de l'univers (G.A.D.E.L.U.), relie chaque être à la source Une d'amour. Par voie de conséquence, la supra valeur associée au fait que chaque être humain soit relié par un fil à cette source unique, fait de l'ensemble des hommes, des frères et des sœurs : **la fraternité** est donc la première de ces supra valeurs.

Le contentement dans n'importe quelle situation de vie est la deuxième observance découlant de la première loi de centrage. En effet, quelle inquiétude avoir lorsque chaque être se sait relié à cette source Une d'amour ? Le contentement nous conduit donc vers l'attitude de **la joie** profonde, deuxième supra valeur.

L'étude de soi, est une observance fondamentale pour extraire l'être humain de sa condition de créature et l'élever à son rang de Créateur relié à l'univers tel qu'il a été conçu (voir Genèse Biblique en annexe). Lorsque cette étude de soi est pratiquée avec engagement, elle conduit à un discernement et amène à découvrir une harmonie entre l'intérieur et l'extérieur de soi, l'extérieur étant miroir de soi. L'individu devient un être qui « marche sa parole » comme le disent traditionnellement les Amérindiens. **L'harmonie** est donc cette troisième supra valeur.

La pureté en nous-même, découle de l'observance précédente par atteinte d'une étude de soi complète. Cette pureté conduit à découvrir la supra valeur de la paix intérieure, seule garante d'une paix extérieure. **La paix** est donc la quatrième supra valeur.

La frugalité heureuse (notion voisine de la sobriété heureuse chère à Pierre Rabhi ou de la sobriété écologique employée par Jean Marie Pelt, sans contenir la retenue face aux désirs que peut sous-entendre le mot sobre et en contenant par contre la nature frugivore de l'homme). Cette frugalité heureuse qui s'appuie sur les précédentes, amène à développer par nous-même les besoins justes, peu abondants et simples d'un individu. Ces besoins découlent de la nécessité de nourrir nos trois instincts de base, l'instinct de conservation, l'instinct social, l'instinct sexuel, sans avoir l'utilité de s'appuyer sur d'autres évalués comme superflus. Cette recherche de la frugalité heureuse conduit à **l'autonomie**, la cinquième supra valeur retenue ici.

À noter qu'un individu effectuant un travail d'épanouissement sur lui-même expérimente la connaissance des supra valeurs dans le sens inverse, de la 5ème à la 1ère, afin de bien débuter à partir du corps physique et de privilégier l'ancrage dans un corps sain et densifié.

Ainsi, 5 supra valeurs seraient reliées à la valeur Une d'amour : fraternité, joie, harmonie, paix, autonomie. Maintenant n'oubliez pas que vos conceptions et vos valeurs ont aussi leur validité face à celles-ci. Il vous reste à en tester la cohérence par vous-même.

✓ **10 valeurs humaines fondamentales** reliées deux à deux à chacune des 5 supra valeurs, **une** exprimant la valeur qui doit principalement être **en lien avec soi**, **l'autre** la valeur qui devrait plutôt **venir de soi et être tournée vers les autres** :

Concernant la fraternité, lorsqu'elle est orientée vers soi, cela conduit à honorer et à respecter ses dimensions corporelles, physique, éthérique, émotionnelle, mentale et causale. C'est la valeur de l'intégrité qui est donc concernée. Lorsque cette fraternité est tournée vers les autres, la valeur devient altruisme.

Concernant la joie profonde, quand elle a sa source en soi, en pleine acceptation de ce qui est, quelles que soient les situations de la vie, cela conduit à développer la valeur de la tempérance. Cette même joie profonde quand elle est tournée vers les autres frères et sœurs de notre humanité, quel que soit leur vécu, difficile ou non, permet de générer la valeur de la tolérance.

Concernant l'harmonie, qui découle de l'étude continue de soi, lorsqu'elle a sa source en soi, cela conduit à développer le plus constamment l'humilité, une humilité ayant pour conséquence une très grande simplicité au quotidien. Cette même recherche d'harmonie appliquée aux autres permet de construire la valeur éthique.

Concernant la paix, lorsqu'elle a sa source en soi, cela génère la valeur de la non-violence. Lorsque la paix tourne son regard vers l'extérieur, cela conduit au respect des autres et de soi-même.

Concernant l'autonomie, lorsqu'elle est appliquée à soi-même de façon concrète, cela développe la valeur du réalisme. Lorsqu'elle est appliquée avec les autres, cela amène la valeur de la responsabilité.

C'est ainsi que, **intégrité, altruisme, tempérance, tolérance, humilité, éthique, non-violence, respect, réalisme, responsabilité,** sont les 10 valeurs humaines fondamentales que nous retiendrons, appuyées sur les 5 supra valeurs précédentes.

Observances	Supra valeurs	Valeurs/soi	Valeurs/autres
Centrage/ G.A.D.E.L.U.	Fraternité	Intégrité	Altruisme
Contentement	Joie	Tempérance	Tolérance
Étude de soi	Harmonie	Humilité	Éthique
Pureté	Paix	Non-violence	Respect
Frugalité heureuse	Autonomie	Réalisme	Responsabilité

Il est à noter que lorsque nous abordons le domaine des valeurs, nous rentrons de plain-pied dans le domaine philosophique par excellence.

Ainsi, pourquoi ne pas avoir mis par exemple les valeurs sous-tendues par la Charte des droits de l'Homme ?

Pourquoi n'avoir intégré ici qu'une des trois valeurs françaises citoyennes que sont la liberté, l'égalité et la fraternité ? C'est simplement parce que l'humanité a fait une expérience malheureuse des deux autres. Le communisme, qui basait les mécanismes régulateurs des marchés sur **l'égalité** est tombé. Aujourd'hui un processus similaire peut être observé avec la chute du monde capitaliste occidental décadent qui a basé les mécanismes régulateurs des marchés sur **la liberté**.

La liberté est faite pour la régulation des individus entre eux, quand l'égalité est faite pour la régulation de traitement des individus au niveau des services d'un État.
Le moment est donc bien choisi afin de tirer parti des enseignements de l'histoire, pour que renaisse un monde avec un nouveau modèle économique clair, appuyé sur la valeur régulatrice de la **fraternité**. On ne peut demander à la liberté de réguler le marché, ni à l'égalité sociale et à la mise en commun des biens de le faire. C'est à la fraternité de prendre ici sa vraie place.

Car en y regardant bien sur le plan des échanges d'énergie, qu'ils soient de type argent ou autres, chaque être humain n'est finalement ni complètement libre, ni fonctionnellement fait pour être égal à son voisin dans les expériences de vie qu'il a à faire.

Par contre, frères et sœurs d'âme nous sommes. Comme nos couleurs de peau, nos races, nos religions, nos croyances et nos différences socioculturelles nous font naturellement pointer l'autre comme un étranger, nous avons alors à bâtir un nouveau genre de système régulateur des marchés basé sur la fraternité. Dans ce domaine, ce sont les sages africains d'antan qui peuvent nous y aider. Et particulièrement les sages des anciens royaumes Kongos qui ont déjà défriché ce type de système économique. Il a pour nom : tontine spirituelle. C'est une association rotative d'échange et de crédit basée sur l'être humain qui s'est engagé à faire un réel travail de développement transpersonnel en profondeur (appelé *Bu Muntu*), en pratiquant certaines des supra valeurs indiquées ci-dessus. Ce travail étant effectué, les garanties d'un résultat prometteur pour la société sont obtenues. Ainsi au fur et à mesure, seuls les projets en phase avec l'aspect Créateur de l'homme peuvent émerger. Les autres continuent leur maturation en attente d'un alignement de l'homme avec ce qu'il a prévu de vivre en s'incarnant.

Voilà pourquoi j'ai opéré ici un choix sur les valeurs données à partir des approches philosophiques expérimentées avec succès par l'homme dans certaines traditions. Ce choix s'est aussi fait à partir de la nature de l'être humain et des lois du vivant que j'ai pu retrouver dans mon parcours de vie. Je ne les discuterai pas davantage dans ce chapitre. Je le ferai plutôt ultérieurement lorsque le décor du bien-être durable sera complètement posé.

Pour compléter la présentation des valeurs sur un plan philosophique, je dirai qu'elles sont là comme des concepts de causalité établis à partir de la nature même de l'être humain Créateur. Ce n'est pas comme si nous avions à en inventer certaines du point de vue de la créature que nous sommes.

À présent, cheminons ensemble pour rendre ces valeurs concrètes dans notre quotidien. Voyons tout d'abord si ces valeurs sont compatibles entre elles et suffisamment respectueuses de l'autre pour être « sans contreparties négatives pour l'entourage ».

Le faire, l'être et l'avoir

Pour appliquer les valeurs, il sera nécessaire de conjuguer les verbes **être, faire et avoir** sous chaque angle de vue, que ce soit en pensées, en paroles ou en actions.

Car par exemple, réaliser la valeur du respect c'est :
être respectueux de soi,
faire montre de respect envers les autres,
avoir en retour le respect auquel on peut s'attendre.

De plus, c'est un respect de soi et des autres en pensées, en paroles et en actes. Comme chacun peut aisément le constater sur ce seul exemple, réaliser cette seule valeur dans le quotidien est déjà un objectif vertigineux. Le faire sur les 14 autres est un audacieux challenge humain pour la planète. C'est aussi cette ambition que cet ouvrage envisage : valider le développement d'une école des valeurs de la vie, une école du faire, de l'avoir et de l'être, une école des pensées, des paroles et des actes.

Autrement dit, dans cet essai de spiritualité politique, il y a de manière sous-jacente 5 écoles différentes qui seront abordées sous la dénomination suivante :
➤ Le bien-être et l'école de la vie du Créateur
➤ Les biens scientifiques, les savoirs et l'école de la science
➤ Les biens relationnels, les faire-savoirs et l'école de la relation
➤ Les savoir-faire et l'école pratique de la créature
➤ Le bien avoir et l'école de l'abondance.

De plus, nous tiendrons compte dans cette étude, des différents modes comportementaux de chacune et chacun, de la totalité des styles et des formes de pensée en présence. Car heureusement les individus ont chacun une manière différente de voir, de ressentir ou d'entendre un sujet quel qu'il soit.
Certains vont avoir une approche logique, rationnelle, analytique, quantitative des problèmes.
D'autres vont majoritairement avoir une approche organisée, concrète, planifiée, détaillée des mêmes sujets.
D'autres encore emploieront un angle de vue plus émotif, spiritualiste, verbal, relationnel.
D'autres enfin utiliseront de préférence un mode intuitif, global, imaginatif, conceptuel pour en parler.

CHAPITRE II

LA NATURE DE L'ÊTRE HUMAIN

L'eau vivante, matrice de la vie, miroir de la conscience

Dans un précédent ouvrage scientifique « L'eau matrice de la vie, miroir de la conscience » publié en 2006 chez l'Harmattan, j'ai mis en évidence pour la première fois sur un plan théorique et expérimental de nombreuses propriétés fondamentales inexpliquées concernant l'eau, l'eau qui est le matériau de base de quasiment tout le vivant.

De plus, j'ai eu en parallèle l'opportunité de corréler ces nouvelles découvertes dans un parcours sur la conscience, un parcours expérimental d'aide bénévole aux personnes en difficulté, comme les personnes en état de coma longue durée. J'en témoigne dans un second ouvrage témoignage « Le fil de la vie », publié en 2007 chez l'Harmattan.

Je vais rappeler ici les lois concernant l'eau qui vont servir le propos de l'Objectif Bien-être®, puisque ce troisième ouvrage n'est que la continuité des deux autres.

L'eau que l'on connaît classiquement n'est pas un corps simple. C'est un mélange indissociable de différentes molécules d'eau, de corps solides, de molécules gazeuses et d'ondes électromagnétiques qui se piègent dedans.

Dans l'eau, nous rencontrons principalement l'eau charpente, cristalline et conductrice, l'eau de croissance semi-conductrice où les molécules sont assemblées en forme d'hélice, l'eau de genèse isolante où les molécules d'eau sont regroupées en forme de dodécaèdre qui pulse la vie et enfin l'eau libre dissociée des autres molécules d'eau.

L'eau vivante ou eau de genèse, qui est au départ un isolant, a l'aptitude à stocker différentes formes d'énergies comme de l'information pensée, de la lumière et des électrons, quasiment de la même façon qu'on stockerait un liquide dans un réservoir. Ceci est lié aux propriétés des isolants.

De plus, l'eau vivante a le comportement d'un véritable poste radio-émetteur et récepteur d'ondes. Elle est apte à délivrer sur commande et sous certaines conditions une information préalablement stockée en mémoire ou apte à en stocker une autre.

Avec de telles aptitudes, l'eau apparaît sous son plus beau jour comme matrice réceptacle des forces de vie et aussi de par ce fait, comme réservoir d'apprentissage pour une conscience immatérielle qui viendrait prendre chair en son sein. Cette conscience immatérielle est semblable à un champ de nature électromagnétique qui prendrait corps.

Comprendre ces mécanismes change le regard que chacun peut porter sur le vivant car cela permet de comprendre pourquoi l'eau peut adopter différents types de comportements, surtout quand on sait qu'elle peut être isolante ou conductrice, avoir une mémoire ou non. Cela permet aussi pour la première fois de mieux comprendre comment fonctionnent les mécanismes de la conscience.

Et ceci est particulièrement vrai quand l'être est humain car chez l'homme et non chez l'animal, la conscience ne prend pas totalement chair. C'est une caractéristique clé pour appréhender le fait d'être des Créateurs divins et aussi pour comprendre l'inconvénient sur l'état actuel de dégénérescence de notre espèce humaine (voir en annexe le texte révélé de la Genèse biblique).
À ce moment-là, lorsque la conscience est à moitié dans et hors lui, contrairement aux animaux dont la conscience est en totalité dedans, il y a la possibilité d'une communication entre la conscience interne et la conscience externe. Cette communication s'effectue entre les deux parties de conscience, dont une est imprimée dans l'eau vivante de

genèse. Ainsi, l'être profond peut s'interroger en miroir sur l'enseignement contenu dans ses réservoirs afin de délivrer, pour la conscience externe non incarnée qu'est l'âme, un enseignement de vie terrestre. En d'autres termes, l'eau est matrice de la vie et miroir de la conscience.

Les mécanismes de la douleur et du bien-être durable

Ces quelques découvertes ont un effet prodigieux sur bon nombre de conceptions de la vie. Nous voyons en particulier qu'un être humain porte au plus profond de lui ses propres enseignements contenus sous la forme de messages préalablement piégés dans sa jeunesse. J'ai aussi découvert, dans ma pratique d'aide à l'être humain en difficulté, qu'il existe une fantastique énergie potentielle piégée en lui. La révéler en pleine lumière enclenche un processus fondamental en 3 phases.

En premier, cela permet de libérer une énergie créatrice dans le monde extérieur. La source d'énergie, lorsque l'homme ne la prend pas chez les autres, vient de ses propres profondeurs, de ses mondes intérieurs.

En second, cela facilite la libération de l'être qui souffre avec ces énergies piégées en lui car l'expérience montre que de tels enfermements sont traumatisants à la longue.

En troisième, cela offre la possibilité de libérer un enseignement aux autres pour les aider à avancer dans leur vie. Là encore, la pratique m'a montré que cette libération s'effectue en favorisant les lignées ascendantes et descendantes de la personne, ainsi que les proches connectés au type de problème qui était enfermé.

Voilà posées en quelques mots les bases du « bien-être durable sans contreparties pour son entourage ». L'expérience m'a montré qu'il existait une manière précise et des étapes nécessaires pour sortir cette énergie piégée, cet enseignement potentiel, cette source de créativité. **La démarche intérieure** car il ne s'agit ici que de cela, devrait être **transpersonnelle** ou rien. Un travail de développement personnel ne suffit pas à déraciner la totalité des enseignements enfouis. Il apaise un moment au mieux, mais n'agit pas suffisamment en profondeur. Ce travail intérieur devrait être aussi de manière incontournable, **initiatique et ésotérique**. Voilà deux mots forts à réhabiliter ici. Initiatique, dans la mesure où chaque être a besoin de quelqu'un pour l'accompagner dans ses mondes intérieurs, pour faire face à ses peurs ou douleurs. Ésotérique, dans la mesure où il s'agit d'une exploration des mondes intérieurs.

Pour tout être humain, de même que pour vous lecteur, **chacun a les clés de son propre mal-être à l'intérieur de lui, dans cette eau vivante présente dans l'organisme qui le compose. Il devient alors urgent d'aller explorer en soi, plutôt que de chercher les causes de sa souffrance dans son environnement extérieur.** Il est par conséquent inutile de sans cesse critiquer qui que ce soit ou quoi que ce soit. Quelle clé magistrale pour se libérer du jugement, de la culpabilité ou de la plainte qui sont bien ancrés dans nos cultures occidentales.

Le processus de la douleur se construit en 6 étapes, en commençant depuis le piégeage de la compréhension future à faire, jusqu'à la mise en tension maximum du corps à des énergies pouvant atteindre localement en quasiment un point celle qui préside aux réactions atomiques que l'on rencontre dans une centrale nucléaire. Une étape intermédiaire cruciale consiste au piégeage des émotions lors d'une situation donnée où l'être a été victime.

La pratique démontre que lorsqu'une douleur est présente 6 étapes de libération sont nécessaires. Pour être intégrées totalement ces étapes nécessitent d'être vécues de l'intérieur de façon initiatique. Elles peuvent être décrites succinctement de la manière suivante :

La première étape consiste en la détermination de sa douleur, même profondément refoulée. Cela demande ensuite qu'elle soit acceptée.

La seconde étape est la vision de sa douleur grâce aux ressentis corporels procurés par les 5 sens. Certaines personnes sont plus visuelles, d'autres plus auditives, d'autres encore plus dans une sensation kinesthésique pour aborder la ou les scènes traumatisantes de la vie parfois imprimées depuis longtemps.

La troisième étape a pour objectif la compréhension précise de l'enseignement qui a été stocké au beau milieu de la zone de douleur. Cette compréhension peut maintenant se dépiéger selon un processus physique s'effectuant à la verticale du corps. La compréhension s'avère être le fruit de la libération d'un message électromagnétique contenu dans la zone douloureuse. Elle exprime concrètement, par une sensation d'intense évidence, l'acte permettant de se sortir d'une situation équivalente à celle ayant causé la douleur initiale. Elle va bien au-delà d'une simple élucubration mentale.

La quatrième étape de libération correspond à une phase de pardon et au don de sa compréhension au monde. Au cours de cette étape l'impétrant offre sa compréhension de la situation au monde extérieur. Par ce don, la lumière stockée se libère à la verticale. Là encore le pardon n'est pas d'ordre mental. Il est ressenti comme réel et profond.

La cinquième étape établit une connexion de lumière, avec création d'un pont entre l'endroit même où la douleur était la plus forte et la conscience externe de l'âme. Il s'agit là d'un pont qui se situe au-delà de la simple dimension égotique de la personne. Cette étape mérite à juste titre le qualificatif de méta personnelle lorsque le processus de libération intérieure s'effectue jusqu'au plan physique. Dans ces cas-là, ce n'est plus uniquement la zone douloureuse qui se libère mais l'ensemble du corps se met à frissonner ou à relâcher une énergie.

La sixième et dernière étape est vécue comme une expérience transpersonnelle et mystique. L'initié ressent un flot de lumière baigner tout son corps avec une sensation profonde de reliance entre ses mondes intérieurs (microcosme) et le monde extérieur (macrocosme). Un ressenti intense de réparation sur les différents plans lui apporte une sensation de plénitude indicible et une immense joie. À l'issue de cette étape de libération, l'être ressent qu'un processus de transformation s'est effectué dans le sens d'un bien-être indéniable. L'intégration de l'expérience et la volonté ensuite de cultiver cet aspect positif de lui-même, lui permettent de poursuivre son chemin dans un objectif de bien-être durable.

Les 7 niveaux de la conscience

Après avoir posé les bases des mécanismes de la douleur et les avoir corrélées avec l'expérience vécue positivement par de nombreuses personnes, j'ai souhaité définir et valider le contenu d'une nouvelle activité : l'activité de Passeur d'âme®. Parmi la nouvelle génération d'êtres humains conscients de la nécessité du développement d'un bien-être durable sans contreparties négatives pour leur entourage, le Passeur d'âme® est celui ou celle qui, après un travail intérieur approfondi sur lui-même, contribue à aider son prochain dans ce processus de libération de la douleur pour aller bien plus loin qu'un mieux-être. Au-delà de ses compétences et savoir-faire propres, le principal vecteur d'accompagnement de l'être est l'amour. Cela requiert par conséquent une grande ouverture de cœur et de conscience du Passeur d'âme®.

Dans cette fabuleuse aventure de la conscience qui se déroule pour mon épouse et moi-même depuis des années, j'ai constaté dans la pratique, que l'être humain en tant que poste émetteur-récepteur captait des informations ou des ondes dans 7 plans de nature différente. Et ceci est vrai chez tous les êtres humains, quelle que soit leur culture de base ou leur culte de référence. Ces 7 plans peuvent être associés à une partie des niveaux de la célèbre échelle des besoins de l'être humain définie par Abraham Maslow. D'après notre expérience, un être humain n'est réellement complet et accompli que s'il arrive à atteindre dans son quotidien les 2 rives situées aux extrémités des 7 plans de conscience que je vais définir ici.

➢ **le plan physique** de la créature de chair, associé au besoin de survie
➢ **le plan éthérique** ou comportemental des sensations, associé au besoin de sécurité physique
➢ **le plan astral** des émotions ou des perceptions sensorielles, associé au besoin de sécurité psychologique
➢ **le plan mental** des concepts et des croyances de chacun, associé au besoin d'appartenance
➢ **le plan causal** de l'âme, des valeurs destinées à être expérimentées en cette vie, associé au besoin de reconnaissance
➢ **le plan bouddhique** méta personnel de la conscience collective, associé au besoin de réalisation du Soi
➢ **le plan atmique** transpersonnel du Créateur et de la source Une d'amour, associé au besoin d'amour.

Les peurs et les mécanismes sectaires

Tous les cheminements effectués sur un plan théorique aussi bien qu'expérimental m'ont conduit à poser ces bases du bien-être durable. Ces mêmes pérégrinations m'ont amené à faire le constat suivant : les domaines des mondes intérieurs sont bien souvent les chasses gardées ou les domaines tabous voire interdits par les milieux de pouvoir. On peut alors se demander si c'est préférable de laisser l'individu ignorant et en souffrance, afin d'exercer un meilleur contrôle sur l'autre et donc d'engendrer une plus grande dépendance vis à vis d'un pouvoir en place quel qu'il soit. Quel est l'intérêt social de procéder ainsi dans une démarche globale bénéfice-risque ? L'individu au pouvoir a-t-il d'autres choix conscients à sa disposition, que celui d'exercer cette action de répression ?

C'est pourquoi je vais maintenant ouvrir une importante parenthèse concernant l'analyse des peurs sectaires, puisque pour être un homme et une femme libre, responsable et conscient de ses choix ou de ses actes, il est nécessaire de s'affranchir de ces peurs, au moins individuellement sinon collectivement.

C'est un point de passage obligatoire dans la voie du grandissement de l'Homme qui vise le bien-être durable.

Il y a bien longtemps certains ont cru la Terre plate et lorsque la démonstration théorique et expérimentale a prouvé qu'elle était quasi sphérique, les précurseurs ont dû faire preuve de courage pour avancer sur un terrain miné qui les menait souvent droit au bûcher. C'est pour cela que j'ai choisi, comme ancien physicien ayant travaillé 14 ans au CEA (Commissariat à l'énergie atomique), d'écrire d'abord un livre scientifique afin de montrer combien la physique venait au secours de la conscience pour valider la nécessité du travail intérieur. Par ailleurs j'ai étudié, expérimenté et pratiqué pendant 15 ans les mécanismes du bien-être durable. Puis j'ai pris le temps d'écrire un deuxième ouvrage avant de parler des clés de libération conduisant à ce bien-être durable. J'ai bénéficié en parallèle d'une expérience de plus de 9 ans dans l'accompagnement des personnes, dont des apostats victimes d'impostures sectaires, c'est-à-dire de personnes victimes de mouvements spirituels utilisant eux-mêmes des mécanismes sectaires. Pour parler d'un sujet il m'apparaît clair qu'il est préférable d'en avoir bien fait le tour, que cela soit acquis avec l'expérience sur le terrain ou avec les savoirs glanés dans l'environnement. Il me semble incontournable d'avoir la compétence du sujet sur lequel on intervient. Ainsi par cet ouvrage je sais pertinemment que je vais réveiller les peurs chez un certain nombre de personnes, puisqu'en exerçant l'activité de Passeur d'âme®, je guide justement les êtres pour qu'ils aillent explorer l'autre côté du miroir d'eux-mêmes, la face ésotérique, celle où se situent leurs peurs. Chacun est alors libre de choisir de dépasser ses peurs ou non.

Il se trouve qu'ayant été accusé à tort par une rumeur de faire partie de l'église de Scientologie pendant ma période professionnelle, j'ai eu la chance de pouvoir être confronté moi-même aux mécanismes sectaires et j'ai pu constater leur méconnaissance par le grand public. Au cours de cette expérience riche d'enseignements, j'ai découvert l'incompétence caractérisée des soi-disant spécialistes chargés de suivre, de contrôler voire de réprimer le phénomène sectaire (dont principalement la MIVILUDES, MIssion de VIgilance et de LUtte contre les DÉrives Sectaires, l'UNADFI, Union Nationale de la Famille et de l'Individu, le CCMM, Centre Contre les Manipulations Mentales et la commission d'étude des phénomènes sectaires de l'Assemblée Nationale). Les universitaires français reconnus par leurs pairs européens ou même mondiaux comme des spécialistes des religions, des spiritualités et de la laïcité (ethnologues, sociologues, historiens des religions) et les avocats spécialisés dans les discriminations religieuses et spirituelles, n'hésitent pas à qualifier notre système français de vigilance contre les dérives sectaires orchestré par la MIVILUDES de totalitaire. Voilà pourquoi il est indispensable de donner des informations de base à ce sujet, d'autant que la France a une position mondiale particulière dans ce domaine, de part sa politique extrémiste en matière de lutte contre les sectes. Il est important de noter que bon nombre de chercheurs du monde entier, sociologues, ethnologues, viennent observer notre système répressif anti-sectes unique en son genre. C'est cette position qui nous fait pointer chaque année par Asma Jahangir, la rapporteuse spéciale de l'ONU chargée du suivi des droits de l'Homme. C'est cette même position extrémiste qui nous est reprochée par nos voisins européens au sujet de lois jugées liberticides au Conseil de l'Europe, comme la loi About Picard du 12 juin 2001. Regardons d'un peu plus près le contenu de ce que certains appellent secte, sachant que ce terme n'a pas de valeur juridique et que du coup il n'est même pas diffamatoire. Alors que dans la société il a carrément pris une connotation criminogène, cette dernière étant largement renforcée par des médias complices sinon ignorants.

Quand je cherche une définition du mot secte par les pouvoirs publics j'en trouve une par exemple dans le rapport de la MIVILUDES 2004, page 62. Je constate que cette définition fait état d'une méconnaissance face aux pratiques des mouvements spirituels, méconnaissance conduisant à moyen ou long terme à une incompétence vis à vis du sujet. Cette méconnaissance s'observe d'abord dans les objectifs que la MIVILUDES trouve suspects d'entrée de jeu : *« satisfaire des aspirations non résolues de tout ordre (quête spirituelle, désir d'épanouissement personnel, volonté de changer le monde, souhait de combler un vide affectif) »*. Cette ignorance se traduit ensuite dans le nombre d'amalgames faits sur différentes thématiques : selon eux « *un sentiment exacerbé ou anesthésié à l'égard d'autrui* », un « *abandon des anciennes références morales* », une « *adoption de pratiques irrationnelles* », une « *vocation de libérer les autres des tabous et des interdits* » est répréhensible. Ils franchissent le pas pour rendre ces actes délictueux en les rapportant au Code Pénal existant. Puis leur ignorance se voit aussi dans la méconnaissance du processus initiatique que je viens d'aborder. Ils fustigent le fait que « *l'individu va abandonner tous ses repères antérieurs…* », que le groupe « *imposant des apprentissages,.., des rituels qui tendent tous vers le même but* » devient sectaire à leurs yeux.

Il est vraisemblable que cette triple méconnaissance, voire incompétence, soit liée au fait que les membres des groupements anti-sectes français s'interdisent d'aller observer ou de pratiquer de telles spiritualités. Au mieux, ils font uniquement un travail exotérique et non ésotérique (extérieur et non intérieur). Comment peuvent-ils alors donner un avis objectif, empreint de discernement, s'ils ne vont pas sur le terrain observer et évaluer ce qui s'y passe vraiment ? Lorsque vous cherchez à bâtir une maison, vous appelez au minimum un maçon et un charpentier, c'est-à-dire des personnes compétentes en la matière, des artisans qui savent de quoi ils parlent, qui pratiquent leur savoir-faire. Comme ici ce n'est pas le cas, il m'apparaît utile de développer une nouvelle proposition sur la base des analyses de Jean Marie Abgrall [8], expert pour la MIVILUDES, et sur la base de mes observations pratiques. Ainsi, j'ai pu identifier 9 mécanismes sectaires et leurs racines associées. J'ai d'ailleurs eu la chance de pouvoir partager le fruit de mes recherches avec les équipes de renseignement de la DST interne au CEA. Ce sont en effet eux qui m'innocentèrent de l'accusation gratuite portée contre moi et qui me permirent de continuer ma carrière professionnelle en prenant de nouvelles responsabilités (cf. vidéo sur site www.cicns.net).

Les mécanismes sectaires

-1- Se couper de la société, des lois naturelles ou sociales, des réalités locales de chacun ou des réalités collectives (état extrême schizoïde gauche/droite).

Racine 1 : l'isolement

-2- Critiquer négativement quasiment tout ce qui vient de la société (état extrême psychopathe).

Racine 2 : le jugement

-3- Prophétiser un chaos social, voire planétaire rapide en ne montrant que ses aspects négatifs (état extrême paranoïaque).

Racine 3 : la peur

-4- Prophétiser une doctrine sociale, politique, philosophique, religieuse, scientifique (Le Sauveur, le peuple élu), en utilisant des dogmes intouchables non étayés par l'expérience ou des pratiques strictes comme des rituels figés impérativement suivis.

Racine 4 : la mission et l'idéologie

-5- Promouvoir la liaison à un maître en suggérant sa dépendance (perte d'autonomie d'existence et de pensée) ou utiliser parfois des méthodes et des techniques de dépendance créant une accoutumance sur l'individu et par conséquent un asservissement, un conditionnement (secte mère ou secte père).

Racine 5 : la dépendance infantile ou la culpabilité pulsionnelle

-6- Utiliser quasi systématiquement des méthodes contraignantes (physiques, affectives, mentales) pour avoir une action sur d'autres, piloter des groupes (manipulations, contraintes morales par rapport au devoir, au pouvoir).

Racine 6 : la coercition

-7- Se prétendre guérisseur, différent des autres. Se prétendre leader ou envoyé de Dieu.

Racine 7 : l'ego

-8- Utiliser des méthodes de persuasion ou de focalisation de l'attention pour rallier le maximum de gens autour d'un concept (séduire, persuader, convaincre les crédules autour d'une vérité complexe, au lieu d'inciter à trouver la vérité en soi).

Racine 8 : la croyance
-9- Utiliser des techniques paranormales en forçant l'interprétation de ce qui est vécu intérieurement par les autres à des fins de manipulation ou d'utilisation dans le monde (par altération quasi constante du libre arbitre de l'autre sur son vécu intérieur ou par utilisation systématique du raisonnement paralogique).

Racine9 : la normalisation des processus intérieurs

Définir ces 9 mécanismes permet d'exercer sa vigilance dans la majorité des situations car contrairement à ce qui est pensé ou cru habituellement, **ce n'est pas dans les mouvements spirituels que nous rencontrons le plus la mise en place des mécanismes sectaires.** Mon observation du phénomène m'a même montré que ce sont même les mouvements spirituels qui sont les plus vigilants à cet égard, comparé à certaines entreprises, certaines institutions, certaines associations, certains partis politiques, certaines familles, qui vont jusqu'à déployer parfois la totalité des 9 mécanismes sectaires. L'organisme d'étude anglais des phénomènes sectaires, INFORM, a d'ailleurs corrélé ce même propos en l'explicitant le 30 septembre 2007 à Paris lors d'un congrès organisé par le CICNS (Centre d'Information et de Conseil des Nouvelles Spiritualités). Néanmoins, je vous invite à tester ces critères par vous-même, afin de vous faire une opinion concrète. À chacun d'entre nous de rester vigilants dans nos vies privées (face à nos enfants, nos parents ou notre conjoint) et dans nos vies professionnelles (face à nos clients, patients, supérieurs ou subordonnés) car consciemment ou non, il est fréquent que nous ayons recours à l'un ou à l'autre de ces mécanismes pour imposer notre point de vue, notre mode de vie, exercer notre influence voire notre pouvoir sur l'autre ou les autres.

Cependant, définir ces 9 mécanismes ne suffit pas à rassurer complètement les plus peureux de la catégorie des « bourreaux », je l'ai déjà constaté. C'est en revanche un préalable important pour la catégorie dite des « victimes », et notamment pour celles et ceux qui sont prêts à faire une démarche d'ouverture de type ésotérique. Car **la peur naît d'une douleur profondément ancrée dans l'inconscient de chacun.**

Comme signalé précédemment dans le processus initiatique de libération de la douleur, la constante est l'apparition d'une douleur ancestrale. Cette dernière est reliée à l'un des **trois instincts de base chez l'être humain, c'est-à-dire l'instinct de conservation, l'instinct social et l'instinct sexuel.**

Face à la réunion des trois peurs fondamentales respectivement associées à ces trois instincts, que sont la peur de mourir, la peur de l'inconnu et la peur de l'abandon, il est compréhensible que la plupart de nos concitoyens démissionnent lorsqu'il s'agit d'aller faire un travail intérieur pour lever définitivement la peur sectaire. Mon seul discours rationnel sur les 9 mécanismes sectaires ne suffit donc pas. Pourquoi ? Qu'est-ce qui fait que la peur l'emporte encore ? En premier, la méconnaissance du processus « bourreau »-« victime » et en second celle des trois peurs fondamentales.

Les mécanismes bourreau-victime

Dans ce mode de fonctionnement, le bourreau est une ancienne victime qui a développé au cours de l'enfance une telle carapace de survie, qu'il finit par perdre toute sensibilité. On le dit « insensible ». Selon un mécanisme bien souvent inconscient, il renvoie alors la charge qui lui revient sur les autres, qui deviennent à ce moment-là des victimes.

Ce processus pourrait paraître à priori sans fin, puisque l'un et l'autre s'alimentent en continu. Or ce n'est pas le cas. Où est la brèche du changement, la porte d'entrée qui permet d'inverser le processus et de faire en sorte que chacun puisse accéder à ses propres enseignements sans avoir besoin de se défausser sur les autres ? Mon constat et ma pratique personnelle montrent que **seules les victimes peuvent agir,** puisque les bourreaux n'entendent même pas la plupart du temps la réalité du phénomène qui se déroule à leur insu. Mieux encore, j'ai pu observer qu'ils en montrent très souvent la face inversée. En d'autres termes, quand les bourreaux proposent aux victimes de ne surtout pas faire de travail de développement personnel sur eux, les victimes peuvent en fait entendre qu'il leur est suggéré inconsciemment de faire en réalité un travail ésotérique de ce type. C'est à ce stade de compréhension qu'il est utile d'avoir une réelle compassion pour les bourreaux qui seront parmi les derniers frères et sœurs à se libérer de leurs souffrances.

Les trois peurs fondamentales

Examinons la première peur, **la peur de mourir liée à l'instinct de conservation.** Quand on vous dit, à grand renfort de médias, que des sectes sont folles au point que des adeptes soient capables de se suicider collectivement, vous avez le droit d'en douter. Aucun des cas recensés depuis une cinquantaine d'années ne s'est avéré être un suicide collectif [9]. Les adeptes ont en fait été abattus pour des motifs de pouvoir divers. La simple question de chercher à savoir à qui profite le crime oriente beaucoup les conclusions. De plus, il n'existe pas d'étude psychologique démontrant chez l'être humain qu'il est possible de se suicider collectivement en accord les uns avec les autres. L'instinct de survie reste même à la dernière minute prépondérant, au moins chez quelques-uns uns. Voilà pour la première peur, la plus forte et la plus médiatisée.

Examinons la seconde peur : **la peur de l'inconnu liée à l'instinct social,** aux besoins naturels de sécurité psychologique et d'appartenance à un groupe. Les seuls cas où j'ai pu observer que les 9 principes sectaires ont été appliqués et où il y a eu perturbation de la sécurité psychologique, des besoins d'appartenance, sont ceux où l'État est intervenu par la force de son appareil exécutif, législatif ou judiciaire. Autrement dit, il est bon de rappeler ici que depuis des siècles la nouveauté dérange l'ordre établi. La nouveauté est alors considérée comme hérétique. C'est un constat nécessaire à faire, qui découle de la résistance de l'homme au changement. Or c'est le processus même de l'initiation de la vie de nous amener à changer, à nous détacher de ce qui est ancien pour aller vers le nouveau. Il est par exemple illusoire de croire les bourreaux, lorsque pleins de « bonnes intentions » ils nous disent vouloir autoriser un espace à de nouvelles spiritualités, alors que leurs appareils font justement l'inverse, c'est-à-dire qu'ils effectuent une véritable chasse aux sorcières. C'est ainsi que beaucoup d'anciennes sagesses ont été perdues dans différentes parties du globe. Lorsqu'on considère la religion chrétienne qui a empreint les civilisations occidentales, on est en droit de rappeler l'action de Jésus-Christ face aux marchands du Temple, c'est-à-dire **renverser l'ordre établi, un ordre perverti contraire aux lois de la vie, non pour créer un chaos social extérieur, mais plutôt pour créer un chaos intérieur.** Voilà pourquoi il pourrait être utile à l'avenir en France de **créer un conseil des sages « spirituels et laïcs » ayant l'ascendant sur les appareils de gouvernance** et non un conseil de religieux comme certains pays de la planète le font. La spiritualité reste une affaire personnelle et privée qui appartient à la sphère de chaque être humain.

Examinons maintenant la troisième peur : **la peur de l'abandon reliée à l'instinct sexuel** et à la satisfaction des besoins de reconnaissance et de réalisation de soi. Cette peur nous renvoie à nos peurs d'abandon du Père divin et à un mécanisme vieux comme le monde, qui provient d'un fait historique connu dans les plus grandes religions ou courants spirituels. En effet, ces spiritualités ou religions ont été à un moment donné déracinées par des processus massifs d'extermination perpétrés par des militaires ou des guerriers et commandités par des groupes de pouvoir au nom d'une idéologie (économique, religieuse, ethnique, raciale). Pourquoi une telle constance dans la répétition collective d'un tel processus ? Une raison majeure existe et je vais l'aborder ici, compte tenu du matériau dont dispose le Passeur d'âme®, un matériau allant parfois bien au-delà de la simple vie présente. J'ai constaté lors des expériences d'expansion de la conscience que lorsqu'un scénario de vie de militaire ou de guerrier est ramené par l'être en souffrance et que les enseignements de ce scénario ne sont pas intégrés, alors il s'ensuit une expérience de vie de religieux pour la contrebalancer. Dans cette loi du « karma » de l'arroseur arrosé, au bout d'un certain temps, la conscience de l'être arrive à se libérer. Avec le recul, j'ai constaté que la cause profonde de ces luttes est à chercher chez les religieux plus que chez les « odieux » barbares qui les ont exterminés. Là encore, une histoire sous l'histoire, un processus d'inversion du même type que pour celui de bourreau-victime. La cause essentielle car il y en a une, commune entre ces histoires de massacres, c'est que **les religions n'ont pas atteint les deux rives du passage**, celles que nous avons définies au préalable en abordant les 7 plans de conscience. Autrement dit, très souvent, les religieux n'ont à peine atteint que la moitié des plans de conscience nécessaires au passage complet de la créature au Créateur. C'est d'ailleurs surtout vrai en matière de chamanisme. En s'arrêtant à mi-chemin, les religieux et les guérisseurs ont bâti des bulles de religion ou de spiritualité cohérentes pour un moment, des univers archétypaux temporaires qui enseignent la conscience de l'humanité dans ses égarements successifs. Voilà pourquoi les plus grandes colères sont souvent celles des religieux ou des anciens religieux qui pensent avoir atteint leur ciel et s'étonnent de se faire laminer par des militaires sans foi ni loi. Vous pourriez me rétorquer qu'il suffirait de leur dire pour que cela s'arrête. Et bien non, au contraire, puisque l'ego spirituel atteint un niveau maximum pour la plupart d'entre eux. Ces bulles de croyance religieuse enflent l'ego de leurs pratiquants qui peuvent aller jusqu'à se croire l'égal de Dieu ou se croire missionnés en tant que messagers de Dieu. L'histoire est emplie d'exemples souvent sanglants. Il n'existerait donc pas d'autre alternative dans cette justesse de l'univers que…d'exterminer les représentants de ces religions ou dogmes figés pour que l'humanité avance encore un peu plus loin. En évoquant ces propos qui pourraient paraître choquants de prime abord, j'en connais aujourd'hui leur racine profonde. Comme je l'ai indiqué en préambule cette troisième peur est la peur d'abandon. **Celui qui naît en ce monde cherche pendant sa vie l'attachement fusionnel au-dehors, en mémoire de cet attachement fusionnel au-dedans.** Qu'il cherche à l'atteindre dans le lien avec maman ou papa, qu'il cherche à l'atteindre dans le lien du couple ou avec d'autres substituts, il est sans cesse en quête de cette fusion. La peur de l'abandon s'avère n'être qu'une peur de ne pas retrouver le chemin de la fusion avec son âme et au-delà, ce que je pourrais appeler « le retour à la maison ». Car dans quelque descente dans l'incarnation que ce soit, il y a une nécessaire dualité qui s'incarne. Si vous êtes homme au-dehors, vous avez laissé une femme au-dedans de vous et réciproquement. Et qui sait si vous n'êtes pas homme et femme au-dedans, ainsi qu'homme et femme au-dehors (cf. récit révélé de la Genèse biblique en annexe) ? **La quête de** l'attachement primordial en face de cette peur d'abandon, donne le sens du cheminement sur Terre.

Voilà pourquoi nous devons courageusement énoncer, contrairement à ce qui se dit communément, que nous ne sommes aucunement « à la botte des militaires ». Les militaires eux-mêmes sont majoritairement piégés et dépendants du schéma cultuel et culturel d'une société bâti par des religieux ou des hommes de morale religieuse. Avec une famille de militaires et une aide très fréquente apportée sur ces terrains-là, je sais la nature de l'enfermement et de la souffrance du militaire. Allons ensemble encore plus loin. Les religieux sont eux-mêmes dépendants de ces bulles de croyance sur lesquelles ils ont bâti leurs dogmes. N'ayant pas atteint les deux rives du passage ils enferment ainsi les individus dans un carcan de lois morales qui infiltrent ensuite la société et se muent en violence verbale plus que physique. **Tout repose sur le courage spirituel à aller au-delà des religions** que nous ont légué nos parents et notre lignée d'ancêtres, un courage à faire une démarche vraiment intérieure. C'est pour cela que nous parlons d'**objectif** pour aller vers le **bien-être**. Le vouloir est essentiel. J'ai personnellement exploré pendant tellement longtemps les autres voies avant d'en repérer les culs-de-sac. J'ai tellement retrouvé cette constante dans l'aide à l'autre que je peux aujourd'hui la poser avec humilité devant vous. Oserez-vous, comme je le fais encore moi-même au quotidien, remettre en question les clichés habituels sur le pouvoir de la force, le pouvoir de l'argent et le pouvoir du savoir que nous ont légués Alvin et Heidi Toffler dans leur best-seller « Les nouveaux pouvoirs » (Fayard, 1991) [idée force du livre : *« le pouvoir de la force domine sur le pouvoir de l'argent, qui lui-même domine sur le pouvoir du savoir »*] ?

Au final, sortir de la dépendance religieuse pour aller vers une spiritualité qui la contient est un courage à régler la problématique centrale de l'abandon divin, de toutes les formes d'abandon. Autrement dit, après avoir guéri l'instinct de conservation et l'instinct social, il s'agit de se guérir des problématiques liées à l'instinct sexuel. La convergence des expériences me montre que c'est lui qui est la clé de voûte de tout le système. Les enseignements les plus spirituels du monde convergent en ce sens. Il est libérateur d'avoir le courage de passer d'une sexualité animale à une sexualité sacrée. **Manifester une sexualité qui inclut et reconnaît la sexualité physique tout en la transcendant est essence Ciel.**

Les lois de la petitesse et de la grandeur

À partir du processus d'enseignement de la douleur, nous constatons qu'au début survient un mal-être à peine perceptible. Puis il grandit et devient une gêne mentale, ensuite un inconfort émotionnel. À ce stade, l'être sensible est en mesure de le remarquer et ne sait que faire. L'être peu sensible, lui, ne ressentira encore rien. Il lui faudra attendre le stade d'après, celui de la douleur ou carrément le dernier stade, celui de la douleur traumatique. Là, il va réagir, comprendre ce qui lui arrive et changer sa conscience d'être. Ce qui est caractéristique de chacune de ces gradations progressives de l'intensité du mal-être, c'est que le processus débute au plan causal de l'âme. Puis au fur et à mesure, surviennent des douleurs chaque fois plus intenses et se rapprochant de plus en plus du corps physique. La grande leçon du stockage d'énergie dans les isolants se retrouve à nouveau ici. La douleur ira sans cesse en augmentant jusqu'à ce qu'elle soit repérée. Alors pourquoi attendre ? L'histoire de vie est passée par là chez chaque être. Le petit enfant, quand il est brimé par ses parents, prend une charge négative. Pour survivre, il est obligé de la stocker derrière un mur, le mur de l'oubli. Sinon cela devient pour lui vite invivable. Par exemple, quand l'enfant tombe dans la rue en se heurtant à un trottoir et se blesse au genou, il pleure parce qu'il a mal. La douleur génère ensuite une peur. Il ne fait pas du cinéma. Or quelle est la réaction classique du parent ? En premier, celle de nier qu'il ait mal. Pourtant l'enfant est meurtri. Pour l'adulte qui l'accompagne, quelque chose est souvent intolérable dans ces pleurs d'enfant et dans cette douleur qu'il témoigne. Il commence alors par lui faire nier le mal-être qu'il a eu. L'enfant qui n'est pas respecté va donc développer une réaction vis à vis du parent, celle de « se vendre » pour garder une affection extérieure. Pour continuer à aimer et se faire aimer de l'autre, il masque cette douleur, la nie et même se renie en tant que victime de cet accident. C'est la deuxième étape. Bien entendu, dès le début de cette démarche de reniement qui est un vrai processus de prostitution envers l'amour affectif de l'autre, il va prendre sur lui la part de douleur correspondante et la mettre de l'autre côté du mur de l'oubli, dans la partie inconsciente de son être. Il va sans dire, qu'au bout de quelques attitudes similaires ou pour une douleur plus intense et plus physique qu'émotionnelle, le vase devient plein et le reniement de soi en tant que victime s'arrête. Il s'arrête simplement parce que la gêne émotionnelle fait place à une vraie douleur physique qui s'extériorise. À ce moment précis l'être entre en révolte. Dans son désespoir où il avait encore jusque là cette soif affective de l'autre, il commence à interpréter les faits à l'origine de l'apparition de cette douleur en cherchant une cause extérieure. Si je reprends l'exemple de la chute de tout à l'heure, je dirais que vient le moment où l'adolescent plus endurci va dire que c'est parce que la marche a été conçue comme trop haute qu'il a trébuché. Cette phase est le début d'un deuxième temps qui va se tourner contre les autres. En effet, suit très vite le temps du jugement envers l'autre. Ici ce pourra être celui qui a réalisé ou conçu la marche dite trop haute qui sert de bouc émissaire ou d'exutoire. Bien évidemment, dès que le jugement est prononcé arrive un temps de crise et de séparation. C'est le processus de fission qui débute. Les meilleurs amis du monde qui avaient des atomes crochus entre eux, comme la tradition populaire le reprend avec des mots très justes, finissent par ne plus pouvoir se voir. Voilà un mécanisme naturel directement lié au processus de la douleur. Encore une fois, dans ce monde de la créature ballottée au gré des vents affectifs des uns et des autres, la douleur peut franchir un autre échelon et devenir traumatique. À partir de ce moment-là, il ne s'agit même plus de jugement. On constate l'emportement physique contre l'autre, des réactions pouvant être brutales, une vraie scission qui aboutit à deux êtres séparés, l'un sans l'autre. Combien d'entre nous connaissent ce mécanisme ? Ainsi donc 4 temps face à 4 degrés du mal-être allant crescendo. **La gène mentale** qui se fait loin de l'autre, **la gène émotionnelle** qui existe pour garder l'affection de l'autre, **la douleur physique** qui entraîne une réaction contre l'autre et **la douleur traumatique** qui se vit sans l'autre. Chacun dans sa vie expérimente un degré différent de mal-être. Les victimes sont souvent sensibles et concernées par les deux premières phases du processus d'accroissement de la douleur enseignante. Les bourreaux sont eux beaucoup plus blindés et plus facilement dans le processus de jugement de l'autre, d'emportement face à autrui. Nulle surprise de concevoir alors la place de l'adulte adapté, véritable bourreau face à l'enfant sensible et victime en début de vie. Nul étonnement à constater celle du patron d'entreprise, lui aussi classiquement bourreau face à ses employés. J'ai bien connu ces facettes-là en ayant été moi-même tour à tour bourreau et victime. Ce qui est très puissant dans l'analyse de ce mécanisme, c'est de comprendre que c'est le plus réactif, celui qui a le moins de carapaces qui peut se libérer de ses traumatismes et non pas le plus dur à cuire. Autrement dit, **dans le domaine du bien-être, ce ne seront pas les bourreaux qui seront capables d'entendre le bien fondé d'une libération, ce**

seront les victimes. Cela veut dire qu'il est crucial de pointer ce que j'appellerais crûment **la couardise de la victime**, pour lui demander jusqu'à quand elle acceptera la prostitution visant à prendre la charge et même l'enseignement de l'autre. Les mots ont le droit d'être forts quand ils obéissent à un mécanisme incontournable et implacable. **Oui, la majorité des victimes en ce monde manque de courage pour exprimer la douleur vécue jusqu'à sa transcendance.** Certes, ce n'est pas culturel de l'exprimer. Peut-être aussi qu'il n'est pas proposé dans nos systèmes de croyance ou de référence actuels d'autre issue que celle d'un cycle sans fin de la douleur.

Voilà pourquoi je propose ici une voie nouvelle[10], allant vers la fusion plus que la fission, vers la libération plus que vers l'enfermement. Cette deuxième voie propose une vraie intériorisation, une entrée dans les mondes ésotériques pour comprendre, se libérer, pouvoir exprimer l'amour et enfin accéder à sa grandeur. Car chaque être et vous aussi lecteur pouvez accepter que la douleur qui vous traverse ait un vrai rôle, qu'elle soit là pour vous enseigner quelque chose d'important. Alors que si cette douleur n'a pas de but, ni aucun sens, cela induit que vous explorerez une vie absurde et injuste. Autant le cycle traumatique de mal-être est un cycle tourné vers la petitesse que chacun se contente de vivre le plus souvent, autant le cycle de bien-être qui s'inaugure dans la phase de libération de la douleur est un cycle tourné vers le seul maître que chacun peut avoir en cette vie. Votre maître est au-dedans de vous-même. Inutile de chercher la dépendance à un maître extérieur, à un « senti » maître quel qu'il soit, puisqu'il vous faudrait au moins 100 « sentis » maîtres pour faire un bon maître. Vous êtes aussi grandiose sachez-le que l'ont été Jésus-Christ ou Siddhârta-Bouddha. Elle est là la bonne nouvelle de l'Évangile. L'intervention du Passeur d'âme® prend alors beaucoup de sens, puisqu'il peut réellement aider à réaliser l'accouchement de cet enseignement intérieur que l'homme a choisi de découvrir en vivant la douleur associée. Son rôle se précise de plus en plus puisqu'il est capable d'accompagner l'être jusqu'à la source d'amour, jusqu'à la nature de l'esprit. Il va pouvoir aider les volontaires à se libérer totalement. Dès que vous êtes capables de regarder précisément l'endroit physique de votre douleur, d'en voir et d'en libérer le contenu émotionnel au travers des perceptions sensorielles dont vous disposez, vous êtes en mesure de prendre votre enseignement de lumière stocké et de l'exhumer au-dehors en vous ouvrant à l'amour et au pardon. À ce moment-là, vous rejoignez comme je l'ai déjà abordé précédemment, le noyau transpersonnel de votre existence. Vous vivez l'extase d'amour inconditionnel qui vous transcende, celle qui vous fait dépasser les limites égotiques des corps physiques, éthériques, émotionnels et mentaux. En osant ainsi traverser la couche inconsciente la plus dense qui vous sépare des mondes de l'oubli, vous rejoignez votre potentiel de Créateur. Vous n'êtes plus seulement une créature. L'ego réalise la fission entre les êtres. Là est le poids de l'atome. L'amour universel lui, en réalise la fusion. Là est la légèreté de l'« at home ». Quand le voile de cette illusion tombe, vous pouvez voir les êtres comme un tout inséparable et vous pouvez vous sentir partout chez vous, « at home ». Or classiquement l'individu qui ne vit que la partie ombre de sa créature a tendance à vivre en réduction. Dans ce cas où l'individu n'envisage pas d'aller plonger dans ses mondes intérieurs, il n'a que deux soupapes, que deux échappatoires pour vivre sa grandeur. Soit il décide de faire croire qu'il est grand sur Terre en ce plan matériel. C'est la grenouille qui veut se faire plus grosse que le bœuf. L'ego enfle alors et il devient un bourreau pour les autres. Soit il vit une échappatoire dans ses rêves et il joue un rôle de premier plan en imaginant ce qu'il pourrait être. Vous avez donc essentiellement ceux qui ont tendance à rêver fortement et à vivre dans un monde illusoire, temporaire et imaginaire ou ceux qui vont déployer leur grandeur et leur vérité au monde en cherchant à avoir de plus en plus d'importance. Ces deux manifestations sont des déviances, deux voies sans issues. Si votre Créateur rêve déjà votre créature, à quoi bon vous, en tant que créature, en rêver encore d'autres et vivre en réduction sans chercher l'incarnation de vos rêves ? Secouez-vous ! Vivez vos rêves, en dépassant les peurs situées autour des traumatismes douloureux initiaux. Si vous êtes déjà grand au-dedans de vous-même comme les autres le sont, à quoi bon chercher une grandeur illusoire au-dehors, une grandeur qui étoufferait les autres individus ? N'est-ce pas illogique d'aboutir à un système où il y ait seulement deux ou trois grands et que les autres soient petits ? Ce que la physique des isolants démontre c'est que chaque individu a stocké en lui-même l'énergie d'une réaction nucléaire. Alors à quoi bon chercher à dépendre d'énergies extérieures ? Face à ceux qui ont l'ego surdimensionné il conviendrait de ne rien faire, de ne surtout pas chercher à les convaincre de changer. La vie se chargera bien assez tôt de les faire descendre de leur piédestal. Ce n'est que lorsqu'ils seront redevenus victimes qu'ils pourront avoir envie de plonger dans leurs mondes intérieurs.

À chaque fois que vous accoucherez de vos douleurs au travers des 6 mécanismes de base que j'ai cités vous aurez l'occasion de générer un lendemain différent dans vos actions et votre comportement. Alors débutera une spirale de bien-être vertueuse que décrit bien la psychologie nucléaire[10]. Au début ce sera un calme mental, puis ensuite viendra un plaisir émotionnel. Après cela se transformera en un bonheur éthérique jubilatoire. Et enfin cela atteindra même la jouissance physique. Dans le premier temps l'être sera relié à Soi, au plus près de l'âme. Dans le deuxième temps l'être sera près de Soi et tourné vers l'autre, puisque le plaisir émotionnel issu de l'échange proviendra du service à l'autre où il se donne par amour intérieur. Viendra le moment où il sera comblé et nourri. Il entamera alors le troisième temps de bonheur qui est un temps d'équilibre entre Soi et l'autre. En final, l'être touchera la communion entre Soi et l'univers, cette phase mystique de fusion avec les autres qui est rencontrée en phase finale de libération complète d'un traumatisme. C'est en atteignant cette phase de communion qu'il recevra dans ses cellules l'énergie d'amour qui répare, transcende. Et ainsi le voile d'ignorance et de protection préalablement formé par les douleurs ingérées sans réagir se lèvera. Que votre patron vous demande de faire le sale boulot qu'il ne veut pas faire ou d'exécuter une tâche contraire à votre éthique, que votre parent vous demande de vous plier à une obligation extérieure dont vous ne percevez pas le sens profond, que votre conjoint vous oblige à avoir des rapports que vous ne désirez pas, c'est sans cesse la même chose. Vous comblez le manque de l'autre, vous êtes son souffre-douleur.

Ainsi donc, **en retrouvant la spirale du bien-être intérieur qui vous permet de ré-accéder à votre grandeur, vous réduisez l'écran qui sépare le conscient de votre inconscient, l'état de veille de votre état de sommeil. Vous vous éveillez.** Voilà la définition de l'éveil. Elle demande à aborder les résultantes de la souffrance sous ses différents aspects. Elle vous demande d'accueillir et de célébrer votre petitesse, en même temps qu'elle vous demande d'accéder à votre grandeur en conscience d'éveil. C'est cela la vraie humilité. Bien entendu si la douleur de l'être est grande il sera utile d'employer une technique telle que l'expansion de conscience, qui va le conduire jusqu'à des aspects antérieurs de sa vie. Ceci étant, pour la majeure partie des petites douleurs et des petites souffrances de la vie, vous pouvez employer des méthodes plus simples faisant appel à des supports de créativité, à des médias artistiques. Le but est d'accompagner l'être phase par phase dans un processus de jardinage de lui-même pour déraciner les mauvaises herbes qui génèrent la douleur, comprendre leur nature, labourer le terrain. Ensuite vient le temps des semailles de nouvelles graines positives, l'accompagnement de la croissance des menues attentions nécessaires à la vie, en veillant à ce qu'il n'y ait pas d'autres mauvaises herbes qui tentent de repousser, puisqu'elles sont maintenant connues.

Le Jardin du Créateur®

L'œuvre centrale de la vie est de procéder, chacun à son niveau, au « jardinage » de la Terre. Il est bon de préserver ce beau jardin de la création et de l'amener à un épanouissement véritable. Ce jardinage comprend aussi bien le temps du labour que le temps de la moisson et des récoltes des fruits de la patience. Il permet d'inaugurer un champ de pratique autour de ce que j'appelle le Jardin du Créateur®(www.lejardinducreateur.fr). L'objet de cette pratique conduit à favoriser l'éveil et le bien-être de chacun par un cheminement semblable à ce processus de jardinage. Ce cheminement amène à un éveil de son potentiel créateur, à un nouvel état d'être, à une nouvelle circulation d'énergie, qui est appelée *Bu Muntu* dans la tradition ancestrale du royaume des Kongos (Congo-Brazzaville, République Démocratique du Congo, Angola). C'est cette énergie créatrice colossale qui va être par exemple à l'origine de la création de nouvelles monnaies locales à inventer. En Afrique, les monnaies d'échange qu'utilisent surtout les femmes, sont souvent des objets courants utiles au plus grand nombre : une tontine des assiettes, une tontine des pagnes, etc. Ainsi par ce cheminement, par le biais du partage, de l'échange et d'une communion para-verbale, le jardinier éveilleur peut proposer différents moyens.

➢ Des moyens tournés vers une des espèces animales qui enseigne grandement les hommes, les mammifères marins. Ces moyens visent à créer une

nouvelle façon d'envisager la communication entre les humains, une communication qui ait une autre intensité d'amour, une autre intensité émotionnelle comme par exemple celle que les dauphins proposent dans leur milieu naturel ou à notre encontre.
- ➢ Des moyens tournés vers des supports audiovisuels, des techniques corporelles et les éléments de la nature pour frôler la vie dans son intensité vibratoire, qu'elle soit sonore, visuelle, tactile, olfactive ou gustative et accompagner l'être dans sa maïeutique, son accouchement personnel.
- ➢ Des moyens artistiques comme supports de créativité et de création pour favoriser l'expression intérieure dans le monde extérieur et permettre une vraie auto-guérison guidée par le jardinier éveilleur.
- ➢ Des échanges multiculturels comme révélateurs de miroirs ancestraux ou comme leviers puissants détenus par d'anciennes traditions initiatiques, afin de permettre d'autres libérations selon la résonance propre et la culture de chacun.
- ➢ Des moyens liés à la nature pour favoriser l'immersion et la re-connexion de l'être dans son milieu d'origine.

Ces différents moyens permettent ainsi une libération des blocages internes et interpersonnels, le développement du respect individuel et pour autrui, une nouvelle conscience de soi et des autres.

Le cycle des initiations de la vie

Repositionnons maintenant la nature de l'être humain dans son ensemble, après avoir vu plus en détail comment permettre à chaque individu d'accéder à « un bien-être durable sans contreparties négatives pour son entourage ». La clé de libération est bien d'ordre spirituel. Elle est l'objet d'un travail très personnel que chacune et chacun peut faire en lien avec soi-même. Elle ne peut se décréter. Voilà pourquoi dans une société du bien-être durable elle pourra être grandement favorisée, afin d'aider celle ou celui qui a mal à libérer ce qui est enfermé en lui. En effet, il est rare d'aller seul affronter ses anciennes peurs ou douleurs. On a souvent besoin d'être accompagné. Même en étant devenu accompagnant j'ai parfois la nécessité d'être guidé. J'ai encore bien des enseignements à découvrir et j'ai pour cela l'obligation d'avoir quelqu'un qui m'aide à aller dans mes territoires enfouis pour exhumer mes émotions perturbatrices, faire jaillir la lumière enseignante de la connaissance et révéler mes propres vérités intérieures. C'est une loi de la vie. L'enfant qui a peur de l'eau ne retournera probablement plus seul à l'eau. Il souhaitera être accompagné par ses parents ou par quelqu'un capable de le rassurer. Être rassuré l'incite ensuite à tenter une nouvelle expérience afin de pouvoir s'émouvoir en réussissant la technique de nage. En final, l'enfant prendra du plaisir et aura du bonheur à découvrir de nouveaux univers de nage.

Quatre temps successifs sont donc réunis dans un cycle spécifique conduisant au bien-être :

- avoir été **apeuré** en premier, pour être interpellé par nos trois instincts et nos trois peurs de base (peur de mourir, peur de l'inconnu, peur de l'abandon)
- être **rassuré** en second, pour oser sortir de la peur et tenter de s'ouvrir à ses mondes intérieurs, sources d'enseignements
- **expérimenter** ensuite une épreuve initiatique en étant guidé pour aborder les peurs et douleurs imprimées
- **s'émouvoir** enfin dans un processus transpersonnel pour libérer l'énergie piégée et goûter au bien-être durable.

La finalité de la vie humaine

Il est important de prendre encore plus de recul sur la nature de l'être humain puisque nous savons à présent comment l'aider à se libérer de ses douleurs enseignantes. Maintenant une partie de nous pourrait objecter que ce serait un système bien lourd et bien injuste de devoir à chaque fois procéder ainsi pour se libérer. N'y aurait-il pas une autre finalité chez l'être humain que celle de vivre la douleur, voire la souffrance qui est la peur de la douleur ? Nos ancêtres de la tradition chrétienne nous ont déjà apporté les éléments de réponse dans le magnifique texte de la Genèse biblique auquel je fais référence depuis le début. Ce texte s'avère avoir été bien mal traduit depuis des siècles, jusqu'à ce qu'Annick de Souzenelle en offre récemment une vision claire qui prend sa cohérence au regard des lois du bien-être évoquées ici. En effet, le récit révélé des trois premiers chapitres de la Genèse répond à deux questions fondamentales que l'être humain se pose à un moment de sa vie : comment se crée un être humain ? Et pour quoi faire ? Dans la Genèse, la logique de construction depuis la première brique élémentaire jusqu'à la dernière prévaut, ainsi que la quête du sens de notre espèce sur Terre.

Que celle ou celui qui a des oreilles entende ! Qu'il ou elle entende la portée d'un message commun et valide à la fois pour les juifs, les protestants, les catholiques, les orthodoxes, les musulmans mais aussi pour ceux d'autres religions ainsi que les Chinois et les scientifiques. C'est pour cette raison que nous avons pu nommer de façon si déterministe ce paragraphe « la finalité de l'être humain ».

Puisse le courage et la joie de l'ouverture à une autre approche être le moteur de cette lecture que vous trouverez en annexe.

La finalité de la vie humaine pose ouvertement la question du sens. Cette question est double. C'est à la fois, « quel est le sens de ma vie » ? et à la fois « quel est le sens de la vie ? ». Nous pouvons définir la vie terrestre comme le souffle d'amour à travers la matière car la vie est mouvement impermanent. La vie est un mouvement qui part de l'Un et qui va vers le multiple. En ayant balayé précédemment l'ensemble des plans de conscience chacun peut bien se représenter le fleuve d'amour qui part de l'unité et qui coule vers la multiplicité des états de notre matière terrestre. À partir de là, la double question du sens peut être abordée. À la façon d'un arbre qui se nourrit autant de la Terre que du ciel, notre vie a besoin de se nourrir des deux sens à la fois. À la question « quel est le sens de ma vie ? », qui part de nos racines personnelles et qui s'élève vers le ciel, chacun peut lui trouver une infinité de réponses. Et c'est déjà beau que des êtres humains sachent en se levant le matin apporter ce sens à leur vie. Cependant c'est notoirement insuffisant. Car même si dans son infinie compassion notre mère la Terre permet tout, ce n'est pas pour autant que ce tout est en accord avec la réponse à la deuxième question « quel est le sens de la vie ? ». Les lois du Père sont universelles, dans le sens où elles partent de cet univers Ciel. Mais elles sont lois, c'est-à-dire qu'elles ne permettent pas tout et son contraire. L'amour naît de cette source Une à partir duquel coule le fleuve de la vie. Comme pour tout fleuve, il est plus aisé d'aller dans le sens de son courant que de le remonter. Autrement dit, si la réponse à la question du sens de votre vie a le bonheur d'être en accord avec les lois du vivant de ce fleuve d'amour qui part du Ciel et va sur la Terre, vous expérimenterez un bien-être durable. Dans le cas inverse, les lois de cause à effet se chargeront de vous rappeler à l'ordre.

Voilà pourquoi **la cohérence est un des maîtres mots qui peut guider le parcours de chacun.** En étant cohérent entre ces deux sens, vous aurez plus de facilité à rester éveillé. La conséquence directe de cette logique fonctionnelle signale qu'il n'y a pour chacun qu'un seul chemin pour aller vers le Père. Ce chemin est votre bien-sûr et nul autre n'a le même puisque chacun naît sur un terreau différent. Cependant, nous allons le voir, il existerait une manière de cheminer unique qui permettrait de tenir compte des lois universelles du vivant. C'est en balayant le plus complètement ces lois que nous pourrons découvrir cette façon de cheminer vers l'amour. C'est donc à chacune et chacun d'entre vous lecteur qu'il appartient de faire le point sur la cohérence de votre vie au regard de ces deux questions fondamentales sur le sens.

Maintenant que nous savons **le but de notre projet de civilisation atteignable à l'échelle individuelle**, voyons comment l'homme peut exprimer, de façon très concrète et très réaliste, les 15 valeurs sélectionnées au départ de cette étude.

Pour nous rendre compte de ce réalisme, nous avons besoin de parcourir les fondamentaux du caractère, du comportement, des affects et des pensées de l'homme.

Les 6 poisons

Lorsque j'observe dans le monde extérieur la créature humaine non reliée consciemment avec son Créateur et plongée dans ce monde de la création en étant coupée de cette connexion sacrée, je constate qu'elle est ballottée au gré des vents des évènements terrestres avec trois poisons primordiaux qui la minent. D'abord un puissant sentiment d'**ignorance** de l'état dans lequel elle est. Ensuite une gigantesque **colère** face à certains mécanismes qui se produisent sans qu'elle les comprenne. Enfin une grande dépendance et un **attachement** à des gens, des processus, des mécanismes, des nourritures terrestres auxquels elle ne peut se soustraire et qui l'enferment. Bien entendu ces trois poisons primordiaux en engendrent d'autres aussi destructeurs. Mon constat est qu'il existe seulement trois autres poisons fondamentaux, ce qui fait six poisons au total. Ces poisons sont reliés entre eux dans **une boucle qui débute par l'ignorance** des lois de ce monde. L'**attachement** de la pensée aux objets, aux nourritures fait naître les désirs. Chaque désir contient une signification profonde cachée qu'il convient de trouver avant qu'il ne devienne un **désir exacerbé**. Autrement dit, le désir peut avoir une valeur créative positive lorsqu'il permet de rendre grâce à la vie, à la création dans son ensemble et une valeur négative lorsqu'il est simplement consommé pour remplir un vide. Lorsque le désir n'est là que pour engendrer fantasmes et projections, il devient exacerbé et conduit droit à la **confusion**. C'est cette confusion du désir exacerbé qui indique l'ignorance d'une des lois du monde. Quand la confusion augmente graduellement, l'être est partagé entre la satisfaction directe de son désir et la perception que cette voie est sans issue. Comme cela se fait sans le germe d'une signification profonde et sans la conscience qu'il faille aller chercher cette signification au-dedans de soi, alors le **trouble** apparaît. Enfin, ce trouble des eaux émotionnelles va opacifier la conscience de l'être et générer de la violence, une violence qui deviendra **colère**, soit somatisée soit exprimée. Je constate combien cinq de ces six poisons peuvent ainsi tourner en boucle lorsque la colère, pour s'apaiser, se cherche des moyens extérieurs de compensation en générant à nouveau un attachement aux objets sensibles. Et ainsi de suite pour repartir dans un mécanisme de désir exacerbé, de confusion, de trouble et de colère, qui va éteindre peu à peu la conscience d'éveil.

Finalement, **la première douleur naît de cette ignorance primordiale**, laquelle n'est que l'expression de cette non reliance entre la créature et le Créateur.

Donc pour devenir l'Homme avec un grand H, l'homme avec un petit h se doit d'apprendre à modifier son état d'être en se laissant traverser par son Créateur. La modification de cet état d'être lui permet d'éviter de sombrer dans un des poisons reliant les cinq éléments de la nature physique, depuis l'élément éther, le plus subtil, jusqu'aux éléments terre et eau les plus denses (cf. tableau ci-après).

L'avantage de l'approche chinoise, plus symbolique que liée aux lois de la physique classique, est de permettre de retenir de manière mnémotechnique les mécanismes en jeu. Ces mécanismes sont cinq mécanismes de destruction.

- ➢ Bois dans eau signale un accrochage de l'eau dans le bois, un attachement qui va le pourrir.

- ➢ Eau dans métal idem, car cela signifie se trouver rongé peu à peu par la rouille du désir exacerbé qui fait vieillir.

- ➢ Métal dans terre conduit à un mélange entre l'isolant terre et le conducteur métallique, d'où une certaine confusion entre deux matériaux obéissant à deux lois physiques différentes, d'autant que le métal en contact dans la terre va s'oxyder lui aussi et se trouvé rongé au bout du compte.

- ➢ Terre dans feu conduit à faire de la fumée et à semer le trouble, en même temps que cela conduit à la combustion de la terre.

- ➢ Et enfin feu dans bois conduit aussi à la consommation du bois par le feu dans le crépitement de la colère.

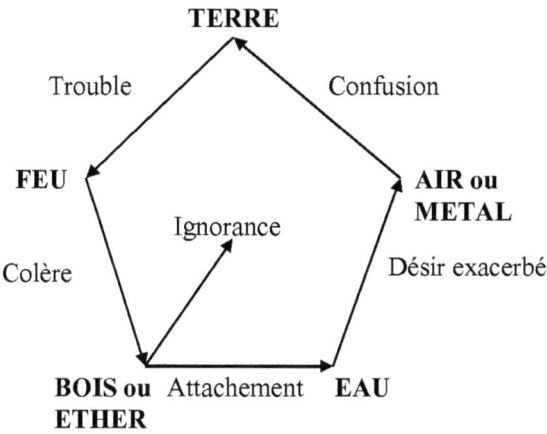

Les 15 péchés capitaux

À partir des 5 éléments j'ai ensuite pu identifier 3 grandes familles de tendances comportementales par élément, ce qui fait au total 15 familles de comportements que notre culture appelle volontiers des péchés. Parenthèse capitale néanmoins, là où le péché est enfer et damnation dans la tradition judéo-chrétienne, **le péché est enseignement pour soi et uniquement pour soi dans une spiritualité de la mesure et du non-jugement.** Il sert d'indicateur pour que chacun puisse repérer ses tendances comportementales qui l'éloignent du bien-être. À chaque fois que je reprendrai le mot péché dans cet ouvrage ce sera pour valoriser sa face enseignante.

Notre tradition chrétienne actuelle s'est limitée à 7 péchés capitaux. Nous, nous allons en balayer 15. Sachez seulement qu'au Moyen âge, au XIème siècle, on en comptait déjà 11 (voir le tympan de l'abbatiale de Conques).

Reprenons donc chacun d'entre eux, tant les racines de la nouvelle psychologie transpersonnelle l'indiquent.

L'être qui s'est attaché à sa créature pourra manifester 3 tendances comportementales extrêmes : la paresse spirituelle, l'orgueil et la négligence. Chacune d'entre elles représente le maximum d'intensité d'une manifestation sur une échelle graduée d'une même famille. C'est pourquoi nous lui donnerons le nom de péché capital. Par exemple, il apparaît évident que dans la famille orgueil il y a aussi la fierté, l'égoïsme, la vaine gloire, l'ingratitude, l'amour propre et bien d'autres expressions similaires. Sachons simplement ne retenir pour l'instant que l'orgueil, dans la mesure où il représente une tendance extrême dans sa famille. L'orgueil rend l'être incapable de se reconnaître seul, au point de l'inciter à aller chercher cette reconnaissance devant d'autres personnes. De manière similaire, la paresse spirituelle traduit une incapacité à envisager une reliance sacrée et à pratiquer cette reliance avec une saine volonté. Par voie de conséquence, cet attachement à la créature va amener les corollaires de tristesse, de plainte, de désespoir, d'amertume, de sensation d'abandon et d'abattement. Idem pour le troisième péché capital lié à l'élément eau qui est la négligence. Lui aussi est relié à cet attachement primordial à la forme, comme l'orgueil et la paresse spirituelle le sont. En effet, la négligence rend incapable d'être présent et ancré à chaque instant dans le monde, puisque l'être attaché à ses pensées va oublier, omettre, se disperser et être sans arrêt distrait.

Chacune des tendances comportementales doit être retenue comme telle, qu'elle soit exprimée en pensée, en parole ou en action. Car il apparaît identique d'avoir une pensée orgueilleuse, une parole orgueilleuse ou une action orgueilleuse (3 cas). De même **chacune des**

tendances comportementales est valide, qu'elle soit exprimée dans ses excès en attraction, dans ses rejets en aversion, dans ses négations en indifférence (3 cas). De plus, chacune d'entre elles a un terrain d'expression **par rapport à soi ou par rapport aux autres** (2 cas). Par exemple, peu importe que l'on soit négligent avec soi ou qu'on le soit avec les autres. Le miroir tendu de la négligence restera le même. Ainsi donc il y a 18 (= 3 x 3 x 2) facettes par famille de péché capital, sachant que chaque famille de péché capital contient une flopée de qualificatifs similaires ou atténués. Mon discours est de considérer que l'ensemble de la famille est concerné, plus qu'un seul péché extrême certes enseignant. Autrement dit, il n'est pas de mon propos de dire comme le font certains, entre le péché de gourmandise et celui de gloutonnerie par exemple, que tel ou tel mécanisme est plus ou moins acceptable, plus ou moins péché. Ce sont tous des enseignements.

En conséquence, nous voilà équipés d'une grille de lecture fine et précise pour identifier et classer la totalité des mécanismes comportementaux de l'être humain en fonction des 5 éléments de la nature.

L'attachement génère donc les trois familles de péchés capitaux de l'élément eau pré cités : **paresse spirituelle, orgueil et négligence.**

Le désir exacerbé, qui va se rajouter par-dessus et obscurcir encore plus la conscience d'éveil, génère les 3 autres familles de péchés de l'élément air que sont **la gloutonnerie, la fornication, la rapacité** ainsi que leurs corollaires fort bien connus et identifiés. En effet, la gloutonnerie rend l'être incapable de transcender la spirale ascendante des désirs alimentaires, quand la fornication le fait au niveau du feu dévorant du désir sexuel et quand la rapacité le fait à son tour au niveau du désir effréné d'abondance financière.

Puis ensuite vient se rajouter **la confusion**, qui va encore plus obscurcir la conscience d'éveil au niveau de l'élément terre pour donner 3 autres familles de péchés capitaux. Ces trois familles sont **la stratégie trompeuse et frauduleuse, l'abus de pouvoir et la phobie**. L'être perdu dans ses désirs exacerbés exprimés ou non, dans la reconnaissance de ce qu'ils sont venus lui témoigner, va se mentir à lui-même et aux autres. Il va se perdre dans les méandres des perceptions déformées, des stratégies diverses, dont certaines sont ouvertement frauduleuses. Ces stratégies traduisent l'incapacité à reconnaître et à accepter la vie telle qu'elle est dans sa vérité enseignante. Concernant l'abus de pouvoir, cette famille de péché capital met l'être confus devant l'incapacité à assumer seul de façon autonome la conséquence de ses actes, au point d'avoir recours à une forme de pouvoir face aux autres pour arriver à ses fins. Concernant la phobie qui représente ici la peur de la peur et les angoisses associées, l'être confus en arrive à ne plus discerner la suite de son propre chemin. Il s'immobilise à chaque carrefour du destin en ne sachant dans quel sens faire un pas en avant.

Puis ensuite la conscience d'éveil s'obscurcit davantage en semant **le trouble** au-dedans comme au-dehors. 3 familles de péchés capitaux de l'élément feu font alors leur apparition, à savoir **la précipitation, la prédication et la calomnie**. Oui, l'ignorance que chaque chose est à sa place en son temps génère cette impatience extrême, cette humeur déviante de plus. Celui qui ne voit pas clair veut agir sur le cours des évènements, sur le cours du fleuve de la vie et devient incapable d'envisager qu'il ne soit qu'un esquif sur ce fleuve. Celui qui prêche devient incapable de tolérer la multiplicité des vérités du monde et d'aller vers sa vérité intérieure. Le feu du mental, comme pour le péché de précipitation, est l'élément au centre de sa problématique. Il en va de même du jugement calomnieux, un trouble tel que l'être en arrive à penser que ce qui lui arrive est dû aux autres. Dans ce cas, il ne voit pas qu'à l'origine il a une blessure profondément enfouie, qu'il a une humiliation du passé enterrée en lui-même.

Et enfin en final **la colère** accentuant le bouillonnement de ce trouble, de cette confusion, de ces désirs, de ces attachements, va mettre un terme à la conscience d'éveil. À ce moment-là, autour de l'élément éther, apparaîtront 3 familles de péchés capitaux : **l'exaspération, la persécution, l'idolâtrie**. L'exaspération empêche l'être de reconnaître ce que le bouillonnement de la colère lui révèle au-dedans. La persécution le rend incapable d'accepter, de ressentir et de reconnaître ses propres douleurs pour s'en libérer et envisager le pardon. C'est ainsi que l'être en arrive à se mutiler ou à mutiler les autres sur un plan physique, émotionnel ou mental. L'idolâtrie est une colère déguisée, une faiblesse d'envisager que le maître soit déjà au sein de soi. C'est un report d'élévation spirituelle sur des objets ou des êtres. Ses corollaires comme la jalousie, le fanatisme ou la possessivité sont eux aussi tributaires du même mécanisme de colère contre ce Dieu inconnu ou ce Dieu adulé, qu'il soit symbolique ou matérialisé par son propre conjoint, ses proches avec lesquels on voudrait fusionner.

Ce qui va renforcer cette grille de lecture des péchés capitaux d'un individu (voir tableau ci-après), ce sont les associations qui peuvent être faites autour de chacun des 5 éléments. Par exemple, autour de l'élément eau, il y a la forme et sa nourriture qui est l'alimentation. Associé à l'élément air, il y a les sensations et leur nourriture que sont les impressions sensorielles. Autour de l'élément terre, il y a les perceptions et leur nourriture que sont les vouloirs de chacun. Autour de l'élément feu, il y a les formations mentales et leur nourriture que les orientaux appellent à juste titre les graines karmiques. Une graine karmique, à l'image de la graine d'une plante, est un concept que chacun choisit d'expérimenter dans son propre jardin de vie en le plantant dans la terre de l'expérience. Autour de l'élément éther, il y a la conscience-sujet et des nourritures qui sont les formes-objet du monde environnant.

Pour décrire un mécanisme dans notre dualité terrestre, il existe souvent deux facettes, une que je place sous le terme ombre, une sous le terme lumière. Après avoir évoqué la face ombre des cinq éléments avec les poisons et les péchés capitaux, je vais maintenant aborder la face lumière associée.

Légende du tableau

XIème siècle (gras et italiques) :
Paresse spirituelle, orgueil, gloutonnerie, rapacité, fornication, stratégie trompeuse et frauduleuse, abus de pouvoir, prédication, calomnie, persécution et idolâtrie.

XXème siècle (italiques) :
Orgueil, gloutonnerie, rapacité, fornication.

Proposition de rajout au XXIème siècle :
Phobie, précipitation, exaspération.

15 PÉCHÉS CAPITAUX
(Légende page précédente)

Poisons ↓	Instincts → Éléments ↓	Instinct sexuel	Instinct social	Instinct de conservation
Attachement	EAU	*Orgueil*	Négligence	**Paresse spirituelle**
Désir exacerbé	AIR ou MÉTAL	*Fornication*	*Rapacité*	*Gloutonnerie*
Confusion	TERRE	**Abus de pouvoir**	**Stratégie trompeuse et frauduleuse**	Phobie
Trouble	FEU	**Calomnie**	**Prédication**	Précipitation
Colère	ETHER ou BOIS	**Idolâtrie**	**Persécution**	Exaspération

Les 5 vertus

Jusqu'à présent le mouvement de circulation de l'énergie, de description des 5 éléments s'est fait dans le sens anti-horaire, c'est-à-dire de l'éther vers l'eau, le sens de la créature. Prenons maintenant ensemble l'autre sens de rotation, le sens du Créateur.

➢ En partant du plan atmique du Créateur, que l'on peut nommer aussi sur un plan fonctionnel comme étant le plan du Grand Architecte et en allant vers le plan bouddhique que l'on peut qualifier de façon similaire comme étant celui du Grand Entrepreneur-Élohim, le flux d'énergie véhiculé est celui de **l'amour**. Ce flux n'est pas une vertu à acquérir. Il est la matière même de la création existante.

➢ Du plan bouddhique au plan causal, le plan de l'âme, le flux véhiculé est le Verbe. Le Verbe est l'expression inverse de l'ignorance pour l'être qui est profondément relié au Grand Architecte. Voilà pourquoi la vertu qui est demandée en regard est **le centrage sur le Grand Architecte**. La première des lois de Niyama est ainsi retrouvée.

➢ Du plan causal (éther) au plan mental, le flux véhiculé est l'apaisement et l'aptitude demandée est **le contentement**. La deuxième loi de Niyama apparaît à son tour.

➢ Du plan mental (feu) au plan astral, le flux véhiculé est la purification, et l'aptitude demandée est **la pureté**. C'est la troisième loi de Niyama.

➢ Du plan astral (terre) au plan éthérique, le flux véhiculé est le discernement et l'aptitude demandée est **l'étude de soi**, quatrième loi de Niyama.

➢ Du plan éthérique (air) au plan physique (eau) le flux véhiculé est le besoin juste et l'aptitude demandée est l'austérité ou **frugalité heureuse** qui couvre au moins les besoins des trois instincts de base de l'homme. En Orient, austérité revêt un caractère plus ascétique. Certes, cela signifie avoir une quiétude mentale et verbale vis-à-vis du monde extérieur pour l'instinct social. Certes cela signifie une quiétude vis à vis de l'instinct sexuel. Cela demande aussi que les besoins de l'instinct de survie ou de conservation soient assurés : une alimentation simple et un entretien de la circulation d'énergie du corps (principalement de la « grande roue chinoise » qui est une roue d'énergie expérimentée en Qi Gong par exemple, cet art de santé chinois ancestral).

Le constat flagrant est que **ces 5 vertus** que nous venons de retrouver **sont les mêmes que** les 5 lois de Niyama ou **les 5 observances fondamentales qui ont présidé à l'émergence des 5 supra valeurs que nous avons posées en postulat de départ au début de l'ouvrage**. On voit maintenant apparaître une cohérence d'ensemble autour d'un noyau fondamental de valeurs universelles.

Vous pourrez d'ailleurs tester par vous-même combien d'autres valeurs sont induites de ces cinq-là ou en sont des conséquences. Les 5 vertus vont jouer un rôle sur l'acquisition des 5 supra valeurs du bien-être durable que sont respectivement la fraternité, la joie, la paix, l'harmonie et l'autonomie. L'incontournable texte sacré des « Yogas sutras » de Patanjali rappelle à juste titre la nécessité de leur pratique dans la vie.

Une philosophie de la vie

Ainsi énoncée complètement, cette grille de lecture prend alors beaucoup de sens. Elle permet de discerner les blocages chez soi ou chez d'autres et d'envisager la voie du grandissement de l'Homme au moment où notre humanité nous y engage. Ce grandissement se fera en devenant l'Homme, cet hologramme en mouvement de l'Élohim dans sa création, une créature physique animée par la force intérieure d'amour qui le traverse, une créature au service de son Créateur céleste dédié au collectif de la Terre mère. Car après tout pourquoi avoir pris un corps ? Est-ce pour le remplir et faire un cycle de morts-renaissances sans en avoir conscience ou bien est-ce pour servir la conscience humaine et la conscience universelle ? Si le corps est un instrument que le Grand Réalisateur nous a prêté pour accroître sa conscience, pourquoi ne pas le remercier en lui rendant foi et dévotion ? Au fur et à mesure, d'autres questions pleines de sens émergent dans l'axe de cette reliance ultime. Si la vie n'était qu'une pièce de théâtre où notre maître intérieur avait décidé de nous faire jouer un rôle, le jouerions-nous du mieux que nous pourrions ou chercherions-nous sans cesse à jouer d'autres rôles à défaut de celui-là ? Pourquoi nous contenterions-nous d'imiter quand nous pouvons générer notre propre créativité, participer à l'expansion de notre propre conscience humaine et par là-même à celle de la conscience universelle ?

Chacune de ces questions positionne l'être dans son unicité de parcours, en même temps qu'elle ouvre à la construction d'une conscience collective dans les plans bouddhique et atmique universels. Cela permet d'envisager un regard différent sur l'Homme et sur l'univers en respectant la réalité des évènements qui se déroulent sur Terre, que ce soit dans le temps et dans l'espace. L'espace est peut-être finalement là pour que les évènements arrivent différemment à chacun selon l'enseignement qui lui est utile.

Le temps est peut-être là pour que les évènements qui arrivent à chacun soient séparés les uns des autres afin de pouvoir les digérer et les intégrer à la queue leu leu.

Lorsque chaque être est relié au temps, à son propre karma (ces lois de cause à effet qui sous-tendent la vie), il apprend à faire et **il devient créateur d'espace**. C'est comme un rameur qui descendrait le cours d'une rivière en voyant la berge défiler, en voyant « ce cours du temps » qui le porte.

De même, **lorsque chaque individu est relié aux autres**, il apprend à être et **il devient créateur de temps**. C'est l'image de ce même rameur descendant la rivière. Cette fois-ci, il est sans cesse relié aux autres rameurs dans sa barque, complètement hors du temps et de ce qui se passe à l'extérieur.

Lorsque, dans cette double relativité, **l'être est relié à la fois à la vie du plan physique au plan atmique et à son cœur conscient il devient Créateur**, une triple réalité, du local au global, que ce soit de l'intemporel à l'éternel ou de l'infiniment petit à l'infiniment grand. Ce qui est très puissant dans cette approche dissociée de l'espace-temps, c'est de bien intégrer que le véhicule corporel et égotique nécessaire à la vie ne peut évoluer qu'en étant créateur d'espace, alors que le projet personnel ne peut évoluer qu'en étant créateur de temps. La reliance complète, depuis la source d'amour jusqu'au buisson de lumière holographique qu'est notre objet représenté, offre la dimension créatrice dans son entièreté. Elle justifie l'existence de l'activité du Passeur d'âme® qui va jouer un rôle social indispensable pour aider tous ceux qui souhaitent retrouver cette connexion créatrice ultime. Le grand mystère entre ces deux rives s'élucide enfin : **« Je suis » est un pont à cinq piliers entre deux rives.** Par le pont, en nourrissant le fruit de Sa présence, « Je suis » prépare le monde nouveau en six étapes de transformation. « Je suis » alimente ainsi chacun des cinq piliers qui préparent le nouvel Homme. Et chacune des six étapes demandera réellement six attitudes d'amour différentes, six attitudes justes que je vais maintenant aborder.

Les 6 attitudes justes

Si je pars du corps physique, c'est-à-dire au niveau de l'élément eau cité précédemment, je constate qu'il est en interaction avec l'environnement ou avec les autres donc avec ce que j'appelle « les buissons de lumière créés », les fruits de la création visibles dans ce monde matériel.

La première attitude juste à avoir vis à vis de cet environnement est **l'attention juste**, avec une qualité d'amour de l'attention juste qui lui est associée. Que veut dire concrètement cette attention juste ? Qu'il va être utile dans une première étape d'être présent à soi-même, puisque celui qui est perdu dans les méandres mentaux de son passé ou celui qui est dans ses projections futures ne peut véritablement être près de l'autre dans une telle justesse d'attention. Deuxième étape, rendre l'autre présent. Cette deuxième phase est aussi cruciale que la première, dans la mesure où l'autre ne peut être complètement réceptif s'il est lui aussi plongé dans le futur ou le passé. Le rendre présent passe par une attitude de communication para-verbale proche de la communion. Troisième étape, le nourrir d'attentions. Comme les deux premières étapes de reliance profonde ont eu lieu, il est plus facile d'être en phase avec les réelles attentions souhaitées par l'autre et non en phase avec les attentions issues du mental du donneur. Ces attentions vont nécessairement toucher l'autre sur un plan émotionnel. S'en suivra alors une quatrième étape logique du processus, celle qui consiste à apaiser la souffrance de l'autre. La personne touchée et manifestant son émotion aura besoin de « vider son sac », de verbaliser ce qui la touche. Il est important ici d'avoir les capacités d'écoute et d'ouverture nécessaires pour guider l'être en souffrance dans ce processus libératoire qui débute. La dernière étape de l'attention juste est le regard profond associé qui accompagne, relie et véhicule l'amour inconditionnel. Au-delà, il s'agit d'une autre attitude juste que je vais décrire.

La deuxième attitude juste est l'action juste. La partie du pont qui se situe entre l'élément eau et l'élément air, c'est-à-dire entre la forme physique et les sensations, met en valeur cette action juste avec une qualité d'amour de paix joyeuse. L'action juste est le développement des moyens d'existence justes basés sur les besoins justes de la nature instinctive de l'homme et sur aucune autre nécessité. Car notre situation de créature humaine nous met dans l'obligation de nous accorder avec mère nature, et avec rien d'autre. Par contre, il existe des besoins qui répondent à notre nature émotionnelle et mentale. Ceux-ci se rajoutent aux premiers. Cependant, les attentes du cerveau cortical mental et celles du cerveau limbique émotionnel sont sans cesse reléguées au second plan face aux nécessités instinctives vitales du cerveau reptilien. Ou bien, dit d'une autre façon, l'utilisation du cerveau cortical et du cerveau limbique obéit à la fonction essentielle qui permet à notre espèce d'évoluer : surmonter la douleur et la peur originelle par la construction rationnelle rassurante, pour ensuite créer de nouvelles voies et enfin les expérimenter dans le ressenti émotionnel. Comme le cerveau reptilien manifeste les besoins de l'instinct de conservation, de l'instinct social et de l'instinct sexuel, il va me falloir spécifier ce qu'action juste dans ces trois domaines signifie.

D'abord dans le domaine de **l'instinct de conservation**, il va y avoir comme **première action juste**, le respect de la vie en général. Ceci est une vaste question car la vie est parfois intrusive dans l'espace de chacun. Un serpent qui attaque un petit enfant sans défense peut tout à fait être l'exemple approprié. Cette question a déjà été posée au Mahatma Gandhi par le yogi indien Yogananda. Comment un apôtre de la paix et de la non-violence a pu s'en sortir ? Il a du reconnaître lui-même qu'après avoir longuement essayé de communiquer avec le serpent et lui avoir demandé de partir, il en serait venu à le tuer en dernière limite pour protéger l'enfant...

Regardons objectivement notre nature humaine au sommet de la prédation sur la terre, guidée en cela par le félin (chat inclus), quand l'orque est au sommet de cette prédation dans l'eau et le rapace au sommet de la prédation dans l'air. Les animaux cités sont des chasseurs-joueurs, c'est-à-dire des créatures qui vont jouer avec leur proie potentielle. Ils vont lui laisser une chance de s'échapper, imprimer en elle la notion de peur afin qu'elle soit transmise à la lignée spectatrice de cette chasse ou à la lignée transgénérationnelle qui reprendra le manteau inconscient de l'animal décédé. Ce travail d'élimination de la vie par la prédation peut sembler cruel au premier abord. En fait, il est vital pour la survie de l'espèce attaquée afin qu'elle sache s'adapter, se renforcer, muter au besoin. C'est là aussi une manière de faire une initiation à une autre espèce sur le même mode que pour l'être humain, le mode de la peur. La peur vue sous cet angle est bien à nouveau salvatrice pour l'espèce. L'autre constat au sujet des prédateurs, est qu'ils ne déciment pas l'ensemble des cheptels animaux auxquels ils s'attaquent. Ils savent réguler les prélèvements afin de ne pas éteindre les espèces et les amener à poursuivre leur reproduction. En conséquence, c'est une véritable loi d'équilibre pour la vie qui est indiquée ici. Les ancêtres humains les plus sages qui se sont inspirés de ce modèle animal du prédateur sont donc à compter parmi ceux qui se sont rapprochés au plus près de la nature pour copier son mode de chasse, plutôt que parmi ceux qui décident dogmatiquement « qu'il ne faut tuer aucune vie ». Les amérindiens sont des maîtres incontestés dans le respect de la vie lorsqu'ils s'adressent à l'âme de l'animal avant de le tuer. Ce faisant ils entrent dans le jeu de la chasse, non dans celui de la tuerie. D'ailleurs, celui qui respecte la vie est capable d'honorer l'animal pour les qualités qu'il apporte, de vivre dans son milieu de vie sans l'effrayer et d'en prélever un ou deux spécimens lorsque nécessaire. Ainsi va de la survie, de la peur et de sa nécessaire transmission pour l'adaptation au monde. Bien entendu, le mode de comportement principal dans l'action de l'homme est de rayonner une forme de confiance dans son environnement. Celui qui transpire la peur attire le prédateur, puisque sa peur la plus fondamentale est une peur de mourir. Ce mécanisme bien connu entraîne un corollaire, celui de la reliance à cette foi d'être bien plus qu'un simple corps physique. Ceci est valable pour l'animal quel qu'il soit et pour l'homme. Ainsi, une sélection naturelle des êtres les plus fortement reliés se fait toute seule. Le mot respecter, qui vient du latin « voir deux fois », va donc ici prendre un sens aigu en s'associant à la vie. Voir la vie une première fois et dans cette première fois discerner les intentions de l'autre créature vivante, sentir la peur de l'autre et la jauger face à la sienne. Ensuite voir une deuxième fois et décider de la suite à donner. Majoritairement cela devrait conduire à communier son amour à travers l'autre, à ne pas le blesser. Dans des cas extrêmes, cela signifiera au contraire éliminer l'autre, s'il y a intrusion dans sa propre sphère vitale ou l'impressionner pour l'enseigner sur la peur de mourir et stimuler son instinct de conservation. Je peux maintenant plus aisément généraliser cette attitude d'action juste à la vie humaine, animale, végétale, puisque le seul enjeu est la peur de mourir soi-même ou de voir mourir sa progéniture, si elle est encore sous la responsabilité du tuteur que nous sommes.

Une deuxième action juste liée à l'instinct de conservation va consister à avoir une alimentation consciente au niveau de la nourriture solide et liquide. Derrière cette action se profile un gigantesque travail, en rapport direct avec les désirs alimentaires, les lois d'équilibre nutritif, les humeurs imprimées au-dedans de soi et la non-dégénérescence de l'espèce humaine face à son patrimoine et son potentiel génétique.

En effet, certains êtres piégés dans leurs propres humeurs comportementales, fruits de leur errance, prennent la mauvaise habitude de renforcer par l'alimentation la-dit'humeur, évitant ainsi d'en affronter les causes.

D'autres, emplis d'attachements et de désirs alimentaires divers, explorent une autre servitude, celle de se nourrir uniquement de ce qui leur fait plaisir, de ce qui exacerbe leurs sens ou de ce qui séduit leur mental.

D'autres enfin absorbent une nourriture qui n'est pas faite pour l'intestin humain tel que la nature l'a élaboré, et évoluent vers une dégénérescence physiologique.

Dans les trois cas pré cités, un premier travail de purification s'impose pour pouvoir s'extraire de cette dépendance subtile. Ensuite, une action complète concernant le mode alimentaire peut être envisagée. Manger et boire lentement en conscience, sans paroles ajoutées et sans pensées parasites, afin d'être dans la présence à cette nourriture, avec une attitude de respect sacré pour ce que la Terre-mère nous a prodigué. Tel est le premier gros œuvre à enclencher. Puis, choisir une alimentation naturelle et biologique, variée selon la saison, contenant plus de cru que de cuit, majoritairement végétarienne et répondant aux bases communes d'une naturopathie plutôt vitaliste modulée en fonction de l'effet des saisons, des climats et des humeurs de chacun comme la médecine ayur-védique ou la médecine chinoise savent le faire. Cette alimentation naturelle, qui sera aussi appuyée sur les bases de l'immunologie nutritionnelle, est le second gros œuvre. Savoir cuisiner et marier les aliments en respectant les valeurs nutritives et les quantités sera le troisième gros œuvre à enclencher. Pour devenir chef-d'œuvre, ces trois gros œuvres seront complétés par l'absorption d'une eau vivante de genèse comme celle qui est produite par les poteries Aqualustral de la société Aqua-Prima, une eau de grande qualité sur un plan physique et biologique. J'ai pour ma part, passé une quinzaine d'années à travailler ce point précis en le définissant autrement et le plus complètement possible dans le livre cité en introduction « L'eau matrice de la vie, miroir de la conscience ».

Le jardinage, la naturopathie et la cuisine réunis forment donc un des arts les plus exigeants qui soit, celui de l'art alimentaire frugal indispensable pour goûter à l'art de vivre. Je dirai qu'il est bon que chaque être humain soit en cohérence alimentaire s'il veut pouvoir aider son prochain. Voilà pourquoi l'alimentation consciente est un pilier dans l'ensemble des attitudes justes. Le résultat de ce courage alimentaire à avoir conduit à la réduction des dépendances, à l'expression d'une grande vitalité permettant d'éviter la majorité des maladies en cultivant le besoin juste d'une nourriture de qualité et en développant le plaisir gustatif.

Une troisième action juste liée à l'instinct de conservation est celle de la marche consciente. Voilà une action qui peut sembler banale. En fait, elle recouvre un enseignement à elle-seule, comme c'est le cas pour l'alimentation. À partir du moment où l'enfant en bas âge apprend à marcher, il va imprimer dans son corps des postures et attitudes compensatrices de manques ou de charges traumatiques qui le déforment. Avec l'enseignement chinois ayant servi à la base des arts martiaux et des arts de santé de la médecine traditionnelle chinoise, j'ai pu découvrir une approche de la marche régénératrice. Ces approches de l'énergie en mouvement sont essentielles pour se mouvoir dans l'espace extérieur avec une continuité de reliance au Créateur. Elles me conduisent à aller vers le développement des Arts Régénérateurs Traditionnels Sacrés, une synthèse aboutie de techniques orientales ancestrales, nettoyée des aspects purement martiaux et des techniques renforçant le contrôle d'une partie de soi. L'amour en est la pierre de base. Cette marche consciente qui favorise une bonne oxygénation des poumons se fait avec le sourire de la béatitude, une respiration énergétique particulière et le regard profond. En effet, il est important de conjuguer une cohérence d'émanation des 3 étages du visage, l'étage dit cérébral du haut, l'étage dit affectif du milieu, l'étage dit instinctif du bas. Le sourire ne peut être que la résultante d'une joie profonde, de cette qualité d'amour paix joyeuse demandée pour cet état. La respiration se doit d'être pranique (absorption de l'énergie des particules d'air ou prana de l'air) et de permettre à la grande roue énergétique chinoise de tourner dans le bon sens sur le trajet des vaisseaux-méridiens conception et gouverneur. Le regard profond est bien une fenêtre ouverte directement en prise avec sa propre âme.

La quatrième et dernière action juste liée à l'instinct de conservation va concerner l'interaction du corps physique avec son environnement. Autrement dit, cette action va englober aussi bien les soins du corps, l'habitat naturel autonome et le mode de vie. Chacun de ces trois sous-thèmes mérite lui aussi de s'y arrêter quelques instants, dans la mesure où il ouvre sur de mini-univers d'actions à enclencher. Par soins du corps, il s'agit par exemple d'utiliser la technique de Massage Intuitif Énergétique Libérateur que j'ai développée à partir de techniques simples de massage, pratiquées dans un état de compassion ultime que les bouddhistes tibétains appellent « tonglen ». Il s'agit aussi d'employer les meilleures techniques d'hydrothérapie comme le bain Aqua-Prima unique au monde dont je parle dans mon premier ouvrage. Par soins du corps, j'entends encore par-là l'entretien corporel de la peau, des cheveux, des dents, des ongles, en clair de l'interface qui sépare le monde intérieur de notre monde extérieur. Là-dedans, les eaux vivantes de genèse, les huiles énergétiques, les essences de végétaux biologiquement intacts, les argiles naturelles vont jouer un rôle important. Concernant l'habitat naturel autonome, mon expérience de radiesthésiste-géobiologue m'a amené à prendre conscience que l'habitation est constamment le miroir de ses occupants sur un plan énergétique. Au final, il est bon d'avoir une maison bioclimatique autonome et saine sur le plan énergétique, construite avec des matériaux naturels et respectant des formes architecturales éprouvées par des lignées d'ancêtres et de civilisations. Concernant le mode de vie, on peut trouver le bon rythme sommeil-éveil, pratiquer des activités physiques liées à l'énergie, avoir un métier en cohérence avec l'instinct de conservation. Celui qui démarre sa journée un peu avant le lever du soleil en faisant des exercices matinaux de mise en route, si possible en plein air, en se nourrissant d'eau et de lumière, qui s'offre au milieu de la journée une sieste récupératrice (les études sur le rythme cérébral ayant montré que la sieste est physiologique, à l'opposé du temps de sommeil de la nuit), puis qui la termine par une méditation avant le repos nocturne, peut véritablement rester dans une sérénité propice à la reliance.

Abordons maintenant l'action juste vue sous l'angle de **l'instinct social**. Cette action juste revêt deux facettes distinctes. La première facette est celle de la générosité et du partage, d'une générosité qui se vit dans l'amour paix joyeuse et dans l'échange avec l'autre, sans qu'il s'agisse d'une générosité matérielle ou financière. C'est ici une générosité relationnelle qui est évoquée, où les niveaux de communication sont alignés dans une même expression, du physique au spirituel. Il s'agit vraiment de communion avec l'autre. La deuxième facette est celle du respect de l'individualité comportementale de chacun. Comme pour le respect de la vie au niveau de l'instinct de conservation, on considère comme action juste le fait de préserver la manière avec laquelle chacun interagit avec l'autre. Autrement dit, de n'autoriser quiconque à franchir vos limites et frontières psychologiques sous peine de voir votre intégrité disparaître. La seule exception est le cas où vous invitez quelqu'un à passer outre vos propres limites pour vous aider à les repousser. De même, est action juste le fait de respecter le chemin de l'autre sans vouloir influer ou s'immiscer de façon volontaire directe ou bien de façon détournée par le biais de conseils et d'interprétations.

La dernière action juste reliée à notre nature instinctive est celle qui concerne **l'instinct sexuel**. Cela concerne à la fois une sexualité sacrée du couple et un respect de l'intégrité sexuelle.

Ce partage tendre et généreux avec son ou sa partenaire mérite qu'on s'y arrête un peu. En effet, il est très rarement évoqué et sans cesse constaté par le Passeur d'âme® dans son expérience, que les conséquences de l'acte sexuel sont tout sauf anodines. L'acte sexuel, dès le franchissement de la barrière de l'hymen, a pour effet d'enclencher un transfert d'énergie où chacun reçoit la charge consciente et surtout la charge inconsciente de l'autre. Ce processus qui peut paraître paradoxal et qui a rarement été décrit comme il va l'être ici a une utilité. Celle de favoriser la fusion du spermatozoïde avec l'ovule dans un climat d'amour. Car en effet, sans cette assimilation acceptée et partagée du conscient et de l'inconscient de l'autre, l'être formé n'est pas un ensemble aimant cohérent et les forces antagonistes du conscient et de l'inconscient pourraient refuser cette fusion. La nature de cet indispensable transfert sert donc une reproduction effectuée dans l'amour et rien d'autre. D'ailleurs, la procréation in vitro ou l'insémination artificielle laissent des traces dans la psyché de l'individu créé, dans sa façon d'exprimer l'amour ou même dans l'existence ou non du méridien conception qui peut être complètement inhibé selon l'observation de certains thérapeutes. En suivant les lois de mère nature, **c'est procréation ou création, pas les deux en même temps.** Nous devons choisir. Le problème qui existe chez l'immense majorité des êtres humains est que, lors de chaque acte sexuel autre que celui qui vise à procréer, le partenaire accepte inconsciemment de prendre la charge de l'autre. Cette réalité n'avait pas encore été mise en évidence aussi clairement à ce jour, sauf dans quelques voies initiatiques sacrées du bouddhisme tantrique, du soufisme, de l'indouisme et de la gnose chrétienne. Très souvent l'acceptation du transfert de charges, qui suppose d'endosser le jardin secret de l'autre, est très mal vécue à court ou long terme. Les mots employés pour une pratique sexuelle ordinaire avec transfert de charges sont, dans le meilleur des cas, *« la fusion manquée, la petite mort ou le décalage dans la montée de l'orgasme ».* Ces termes traduisent une voie sans issue. Par exemple, des cas fréquemment observés sont les suivants : celui où un des partenaires a un fond de violence en lui ou elle et le déverse chez l'autre, ou celui où un des partenaires a un blocage non dit et va transférer ce blocage chez l'autre. Au bout du compte ce transfert a raison du feu de la passion qui rapproche et il commence à mettre le couple dans un vrai rapport de pouvoir et de domination (cf. en annexe la Genèse biblique qui traduit merveilleusement cela). À long terme, si les êtres ne font pas un travail sur eux-mêmes, chacun devient progressivement le propre inconscient de l'autre en chair et en os. Dans le passé, culturellement, les couples restaient ensemble parce que le poids de la morale était le plus fort. Dans ce type de transfert, comme l'homme a un taux hormonal moyen environ 600 fois plus élevé que la femme sur un plan biologique, il est constaté que c'est lui qui hérite le plus souvent de la force intérieure conjuguée de sa compagne et de lui-même. De son côté, son épouse hérite plus des charges de victime et des fardeaux de blocage. C'est pour cette raison que cette force de violence finit par rendre l'homme brutal à l'extérieur, particulièrement dans sa manière d'aborder l'acte sexuel, au mieux empreint d'érotisme.

Historiquement, dans la majorité des traditions culturelles et des religions, **le rôle de l'homme est hiérarchiquement posé comme dominant vis à vis des femmes alors que c'est une erreur fatale au niveau social.**

Abstraction faite de cette hiérarchie factice, chaque couple qui s'engage dans une relation devrait connaître dès le départ ce type de mécanisme de transfert, afin de trouver la voie vers une sexualité différente, une sexualité sacrée, une sexualité qui conduit à une vraie purification de l'inconscient miroir de l'autre. Le couple devrait être informé d'un engagement au nécessaire grandissement commun à effectuer pour s'élever en amour afin de ne pas tomber dans un attachement servile.

La sexualité dans le couple permet de s'exercer à renforcer le seul couple véritable que chacun forme avec lui-même depuis sa naissance, **le couple intérieur.** Le couple extérieur n'est qu'un pâle miroir de ce couple-là. Celui qui est né homme a une femme à l'intérieur de lui-même et réciproquement. La relation de couple est constructive à partir du moment où ce que l'on décèle de négatif chez l'autre est identifié en miroir comme partie intégrante de soi-même.

Voilà de nouvelles bases posées pour la sexualité du couple, pour l'entretien du feu du désir dans le sens d'une sublimation de son être profond. Car castrer le désir ne sert à rien. Le plan terrestre est là pour que les graines karmiques plantées en terre puissent pousser, non pour qu'elles soient gardées pour une vie postérieure en n'étant pas utilisées. Bien entendu, c'est au moment précis où le désir vous envahit qu'une action d'un type nouveau est à enclencher afin d'aller vers sa propre grandeur intérieure, afin de communier avec la grandeur de l'autre. Le désir sexuel demande un grand apprentissage de la reliance à sa polarité intérieure pour ne pas risquer d'être emporté et déstabilisé dans la luxure. Si vous êtes engagés en couple dans une vraie démarche intérieure visant l'épanouissement de votre couple intérieur et de votre couple extérieur, tant mieux. Ainsi, vous pourrez transmuter votre force sexuelle animale en sensualité sacrée élévatrice, en grandissement intérieur de chacun vers sa foi, en fusion ultime avec soi-même. C'est la voie que j'appelle celle du « tantrisme bleu », par opposition au « tantrisme blanc » et au « tantrisme rouge » des traditions orientales. Par contre, si l'un des deux ne souhaite pas faire cet effort de quête intérieure, nul besoin de rester attaché ou engagé en couple. En tout cas, il est conseillé de bien mûrir la nature du lien que l'on souhaite faire avec un prochain partenaire.

Sur le plan de cette sexualité sacrée nous sommes fondamentalement différents des animaux. La Genèse biblique (retraduite dans la version d'Annick de Souzenelle en annexe) est une pleine expression de cette différence. L'Homme est Créateur et créature terrestre et l'animal uniquement créature au service de la création terrestre. La conscience groupe et la conscience propre de l'animal sont à l'intérieur de lui, de telle sorte qu'il peut se débrouiller seul dans la nature (sauf quand les animaux ont été coupés de leur lien avec leur environnement naturel ou qu'ils ont été domestiqués par l'homme). Ce n'est pas le cas de la conscience humaine, calquée sur le modèle d'Élohim, ce Grand Entrepreneur. Cette conscience est à moitié au-dedans de l'homme (sa partie animale) et à moitié au-dehors de l'homme (sa partie créatrice divine). Les mythes grecs des Centaures, tel celui de Chiron, sont un bel exemple de ce que nos ancêtres avaient déjà intégré en la matière.

Sur un plan émotionnel et mental, si votre désir se nourrit d'actes, de paroles ou de pensées projetées sur l'autre sur un plan sexuel, vous risquez d'aller droit vers la désillusion. Les feux de ce type sont dévorants et destructeurs. La culture populaire leur donne le nom d'amour, alors qu'il ne s'agit que d'attachement affectif et de dépendance servile. La sexualité sacrée est autre. Elle libère des attachements, enlève les projections et sublime l'amour.

L'amour n'est pas un sentiment, ni une émotion, c'est une énergie. Dans l'attachement affectif le moteur est l'émotion. Dans l'amour, le moteur est le flux d'une autre énergie, d'une sève de lumière et de vie qui traverse le corps que l'on soit jeune ou âgé, homme ou femme. Chaque être humain a donc à respecter l'intégrité sexuelle de l'autre. Il a en outre à respecter sa propre intégrité en n'exacerbant pas les voies du plaisir solitaire qui aliènent plus qu'elles ne libèrent. Lorsque l'alchimie produite par la rencontre des regards profonds indique le désir de fusion des âmes et des corps, alors la sexualité sacrée autorise le partage sensuel dans l'amour, le respect et l'harmonie. Et vous verrez alors clairement la nature de l'approche d'amour paix joyeuse que vous pourrez déployer avec votre compagnon ou compagne.

Ainsi, la relation de couple est importante à vivre dans l'équilibre pour ceux qui prennent le chemin de l'illumination. Les corps sont faits pour danser et jouer librement, pour célébrer la joie de la vie et de l'amour.

Après avoir décrit l'attention juste et l'action juste, je vais aborder **la troisième attitude juste : la parole juste**. La parole juste relie le monde de l'air au monde de la terre, le monde des sensations au monde des perceptions sensorielles. La qualité d'amour à avoir dans cette phase est

celle du service à l'autre. Adopter la parole juste, c'est adopter cinq comportements spécifiques que je vais décrire les uns après les autres.
> En premier, écouter consciemment. Faire silence quand le questionnement n'apporte rien de libérateur, par exemple chez bon nombre de personnes très mentales. Parfois favoriser, encourager celui qui a du mal à s'exprimer. Cette écoute, cet acquiescement manifesté ou non, vont appuyer au contraire une parole rare et sage et favoriser l'éveil.
> En second, dire les vérités qui sont relatives, de façon identique à chacun. Ces vérités, appuyées sur les lois de la nature plus que sur les lois des hommes en société, seront évoquées sur la base de témoignages et auront pour but d'interpeller l'autre. La démarche que j'adopte dans cet ouvrage, par la redécouverte des lois de la nature, obéit à ce comportement. Oser dire est donc important.
> En troisième, éviter d'embellir, d'exagérer, d'interpréter la vérité à sa façon.
> En quatrième, dire les vérités calmement, de façon douce et aimante, en étant connecté à sa conscience supérieure, à la Terre mère et en respirant consciemment. Ce n'est qu'en étant centré et ancré que la parole juste peut traverser l'être. Cependant pour retrouver cette condition, cela demande aussi d'accorder son instrument corporel au niveau son, souffle et voix, comme par exemple le chant de l'être de Serge Wilfart le propose. Il est en outre éminemment souhaitable que la parole soit empreinte de bonté. En effet, il est inutile de choquer et de heurter extérieurement l'autre, puisque cela conduit à ce que l'autre se referme ou qu'il ne se sente pas en sécurité.

➢ En cinquième, dire les vérités de façon à ce qu'elles soient acceptées par chacun, selon son degré d'initiation dans la vie. Cela nécessite d'être capable de le repérer. Ce 5ème comportement m'a posé question dans l'écriture de cet ouvrage car j'ai volontairement choisi de parfois choquer intérieurement et non extérieurement en révélant un autre éclairage sur la vie, une autre approche. Vous sentirez si les propos que j'évoque résonnent au plus profond, s'ils sonnent juste ou non. Si ce qui est évoqué là ne vous parle pas, laissez couler le fleuve de l'existence. Soit vous, soit moi, nous serons rattrapés par la justesse de la vie si besoin est.

La quatrième attitude juste est la pensée juste, celle qui relie le monde de la terre au monde du feu, celle qui relie justement les perceptions aux formations mentales. La qualité d'amour utile dans cette phase est l'amour compassion rayonnement de lumière, celui qui se génère dans le silence et la magie du regard enthousiaste et pétillant. La pensée juste comprend deux comportements bien distincts.

Le premier est d'unifier le corps et l'esprit en évitant que l'esprit pense à une chose tandis que le corps en fait une autre, ou bien en évitant que l'esprit vagabonde de la pensée initiale à de multiples développements.

Le second comportement est de vérifier si la pensée est vraie, si elle illumine le visage d'un sourire, si elle est nouvelle et non habituelle, si elle ouvre à l'amour. Ce dernier comportement peut sembler difficile à atteindre, tant vérifier la véracité d'une pensée est abstrait par excellence. Néanmoins, à partir du moment où l'être a éliminé d'entrée de jeu ce qu'il n'a pas expérimenté lui-même, les croyances ou les non-croyances qui restent sont déjà en nombre beaucoup plus limité. **Évitez de croire ce qu'on vous dit, testez le, y compris ce qui figure dans cet ouvrage.**

Croire ou ne pas croire est la pire des infirmités de l'être humain. Notre société, dite moderne, a ainsi mis en avant des montagnes de scientisme au nom du dogme de la raison. Une fois débarrassé de ces poids, chacun pourra expérimenter de manière authentique la vie et ses multiples facettes. C'est à ce moment-là que chaque individu et vous-même pourrez emprunter un chemin d'errance, une démarche de réel chercheur comme j'ai eu à le faire. Au final de cette errance pourra germer la cohérence, celle qui illumine le visage en signalant un accord profond corps, émotion, mental. **S'il s'agissait de retrouver et de réinventer ce que d'autres ont trouvé avant vous, la vie humaine n'aurait peut-être pas de véritable raison d'être.** Voilà pourquoi votre vérité propre est nouvelle et non habituelle. Vous avez le droit de vous appuyer dans vos expériences sur les vérités des autres si vous les revivez pour déboucher sur du neuf, du jamais vu, du jamais entendu.

La cinquième attitude juste est la vue juste, celle qui relie le monde du feu au monde de l'éther, celle qui relie les formations mentales à la conscience de l'âme sujet. La qualité d'amour utile dans cette phase est l'amour non-attachement, un amour dans le lâcher-prise face aux croyances mentales. Le comportement sera ici l'absence des vues relatives, la reconnaissance et l'acceptation des liens de cause à effet, une reconnaissance non déformée par les organes des sens, les perceptions, les concepts mentaux. La vue juste conduit à adopter d'autres manières de faire. Vous jubilez intérieurement de compréhensions sur le fonctionnement et la justesse de l'univers. Vous êtes capable de discerner ce qui trompe les sens, déforme les perceptions, bloque certains concepts mentaux dans un cul-de-sac, égare les êtres dans la souffrance. Vous êtes capable de pratiquer les nouvelles voies offertes, ces voies qui favorisent les graines karmiques positives et qui n'arrosent pas celles qui conduisent à l'égarement traumatisant. Vous avez donc la potentialité de ramener au conducteur de votre véhicule corporel le fruit épuré de l'enseignement terrestre. Vous engrangez ainsi dans la conscience de cette âme-sujet, le véritable matériau invariant qui va vous servir à l'école de la création de la vie. Bien entendu, étant un serviteur du grand Tout, de ce grand réalisateur qu'est le Grand Entrepreneur, il va vous rester encore une étape de pleine transformation pour que l'âme se libère en final, la sixième transformation. Abordons-là maintenant et voyons quelle attitude adopter.

La sixième attitude juste est la méditation juste, celle qui relie le monde de l'éther à l'akasha bouddhique. C'est celle qui relie la conscience de l'âme sujet à la conscience du Grand Entrepreneur collectif de l'univers macrocosmique qui nous guide. La qualité d'amour est l'amour fusion avec la source d'où nous venons, cette source de l'hologramme. J'ai constaté que la pratique de la méditation juste demande d'avoir déjà bien acquis les cinq autres attitudes justes et que cette sixième attitude juste englobe les autres. Par conséquent, son entretien pourra être en final quasiment la seule pratique à manifester. Cet état de méditation va demander d'atteindre huit conditions bien distinctes dans les situations et positions de la vie et pas seulement assis en tailleur, en lotus ou en sesa.

➢ La première est de se mettre dans un environnement sécuritaire, loin des graines karmiques négatives, autrement dit loin des quinze péchés capitaux.

➢ La seconde condition est de suivre les cinq vertus ou cinq observances déjà abordées (un centrage de l'être sur le Grand Architecte, un contentement dans chaque épreuve, une pureté à différents niveaux, l'étude de soi et la frugalité heureuse).

➢ La troisième condition est une posture dynamique ancrée dans la Terre et reliée au Ciel (axe de la verticale sacrée), en même temps qu'une ouverture du cœur en face arrière à la source d'amour (axe de la profondeur de l'enfant). Cette posture est rencontrée dans le yoga qui en parfait l'étude sur un plan physique, bien que vous puissiez adopter des postures identiques dans la vie quotidienne.

➢ La quatrième condition est une respiration pranique énergétique qui fait circuler l'énergie le long des méridiens gouverneurs et conception de la médecine chinoise, dans le sens bien déterminé de « la grande roue ».

➢ La cinquième condition est un retrait des sens pour ne pas se laisser abuser par eux et élever sa conscience vers une transcendance sacrée.

➢ La sixième condition est une concentration « cerveau droit » sur l'intention de méditation, avec un lâcher-prise par rapport aux autres manifestations.

➢ La septième condition est une reliance à l'objet de méditation de l'intérieur de soi.

➢ La huitième et dernière condition est l'atteinte de la nature de l'esprit, la fusion avec la source d'amour. L'expérience montre que la particularité de l'état obtenu est de comprendre en fait neuf variétés d'états différents, tout en sachant qu'ici, atteindre la méditation juste est le fait de rejoindre le premier de ces états. L'être devient totalement réalisé à l'issue du voyage qui le conduit de façon manifestée et continue jusqu'au neuvième état.

	Attention juste	Action juste	Parole juste	Pensée juste	Vue juste	Méditation juste
Attitudes justes	Attention juste	Action juste	Parole juste	Pensée juste	Vue juste	Méditation juste
Facette d'amour	Attention juste	Paix joyeuse	Service à l'autre	Compassion	Non-attachement	Fusion
Poison → Vertu	Attachement → Détachement	Désir exacerbé → Besoin juste	Confusion → Discernement	Trouble → Pureté	Colère → Apaisement	Ignorance → Connaissance

Les 3 joyaux

Compte tenu du mystère de l'homme Créateur évoqué précédemment avec ces 7 niveaux de conscience on peut aussi dire que l'Homme manifeste un pont à 5 piliers entre 2 rives. L'Homme va de la rive la plus physique dans le monde matériel à la rive la plus subtile dans le monde atmique de la source d'amour Une. Le pont autant que les deux rives peuvent devenir 3 joyaux fondamentaux symbolisant le mystère trinitaire de la Création. Ces 3 joyaux sont **source, arc et buisson.**

- ➤ **Une source interdépendante et universelle**, provenant du microcosme intérieur, règne des états, des potentiels et des énergies de chacune des formes vivantes. Par exemple, pour définir complètement un objet comme une pomme :
    - ✓ L'état d'une pomme est ce qui se voit de l'extérieur.
    - ✓ Le potentiel de la pomme est sa forme à la surface.
    - ✓ L'énergie de la pomme est à l'intérieur.

    Et ceci est vrai, hors espace-temps multidimensionnel, que la pomme soit jeune ou flétrie, que la pomme soit grosse ou petite, jaune, verte ou rouge.

- ➤ **Un buisson indépendant, portant réalisation de lumière de l'objet** dans le macrocosme extérieur d'espace-temps terrestre.

- ➤ Un arc, voie de reliance entre l'intérieur et l'extérieur, **un arc d'attachement intérieur et de détachement extérieur.** Cette notion de source, arc, et buisson est la version judéo-chrétienne parallèle à la version orientale de base, chemin, et fruit des tibétains. Ici la source a bien une racine judéo-chrétienne, puisqu'elle signifie « le Père » en araméen. Le buisson de lumière est l'analogue du buisson ardent de Moïse et l'arc n'est que le raccourci de l'arche de Noé. Voilà pourquoi nous pouvons, en tant que chrétiens, juifs, musulmans, nous reconnaître dans cette trinité divine où le buisson de lumière est ce fruit de la création dans la matrice terre-eau, le terreau de notre mère Terre. Dans cette représentation trinitaire nous reconnaissons la finalité de la vie humaine, avec la double question du sens abordée précédemment. Nous avons par bonheur un Père exigeant pour nous obliger à nous tourner vers la source unique. Nous avons une Mère Terre qui permet tout à l'apprenti créateur Fils que nous sommes. Gardons bien à l'esprit ces trois joyaux et la manière dont ils sont interconnectés. La quête de l'Objectif bien-être® est non seulement louable mais visiblement exigée par les lois du Père. À long terme, elles servent aussi le bien-être de notre Mère Terre.

Un système énergétique du bien-être durable auto-entretenu

L'observation de la vie humaine ressemble à un exercice de tir à l'arc, un temps pour bander l'arc dans un sens, un temps pour être prêt à tirer et le tir proprement dit. Le tir va en une fraction de seconde dans le sens inverse où l'arc a été bandé. Voilà pourquoi l'enseignement de la vie commence par l'oubli et l'enfermement d'énergies enseignantes qui seront révélées plus tard. Puis l'être s'abrite dans la sécurité de l'amnésie et joue une vie de créature, tantôt bourreau, tantôt victime. Il joue de sa faiblesse ou de sa soi-disant force, avant de prendre conscience du rôle de la matière enseignante et de la nature ré-équilibrante. À ce moment-là, sa descente dans l'incarnation s'achève et le voilà prêt pour la remontée. Il est prêt à tirer parti de ses faiblesses afin d'en faire de véritables forces intérieures. Nous sommes venus sur Terre avec un costume parental, émotionnel et mental pour finalement nous en dépouiller en conscience et finir dans la nudité de l'amour. **Ce qui est très enseignant dans cette approche du bien-être durable pour chacun d'entre nous, c'est d'avoir enfin pu trouver un système qui ne perd pas d'énergie, un système qui n'a pas besoin de prendre de l'énergie à personne d'autre pour fonctionner.** L'énergie vient des mondes intérieurs, à condition que chacun ait pris le temps d'aller explorer ses zones inconscientes pour libérer ensuite avec courage et assiduité une énergie de créativité à déployer dans sa vie future. La physique des isolants nous a démontré ce fait incontournable avec l'énergie de véritables réactions nucléaires au-dedans de nous. En quelque sorte si nous voulons vraiment aller vers cette paix durable en nous-mêmes, il convient juste, comme nous venons de le dire précédemment, de bander l'arc dans un premier temps de vie. Et certes, c'est générateur de douleurs voire de souffrances. Puis ensuite nous avons à décocher la flèche dans un deuxième temps de vie. La libération, la joie et le bien-être pour la conscience individuelle arrivent alors naturellement. Ce processus de libération est autant épanouissant et joyeux pour les autres aux alentours que pour la conscience universelle qui bénéficie de cette force d'éveil. **Car la conscience de chaque âme humaine est rattachée à la conscience universelle comme les doigts à une même main.** Cette conscience est traversée par la même sève d'amour, comme le sang dans chacun des doigts. La conscience de notre âme individuelle est un doigt bien spécifique amené à avoir un rôle particulier pour servir ce monde avec **Sa** force et **Son** amour. Alors soyons fraternels et solidaires les uns des autres comme les doigts d'une même main car nous sommes interdépendants. Cette interdépendance existe, même si nous sommes très différents les uns des autres parce que nous avons à vivre des réalités variées qui font de nous des créatures très inégales. Voilà pourquoi nous avons retenu la valeur de la fraternité et non celle de l'égalité.

Ce système énergétique est ensuite auto-entretenu par les lois du mouvement de la vie et se propage de l'échelle individuelle à l'échelle collective.

Or je constate, compte-tenu de ma pratique d'aide à l'autre, qu'en ayant connaissance de la loi du karma dite de cause à effet, il n'y a pas d'erreurs dans l'enchaînement des incarnations ni dans les catastrophes qui semblent s'abattre sur des innocents. Le plan de chacun est prévu, parfait au millimètre près, pour vivre des expériences et susciter des réactions. Cette analyse peut laisser certains rêveurs sur la notion de libre arbitre vrai et de liberté réelle de l'Homme. Bien entendu nous pouvons, en tant que créature, être libre d'exprimer mille désirs. Chacun de ces désirs signalera la tension d'un arc. À contrario, en tant que Créateur, un seul désir demeure, celui d'être relié à sa conscience supérieure.

Ce qui va importer dans ce « slalom de ski » si particulier qu'est la vie programmée de la sorte, c'est notre état d'être au moment des portes de passage, notre faculté à passer entre les portes ou en dehors. Avec cet éclairage, nous pouvons comprendre que le meilleur des mondes, compte tenu de l'état d'être de chaque homme et de ce que chacun est venu apprendre, c'est le nôtre. **Changeons intérieurement, et le monde changera.** Cet essai repose sur cette simple maxime. Finie l'époque où la révolution extérieure renversait les têtes des maîtres royaux. **Voici venue l'époque de la révolution intérieure.** Nous avons mieux à faire qu'attiser sans cesse les guerres civiles et mondiales. Ce nouveau système auto-entretenu du bien-être durable va maintenant permettre à l'humanité de traverser sa crise d'adolescence pour devenir adulte.

Je souhaite donc en conséquence que les plus grands banquiers et économistes de la planète m'entendent bien : **voilà enfin un système qui est rentable au plan** énergétique sur le long terme car il s'auto entretient par le souffle de la vie. Il suit ses lois et ne va pas à contre-courant d'elles comme dans le système de « l'argent dette »[11] actuel que nous allons décrire plus amplement par la suite. Nous avons-là **les prémices d'un « argent valeur », une monnaie valeur basée sur la qualité d'être de l'Homme,** une énergie d'échange qui surpasse toutes les monnaies valeurs que nos économistes envisagent aujourd'hui où notre système capitaliste s'effondre (valeur de patrimoine existant, valeur de savoirs-faire, valeur de métaux précieux comme monnaies refuge,…).

Bilan sur la nature de l'être humain

Finalement ce n'est pas en se focalisant sur la paille qui est dans l'œil du voisin que se trouve l'issue de nos malheurs. C'est en observant la poutre qui est dans le nôtre. **C'est dans nos handicaps que se situent nos forces enseignantes.** Et si nous apprenons à partager ces conaissances dans l'amour, plus qu'à accumuler un savoir stable qui nous sera de toute façon enlevé quand nous mourrons, alors nous grandirons et nos proches avec. Ce grandissement peut nous amener à faire ce splendide pont ou arc entre la source et le buisson, pont qui permet le passage aller et retour de l'enseignement de la conscience individuelle et collective jusqu'au corps de matière qui entretient le jardin de la Terre. La réflexivité de notre conscience corticale et mentale fait de nous des créateurs d'univers comme des apprentis sorciers. Elle nous différencie beaucoup du règne animal qui ne fait que suivre une conscience instinctive et qui sert l'entretien du jardin de la Terre. Voilà pourquoi il est aussi utile de rappeler à ceux qui réduisent la vie humaine à une vie animale, avec comme unique nourriture celle des sensations et des perceptions, qu'une vie animale aurait pu leur suffire.

Dans cette période si cruciale de l'humanité, que je ressens être **une période de mutation de notre espèce**, ce genre de propos revêt une importance particulière. Certains semblent prêts à muter, d'autres pas. Sur Terre, l'âme de l'être humain est étudiante créatrice d'univers. Par contre les âmes des autres règnes n'ont pas besoin d'étudier. Ce sont nos enseignantes. Au niveau de l'esprit, l'Homme n'est nullement différent d'un insecte, d'une moisissure, d'un virus ou d'un animal. Il n'y a que l'homme pour le croire. C'est au niveau de l'âme que les choses diffèrent, puisque le travail demandé n'est pas le même.

Maintenant muter, partager, créer pour transcender sa nature humaine c'est très concret et cela n'est pas seulement une suite de mots. **Le point de vue que j'évoque ne pourra être compris et suivi d'effets que si vous vous engagez dans la transformation intérieure véritable qui conduit au bien-être durable**, que si vous osez échanger avec votre environnement, que si vous posez des actes de création concrets. Car comme le dit le proverbe : « Dis-le-moi, je l'oublie. Montre-le-moi, je le retiens. Implique-moi, je le comprends ».

Et plus encore, bien au-delà de l'ensemble de ces repères mentaux posés de-ci de-là nous aurons à apprendre à nous en détacher pour vivre la réalité de l'expérience spirituelle dans sa plus pure essence et manifester notre nature essentielle immanente. Ces repères ne sont là que pour éclairer notre route, provoquer des résonances, faire grandir notre amour compassionnel, exprimer notre bonté dans la justesse des lois du vivant et développer notre paix intérieure.

Tout cela étant posé, nous allons maintenant aborder une autre facette du bien-être durable pour tous, le bien-être des règnes du vivant hormis celui de l'homme, puisque nous avons vu que pour lui c'est effectivement réalisable sans qu'il y ait de contreparties négatives pour son entourage.

CHAPITRE III

LA NATURE, LE VIVANT ET SES LOIS

Les créateurs et les serviteurs

Ayant déjà abordé la différence fondamentale de conception entre la conscience de l'homme et celle de l'animal ou du vivant en général, je reprendrai quelques points de vue personnels fondamentaux à confronter avec l'expérience propre à chaque lecteur. J'insiste sur le fait qu'il est important d'expérimenter soi-même pleinement ce que la vie nous représente pour éviter d'être dépendant d'un savoir, d'une croyance d'un autre.

Le vivant, sans être Créateur, est néanmoins participant actif au processus de création. Il est au service de cette Terre et de notre conscience humaine apprentie créatrice au jeu de la création, elle-même dépendante de la conscience mère de la planète Terre. Le vivant au sens large est aussi pour l'homme son principal éducateur dans ce jardin de la Création. Les règnes et les espèces sont guidées par des âmes groupes, une conscience collective spécifique qui rayonne l'amour et qui parfois exprime la vie de façon très différente de la nôtre, afin de faire régner l'harmonie, de permettre l'adaptation du vivant aux fluctuations de la planète au cours des âges. Nous avons par conséquent à en prendre grand soin. **Nous ne sommes pas les maîtres de la nature. Nous sommes immergés en elle et désireux d'en apprendre ses lois.**

Comme nous l'avons vu dès le départ, la nature vivante résonne à la fréquence fondamentale de l'eau avec des harmoniques organiques et minérales. On pourrait faire l'analogie en disant que la nature émet une véritable musique. Du coup, la mélodie de l'univers est la symphonie des accords de résonance de chaque partie du vivant. L'eau vivante est matrice de la vie, miroir de la conscience de chaque âme qui a pris forme. La Terre Gaïa est elle-aussi une conscience vivante à laquelle l'âme des êtres vivants est reliée.

Chaque élément de la nature est une personne à part entière avec une conscience particulière qui lui est associée. En tant qu'être humain, parlons à cette conscience et elle nous protégera comme le ferait le meilleur de nos amis. Et quand je dis parlons, c'est parlons-lui intérieurement. Il est là le langage commun entre les êtres. La télépathie n'est pas un don qu'aurait un règne ou certains membres d'un règne. C'est une aptitude que possède chaque règne et le règne humain dispose lui aussi de cette faculté. Bien que l'homme d'aujourd'hui en ait beaucoup oublié l'usage, je montre dans mon précédent ouvrage, « Le fil de la vie », qu'il est ainsi possible de communiquer avec des êtres en état de coma profond. Voyons l'esprit du Grand Architecte divin partout où il est et n'oublions pas que la flamme divine qui nous traverse, traverse tout autant les êtres des différents règnes. Aimons ce monde car il est partie intégrante de nous-mêmes.

Malgré l'état dégradé dans lequel est notre planète et que nous allons aborder par la suite, envisageons qu'il n'existe point de désordres dans l'univers si ce dernier est créé en Son nom. L'ensemble de la vie est apprentissage de la création des mondes. Tous les fruits sont dans Sa création, les beaux et aussi les pourris ou les flétris, les fruits de ceux qui sont dans l'inconscience et les fruits de ceux qui réalisent le pont entre la source d'amour et le buisson de lumière. À chaque Créateur en herbe de choisir. La Terre permet tout dans son infinie compassion. Avec cet angle de vue, rien ne justifie la critique et le jugement. Tout devient juste selon les lois de l'univers.

La Terre est un kaléidoscope des multiples réalités, de l'ensemble des enseignements. Rendons-nous compte de la chance que nous avons d'accéder à une telle pluralité pour progresser à partir de nos mondes intérieurs et nous libérer. Le plan est divin et parfait.

Sur Terre, tout ce qui nous ouvre le cœur nous parle. Et à ce qui nous parle, nous pouvons répondre, aux arbres, aux nuages, aux cristaux, aux animaux. Cependant de vous-à-moi, ceci n'est encore que conversation avec nous-mêmes.

Quand vous chercherez comme je l'ai fait, la raison pour laquelle le voile de l'ignorance existe autant sur Terre, alors que l'ensemble est issu de ce grand architecte, vous entreverrez votre rôle sur la Terre. **La Terre est un jardin de la création pour les créateurs d'univers que nous sommes, princes de l'univers à l'école des lois de l'amour dans la nature, de la matière densifiée et du temps.** La seule chose qui évolue vraiment entre les incarnations, c'est la conscience de notre âme. Elle intègre de nombreux enseignements que nous ramenons de notre passage sur Terre. En ce sens, nous ne transformons pas le monde. Nous nous transformons et le monde produit d'autres fruits plus beaux et moins pourris. Nous aimons le monde en posant un autre regard sur lui et peu à peu celui-ci évolue. Voilà pour mon point de vue sur les créateurs et les serviteurs.

La Terre en tant qu'être vivant

Quel bilan pouvons-nous objectivement fournir de ce monde, au moment où notre humanité a la possibilité de sortir de sa léthargie, de se guérir de sa maladie, au moment où la conscience humaine s'ouvre à d'autres réalités et s'éveille partout sur la planète, particulièrement chez les enfants, les adolescents et les femmes ?

La Terre est un être vivant. C'est aujourd'hui un fait scientifique avéré et encore plus avec ce que nous venons d'évoquer.

> **Un être vivant, ça mange sainement et ça n'est pas mangé.**

Or chaque année des pans entiers de terre meurent. Les déserts qui représentent plus de 40% des terres de la planète poursuivent de plus en plus chaque année leur avancée sur les terres arables (presque un quart de la France par an). L'agriculture intensive accroît fortement l'érosion des sols en réduisant la couche d'humus d'un centimètre par an réparti uniformément sur les zones cultivables (qui représentent seulement 2% de la surface terrestre).

Et quand la Terre ne recompose pas son humus et se désertifie, ce sont les êtres vivants et la Terre qui ne mangent pas sainement.

> **Un être vivant, ça boit une eau saine.**

Or actuellement nous nourrissons la Terre avec des produits chimiques incompatibles avec la santé des hommes et des autres espèces. Et les seuls 1% d'eau douce de la planète sont aujourd'hui devenus pollués aux trois quarts.

Et quand la Terre boit des pluies acides nocives pour la santé, ce sont les êtres vivants et la Terre qui ne boivent pas sainement.

> **Un être vivant, ça respire un air sain.**

Or de nos jours nous infestons l'air de gaz nocifs, nous rejetons dans l'air des tonnes de CO_2 et nous détruisons le principal poumon de la Terre que sont les forêts (en moyenne 2/3 des forêts ont disparu en 500 ans sur la planète).

Et quand la Terre respire un air vicié, ce sont les êtres vivants et la Terre qui ne respirent plus sainement.

> **Un être vivant, ça se nourrit de pensées et de paroles saines.**

Les pensées et les paroles, ce sont des ondes électromagnétiques comparables aux ondes radio, qui font que nous recevons et nous émettons des messages. Or actuellement la Terre est saturée d'ondes électromagnétiques variées en très forte augmentation. Ces ondes sont d'une extrême dangerosité pour la santé et l'harmonie de tous ses habitants.

Et quand la Terre entend ces ondes électromagnétiques irrespectueuses par rapport à la vie, ce sont les êtres vivants et la Terre qui ne se nourrissent plus de saines paroles et de saines pensées.

La Terre est le seul village existant pour l'espèce humaine et les autres espèces vivantes. Il est de notre responsabilité d'humain d'en prendre soin et de comprendre les lois de la nature si nous souhaitons continuer à y vivre.

Les principes clés de la nature et ceux de notre société actuelle

La nature est fondée sur 3 principes clés : un mélange de croissance et de décroissance de façon cyclique, un temps respecté pour chaque cycle de vie et un recyclage de ses éléments.

Or notre société actuelle est fondée sur 3 principes clés antinomiques :

La croissance à tout prix, le temps compressé au maximum, des produits de consommation le plus souvent jetables et non recyclables.

Nous ne pourrons pas aller durablement à contre-courant de la nature. **Ce qui agresse aujourd'hui la planète, ce n'est pas notre quête du nécessaire. C'est notre quête du superflu.** En ayant développé intensément une société du gaspillage, ce sont nos propres ressources et l'espérance de vie de notre espèce que nous gaspillons.

L'empreinte écologique

Il est clair que depuis quelques décennies, les êtres humains et notamment ceux des pays industrialisés, sont passés à l'ère des hyper-consommateurs qui gaspillent la moitié de ce qu'ils consomment. Au cours du $20^{\text{ème}}$ siècle ce processus a pu fonctionner parce que seulement 10% de la planète pouvait en profiter. Or aujourd'hui par le biais de la mondialisation des échanges les 90% restants ont à leur tour envie de jouer au même jeu que nous. Ils veulent eux-aussi participer à cette course effrénée à la croissance basée sur un mécanisme monétaire obsolète et dangereux, puisqu'il accélère les processus d'endettement et épuise les ressources de façon exponentielle. Et là, il est évident qu'il n'y aura pas assez de ressources pour tout le monde. Les calculs de notre empreinte écologique nous montrent que nous sommes déjà bien au-delà du soutenable.

L'empreinte écologique, c'est le poids de notre mode de vie et de consommation sur la planète. La Terre est limitée en surface à 51,5 milliards d'hectares. Le fond des océans n'est pas éminemment productif ni le sommet des grandes montagnes ni les grands déserts. L'espace bio productif (défini par le WWF et le Redefining Progress Comitee) est de 12 milliards d'hectares (23% de la surface de la Terre). Comme nous sommes à l'heure actuelle 6,5 milliards d'humains, cela fait 1,8 ha disponible par habitant. Donc tant que notre mode de vie n'a pas un impact supérieur à une consommation produite sur 1,8 ha il est soutenable. Au-delà il n'est plus soutenable. Or d'ores et déjà, l'empreinte écologique s'avère être de 2,2 ha (soit + 22%). Comment est-ce possible ? En amputant l'héritage de nos enfants qui ainsi ne pourront pas jouir des bienfaits de la Terre dans le futur. Par exemple, en un an nous brûlons ce que la photosynthèse a produit en 100 000 ans.

Cela concerne entre autres les carburants, puisque 5 m^2 de forêt sont nécessaires pendant un an pour recycler le gaz carbonique CO_2 produit par la combustion d'un seul litre d'essence.

Derrière cette moyenne de 2,2 ha se cachent des inégalités considérables. Nous, Français, consommons 5,8 ha, ce qui fait dire avec raison que si l'ensemble du monde vivait comme nous, il faudrait 3 planètes. Les Américains consomment 9,6 ha. Si tous les êtres humains vivaient comme aux USA, il faudrait plus de 5 planètes. Certains pays d'Afrique ne consomment que 0,1 planète. Si on vivait par exemple comme les Burkinabé, la planète pourrait supporter 23 milliards d'habitants. D'un autre côté, si chacun vivait comme les Australiens, il ne pourrait y avoir que 600 millions d'habitants sur Terre.

De plus, comme les projections des experts démographes annoncent que nous serons 12 milliards d'habitants en 2030, il faudrait descendre à une empreinte écologique de 1 ha par habitant pour que notre croissance démographique soit soutenable. Aucun doute n'est possible, nous en sommes bien loin.

Les causes des dangers rencontrés par le règne vivant

Le vivant est actuellement en danger pour deux causes majeures : l'explosion démographique et l'explosion technologique. L'explosion démographique parce qu'en 2030 **la population aura été multipliée par 6 en 100 ans.** L'explosion technologique parce que **la consommation de planète par personne a été multipliée par 600 en 100 ans.** Donc au total les 2 explosions, démographique et technologique, conduisent à **un facteur 3600 fois plus élevé en 100 ans.** En un siècle le monde a plus changé que depuis les origines de l'homme. Et le processus s'accélère encore aujourd'hui.

L'agriculture, l'élevage, la pêche et le bilan des écosystèmes

(Ce bilan actualisé cohérent et chiffré[12] est là pour donner une tendance, non pour provoquer une polémique sur les variations des données selon l'origine des sources auxquelles vous pourrez utilement vous reporter. De la même façon, ce bilan certes négatif ne met pas en évidence le fabuleux pouvoir de régulation dont dispose la nature face aux obstacles qui se présentent devant elle. Souvent la nature use de son pouvoir de régulation par des mécanismes de physique du chaos qui peuvent eux-aussi paraître pendant un certain temps négatifs mais qui recèlent à la longue les clés d'une adaptation, d'une évolution positive).

Agriculture :

Nous avons une agriculture française et mondiale très sinistrée produisant une alimentation contraire à la vie. Comme le dit Jean Pierre Berlan, Directeur de recherche à l'INRA, cette agriculture a volontairement choisi de prôner l'effondrement de la diversité biologique tant cultivée que sauvage pour remplacer l'agriculture et la paysannerie par un système agro-industriel de monoculture monoclonale. Cette aberration est faite pour assurer le maximum de profits aux industriels de la semence (de l'ordre d'un facteur 100) et aux industriels de la chimie des engrais, des pesticides et de tous les autres intrants ou fertilisants de synthèse.

En conséquence, actuellement nous perdons 35 000 exploitations agricoles par an en France, soit une toutes les quinze minutes.

L'industrie chimique et les pesticides sont donc omniprésents dans notre type d'agriculture intensive axée sur la quantité et non sur la qualité ou la variété. Le remarquable film « Nos enfants nous accuseront » de Jean Paul Jaud (sorti en novembre 2008) est un exemple poignant des ravages et des implications d'une telle agriculture. Voilà pourquoi 95% des Français sont aujourd'hui favorables au plan de réduction des pesticides au niveau européen (division par deux en 20 ans). C'est aussi pour cela que les actions concrètes et immenses réalisées par des associations comme Kokopelli de Dominique Guillet ou « Terre et humanisme » de Pierre Rabhi se développent maintenant de façon exponentielle au niveau international, grâce à l'action bénévole d'êtres de plus en plus nombreux qui ont choisi de se réveiller de ce cauchemar.

Cependant comme la France est 3ème producteur et 3ème consommateur mondial de pesticides, malgré des risques sanitaires connus et volontairement minimisés, son effort devra être plus important et plus rapide dans le cadre d'une politique de rééquilibrage sanitaire. En effet, actuellement 50% des fruits et des légumes français non biologiques contiennent régulièrement les résidus de plusieurs pesticides et la France possède une des plus fortes densités de sols pollués au monde. Par exemple encore, quand on réalise que les vignobles français si réputés dans le monde utilisent 20 % de tous les pesticides agricoles alors qu'ils ne représentent que 4% des terres cultivées, on est en droit de se poser des questions sur la qualité du vin que l'on boit. De ce fait, on comprend que les résultats démontrent que tous les vins non-Bio contiennent des pesticides.

Alors que de très nombreux dangers sanitaires et environnementaux sont maintenant connus, les clones chimériques brevetés appelés OGM (Organismes Génétiquement Modifiés) sont actuellement introduits en Europe dans l'agroalimentaire et dans l'élevage (5 fois plus de surfaces de maïs OGM en 2007 par rapport à 2006 en France, 107 000 hectares de maïs OGM en Europe en 2008 même si cela ne représente que 0,24% des surfaces totales de maïs en Europe). Ce n'est pas un hasard si 86% des français ne veulent pas non plus des OGM, quand ils savent que ces clones alimentaires sont pour ¼ soit des plantes générant elles-mêmes un pesticide (de l'ordre du kilo de pesticide à l'hectare pour le maïs BT) et pour ¾ des plantes absorbant les pesticides et autres polluants chimiques versés lors des épandages massifs de désherbants comme le fameux Round-up de Monsanto. Les experts du CRII-GEN, tels Christian Vélot ou le directeur de son conseil scientifique, Gilles Eric Séralini, nous démontrent que les OGM alimentaires, qui sont pour l'instant uniquement déployés sur 4 plantes (soja, colza, coton et maïs) et qui sont majoritairement cultivés sur le continent américain et en Inde, ont déjà un réel pouvoir pour générer la famine dans le monde. En effet, ils entraînent une baisse drastique de la biodiversité, une compétitivité à outrance, une brevetabilité du vivant transférant la richesse hors du pays de culture et une famine accrue des paysans. Ces derniers représentent de nos jours ni plus ni moins que les trois quarts des 862 millions de personnes souffrant de malnutrition dans le monde. Pourtant en France, le décret sur les « OGM plein champ » est passé début 2007 et d'autres lois ont suivi en 2008 contre l'avis de la population française. Par ailleurs certains experts du bureau scientifique sur les OGM à l'Agence européenne de sécurité alimentaire s'entêtent à valider l'introduction de nouveaux OGM en Europe, en dépit de l'honnêteté scientifique élémentaire. Dès lors, on peut même comprendre que la désobéissance civile non violente, très en vogue actuellement depuis les actions médiatiques de José Bové, soit devenue légitime face à des gangsters du pouvoir qui prennent le beau costume de dirigeants de multinationales, la façade policée de grandes administrations étatiques ou la voix d'hommes politiques démagogues. Car au final, ce sont eux qui manifestent sur un plan juridique « une atteinte à l'ordre public aux biens ou aux personnes ». Que penser par exemple du fait qu'en 2009, grâce à la loi d'orientation agricole de janvier 2006, les jardiniers amateurs fabriquant leurs propres fertilisants organiques et fongiques naturels, comme la prêle ou le purin d'ortie soient punissables de 2 ans de prison ferme et de

75 000 euros d'amende ? Les maigres efforts qui avaient été précédemment faits en votant un amendement en décembre 2006 face au tollé provoqué par l'interdiction de fabrication du purin d'ortie sont réduits à néant par des avis comme celui du JO du 21 août 2008 interdisant l'usage d'extrait de prêle (Equisetum) à partir de fin 2009. Où sont les réelles volontés de nos représentants politiques et gouvernementaux d'œuvrer pour le bien commun, au lieu d'attiser à terme le trouble à l'ordre public et la révolte violente ?

L'aberration majeure de cette agriculture est qu'elle ne nourrit pas le sol et ne prend pas soin de l'humus. Elle a uniquement axé son action sur le fait de traiter les plantes pour en tirer le maximum de profit. En procédant ainsi, elle a amplement favorisé la résistance des insectes qui ont une très grande capacité d'adaptation aux produits chimiques, adaptation que l'homme n'a pas du tout. La meilleure preuve dont cette agriculture se vante peu est qu'il y a eu un doublement du nombre des ravageurs depuis 1945, date du début de la guerre faite aux insectes avec tous ces produits faussement appelés « phytosanitaires ». Comme nous le verrons pour les vaccinations, avoir une action ciblée contre quelques « nuisibles » donne certes satisfaction pendant un temps. Mais ensuite l'environnement est déstabilisé et fragilisé sur le long terme. Au final les fameux ravageurs sont toujours là et arrivent même à s'adapter. Le bilan de cette agriculture est excessivement coûteux pour la société française. Son coût s'avère au moins quadruple pour le particulier : outre le prix d'achat du produit souvent relativement compétitif, le client supporte le coût intégré des impôts pour donner des subventions agricoles aux agriculteurs, des prélèvements sociaux pour assister les exclus du monde agricole et indirectement les coûts environnementaux et de santé induits par ces produits alimentaires contre-nature qui polluent et rendent même dépendants. Ceci est sans compter le fait qu'en ayant détruit l'environnement, le coût de sa restauration n'est pas intégré dans le prix de vente réel du produit.

A l'inverse, le fait d'obliger l'agriculteur biologique à payer sa certification tandis que les agriculteurs pollueurs sont subventionnés par la Communauté Européenne, nous montre de toute évidence que notre monde occidental productiviste, agissant soi-disant au nom du progrès, marche complètement sur la tête. Un enfant comprendrait qu'il suffirait d'affecter seulement une partie des subventions agricoles européennes à l'augmentation du prix de base d'un produit biologique, afin que le paysan puisse vivre décemment, sans détruire sa santé et sans avoir le cas de conscience d'empoisonner son prochain et la nature entière. Quels responsables politiques oeuvrant à la politique agricole commune européenne vont oser proposer cela et s'engager dans son application effective ?

L'entretien des mécanismes de dépendance sur le plan alimentaire, favorisé par toute cette agrochimie nuisible, n'est pas seulement le fruit du hasard. Il a été montré que des multinationales comme Mac Donald par exemple, ont bien utilisé cette tendance en créant volontairement les moyens d'une addiction à une alimentation spécifique. Le Dr Neal Barnard démontre que *« ce n'est pas le goût, mais l'effet de la nourriture sur le cerveau qui nous fait recommencer à manger. Par exemple, quand on utilise la Naxolone pour les overdoses d'héroïne, on va bloquer les récepteurs opiacés du cerveau pour couper l'envie d'en reprendre, alors que le goût reste. Si la Naxolone est donnée à un accroc au chocolat, il s'arrête immédiatement d'en prendre et repose le chocolat. Quand on mange un hamburger chez Mac Donald en buvant un soda très sucré, c'est l'alchimie des deux qui va provoquer des effets dévastateurs. Le fromage du hamburger libère des endorphines sous l'effet des opiacés contenus dans la protéine du fromage. Le sucre de la boisson fait alors son effet, conjugué en cela par la caféine qui va exciter nerveusement. Et l'individu deviendra dépendant de ces substances sucrées et excitantes. Les enfants de 12 ans n'ont pas le cerveau pour résister à ce genre de mélange ».*

Malgré une demande sans cesse croissante pour les produits biologiques, seulement 2% des terres françaises sont « Bio » et 15 000 jeunes paysans français essaient en vain d'accéder à la Terre pour faire de l'agriculture biologique. La terre est devenue l'objet de spéculations financières. De plus, une nouvelle norme européenne dévalorisant la qualité du label Bio « AB » a été récemment votée (avec possibilité que les produits contiennent 0,9% d'OGM dedans ainsi que certains produits chimiques « autorisés »). Et pourtant 84% des français affirment aujourd'hui consommer « Bio » de temps à autre.

Les pays industrialisés avec 26% de la population mondiale utilisent 56% des ressources alimentaires de la planète.

Au niveau du règne végétal, 5 firmes multinationales les célèbres Monsanto, Bayer, Basf, Syngenta et Dupont contrôlent 75% de la semence potagère sur la planète. La capacité de breveter le vivant leur appartient. En France, il existe à l'heure actuelle des clonages hétérozygotes de semence appelés à tort « hybrides » et protégés par des brevets pour la majorité des semences potagères ou céréalières du catalogue officiel des semences (87% des carottes, 85% des courgettes, 95% des tomates, 100% des maïs). Cela a été voulu et conçu ainsi au départ pour obtenir des clones distincts homogènes et stables pouvant faire l'objet d'un droit de propriété. Pour mémoire rappelons que les clones hétérozygotes (« hybrides ») sont des semences qui empêchent la nature de développer les variétés naturelles, puisqu'elles ne sont conjuguées que de 2 lignées pures clonées. Ce sont donc des semences certes conçues pour être temporairement « productives » sur le plan du rendement mais qui en se reproduisant provoquent à terme la dégénérescence « consanguine » de la plante et obligent l'agriculteur à racheter de nouvelles semences. Cette mainmise sur le vivant représente un problème majeur de santé publique à court terme et une catastrophe économique et sociale considérable à moyen terme.

La consommation mondiale d'engrais de synthèse est passée de 7 millions de tonnes par an en 1945 à 150 millions de tonnes aujourd'hui. C'est dans les produits animaux que l'on retrouve 90% des résidus de pesticides, alors que les fruits, les légumes et les céréales en recèlent moins de 10%.

Pêche :
La consommation mondiale de poisson a presque sextuplé en 60 ans. Du coup, entre un quart et un tiers des espèces de poissons sont aujourd'hui épuisées ou en danger d'extinction. Et l'exploitation industrielle de la pêche génère beaucoup de gâchis, avec 25% des poissons morts rejetés pour rien. La raréfaction des poissons de surface et l'envol récent des prix du pétrole ont complètement laminé les exploitations de pêche.

L'exploitation intensive de la pêche entraîne des situations totalement aberrantes : pour nourrir 1 kg de poissons d'élevage par exemple, le système de l'aquaculture a besoin de 4 kg de poissons sauvages réduits en farine, additionné de blé, de maïs et de soja.

Autre exemple : une ferme de saumons de 8 ha aux USA produit autant de déchets qu'une ville de 100 000 habitants.

Élevage :
Notre consommation de viande a quadruplé en 40 ans, les Français mangeant en moyenne 12 fois de la viande par semaine. Or un bœuf qui fournit 200 kg de viande représente 1500 repas au grand maximum, quand les céréales qu'il a mangées auraient pu en servir 18 000, soit 12 fois plus.

Au bilan, les deux tiers de l'eau, la moitié des récoltes, et un tiers de la pêche de la planète servent à l'alimentation et à l'eau des élevages. Et la totalité des excréments du bétail en Europe et aux USA entraîne la pollution de 50% des nappes phréatiques de la planète. Quant à l'expérimentation animale pour la santé humaine, des chercheurs indépendants ont désormais prouvé qu'elle était inutile en tant que modèle scientifique pour les applications médicales humaines.

Ceci est sans compter le maintien d'une grande barbarie de traitement des animaux, puisque la majorité des êtres humains nie ou ignore encore le fait que les animaux puissent avoir une conscience. Or nous venons de montrer que les espèces vivantes des règnes minéral, végétal et animal ont une conscience, même si elle est différente de la nôtre. La chasse à courre et les corridas restent encore un sujet sensible d'actualité. Et surtout les élevages concentrationnaires sont omniprésents avec des animaux en batterie dont 80% sont considérés comme malades. Les procédés de gavage des animaux existent encore, tel le gavage des oies, alors qu'on sait que cela équivaut à donner 12 kg de pâtes par jour à un être humain. Même pour un amateur inconditionnel de pâtes c'est intolérable pour l'organisme.

Dans les exploitations d'élevage industriel de cochons, 80 produits différents peuvent être injectés avant abattage. Les producteurs de volailles, de porcs, de bovins et de poissons au Canada utilisent plus de 20 000 tonnes d'antibiotiques par an en injection ou à la moulée. Alors nulle surprise à voir apparaître des maladies comme la tremblante du mouton, la vache folle ou la récente tremblante du porc.

D'autre part, le commerce intensif des fourrures a cours, alors qu'il existe peu de pays sur Terre où il est réellement utile. La décimation d'espèces sauvages dans le but de commercialiser certaines parties des animaux pour leurs propriétés spécifiques est pratique courante (ex : la chasse aux dauphins au Japon).

Écosystèmes

Nous assistons à la destruction continue des écosystèmes naturels à l'échelle mondiale.

Air et effet de serre :

L'effet de serre induit des bouleversements climatiques irréversibles si aucun changement immédiat n'intervient, principalement dans le rejet de CO_2.

Ainsi, le taux d'équivalent CO_2, qui a dépassé le seuil de 300 ppm (parties par million) des 7 dernières glaciations pour atteindre presque 375 ppm aujourd'hui, est estimé à 500 voire 600 ppm en 2050 si rien n'est fait. 30% des émissions de CO_2 sont industrielles. Les 70% restants concernent les modes de vie (5%), l'habitat (40%), le transport (25%). Pour exemple, 1 véhicule d'une tonne émet 4kg de CO_2 aux 100 km, quand un poids lourd émet en moyenne 20 kg de CO_2 aux 100 km. Et surtout un avion émet en moyenne 100 000 kg de CO_2 aux 100 km. Par ailleurs, l'effet de serre participe à la création de déséquilibres météorologiques ayant une tendance à aller vers plus de chaos, de cyclones, de tornades, d'ouragans, de sécheresses et de refroidissements localisés.

Tous les pays du globe sont aujourd'hui touchés de près ou de loin par la pollution de l'air atmosphérique. Si les pays industrialisés sont sensibilisés à ce problème depuis quelques décennies, les pays émergents tels que la Chine ou l'Inde ont aujourd'hui à faire face à une croissance des dépenses énergétiques considérable. Il s'avère que les dirigeants politiques et économiques de ces pays restent encore très frileux sur des actions à prendre, les décisions drastiques s'avérant impopulaires et en opposition avec le système d'une économie de croissance. Des études récentes montrent que même l'air de l'Himalaya est à présent aussi pollué que celui des villes d'Europe, suite à ces pollutions portées par les vents jusqu'à des coins reculés. De nombreux humains développent des pathologies respiratoires ou autres. Même les animaux présentent des transformations (ours qui se féminisent par exemple).

Glaciers :

La surface des glaciers a été divisée par 4 depuis 150 ans. La calotte arctique qui a déjà fondu de 40% en 40 ans, n'existera plus dans 50 à 70 ans. À ce moment-là, le niveau des mers aura augmenté de 6 mètres selon les experts. La calotte antarctique fond elle aussi très vite. Sa fonte totale serait responsable d'une montée des eaux de 6 mètres supplémentaires. Par exemple, la fonte des 33 000 km^2 de glaciers himalayens, que les climatologues appellent « le troisième pôle », entraînera des perturbations sévères. De plus grandes inondations brutales et ensuite des périodes de pénurie d'eau, affecteront ainsi 1,3 milliard de personnes en Asie.

Mers et océans :

Au niveau des mers, on craint fortement un arrêt probable de la pompe de circulation des courants océaniques, ce qui entraînerait une inconnue majeure sur les conséquences directes et indirectes d'un tel cataclysme. De plus, une pollution majeure des océans a actuellement lieu avec 2 marées noires d'hydrocarbures de la taille de l'Erika par semaine, plus 3 fois plus de tonnage en polluants terrestres nitrates, phosphates, pesticides issus de l'industrie agroalimentaire (élevages, exploitations agricoles, rejets des particuliers). Ajoutons des déchets radioactifs, des déchets solides issus de la société de consommation (sacs plastiques entre autres), une bonne centaine de gros navires qui font naufrage par an avec des cargaisons à risque. Les océans sont aujourd'hui considérés comme une gigantesque poubelle et 80% des eaux utilisées par l'homme rejoignent la mer sans être dépolluées. Que dire de la qualité des poissons que nous mangeons dans ce contexte-là ?

De nombreux écosystèmes marins sont ravagés, comme par exemple les mangroves (estimées à 0,5% des forêts mondiales) qui ont été détruites entre 25 et 50% en un siècle ou les barrières de corail en danger de disparition.

Eau :
L'eau, va aussi devenir un sérieux problème dans le futur planétaire puisque 70% des nappes souterraines mondiales sont polluées, que 1,5 milliards d'habitants n'ont pas accès à l'eau potable et que 3 milliards d'êtres humains n'ont pas accès au traitement des eaux usées. Ces deux causes font à elles seules 9 millions de morts par an et sont responsables de trois quarts des maladies des pays en voie de développement. La problématique internationale de l'eau est un état de fait maintenant bien ancré dans l'esprit de chacun. En revanche, quand on regarde la France, un pays que l'on croit souvent à l'abri des problèmes d'eau, force est de constater que l'eau française est une eau polluée avec des taux dépassant souvent les normes européennes, 70% des captages d'eau étant non protégés malgré une ancienne loi sur le sujet. Les eaux pluviales, 10 fois plus abondantes et 5 fois plus polluées que les eaux usées traditionnelles ne sont pas traitées. L'eau est complètement polluée par les nitrates, puisque la moitié de la France tangente les seuils maximums. On trouve encore des phosphates en quantité et des pesticides dans 96% des rivières, ainsi que dans 61% des nappes phréatiques analysées. Les eaux sont contaminées par 230 pesticides différents, les airs étant eux aussi très

pollués. 300 stations de traitement des eaux ne sont pas aux normes européennes par manque de moyens.

Et pourtant qui paye ? La facture d'eau est très inégalement payée et par quasiment les seuls contribuables. De plus, une surfacturation abusive de l'eau est pratiquée par les 3 plus grandes multinationales de l'eau qui sont pour l'instant majoritairement françaises.

Nous assistons aussi à un gaspillage de l'eau conséquent, avec quand même 27% de fuites dans notre réseau des 850 000 km de canalisations. La consommation réelle d'eau de 250 l/hab./jour environ est en hausse continue, alors qu'une saine consommation diviserait ce chiffre par 5 (selon les préconisations maxi de l'OMS qui sont de 50 l/hab./jour pour vivre décemment). De plus, la consommation « virtuelle » d'eau est bien supérieure et en forte hausse : rendez-vous compte qu'il y a au moins besoin de 4 000 l/hab./jour pour fabriquer la totalité des produits que vous utilisez.

En France, les surfaces irriguées ont été multipliées par 7 entre 1970 et 1997. À l'intérieur de cette irrigation agricole, la place qu'occupe la consommation d'eau des 3 millions d'hectares de maïs est prépondérante. Lors de la canicule de 2003, certains maïsiculteurs ont utilisé jusqu'à 1 m^3 d'eau pour produire 1kg de maïs ! Au bilan moyen, la consommation d'eau due au maïs est quand même équivalente à la consommation d'eau de la population française.

La Bretagne, avec ses 3 millions de bretons, est écologiquement sinistrée à cause de l'élevage. Le bétail breton consomme à lui tout seul l'équivalent en eau de 60 millions de personnes.

Les Français consomment 6 milliards de bouteilles d'eau minérale ou de source par an, ce qui montre bien la défiance sur la qualité de notre eau.

Fleuves et rivières :

90% des fleuves et des rivières du monde sont menacés. La menace est multiple, tant en qualité qu'en quantité.

Sur le plan de la qualité de l'eau, la menace de pollution des fleuves concerne majoritairement les pollutions agricoles dues aux engrais et aux pesticides. Elle concerne aussi les pollutions industrielles et domestiques de tous ordres, comme les médicaments que nous rejetons et que les stations de traitement des eaux ne savent pas recycler, comme les produits chimiques domestiques que nous utilisons pour le nettoyage, le jardinage, la lessive, comme les pollutions industrielles aussi aiguës que celle du PCB en France, ce pyralène majoritairement issu des transformateurs électriques.

De plus, la menace est quantitative, puisque l'eau des fleuves est essentiellement pompée pour les besoins énergétiques et agricoles. En France, 60% des 33 milliards de m^3 d'eau utilisés sert à l'ensemble des centrales énergétiques et 17% à l'irrigation agricole. Dans le monde, c'est 70% de l'eau douce qui sert à l'irrigation.

La menace sur les grands fleuves est accrue par l'édification de grands barrages hydroélectriques dont on commence à mieux connaître les effets pervers, comme la retenue du limon fertile qui ne peut descendre en aval ou l'impossibilité à la faune piscicole de remonter les rivières pour participer à leur vie et à leur épuration. Avec plus de 50 000 grands barrages dans le monde, représentant 20% de la production d'énergie mondiale, l'équilibre des écosystèmes de nombreux fleuves est menacé. Quand on observe par exemple les effets du gigantesque barrage de Yacireta en Argentine, on voit bien qu'au-delà des 100 000 personnes déplacées, toute la faune, la flore et les sols sont anéantis pour des décennies et que seuls les appétits financiers priment sur la vie des populations locales et de tout le vivant. L'ensemble des barrages mondiaux qui ont causé le déplacement de 40 à 80 millions de personnes ont eu des effets dévastateurs sur le milieu environnant à chaque fois que leurs réalisateurs ont refusé de prendre en compte dès le départ les facteurs environnementaux. Dans des pays aussi arides d'Afrique que le Bostwana ou le Tchad, l'édification de barrages ou le prélèvement d'eau pour l'irrigation agricole intensive sur l'Okavango ou le Chari sont même synonymes de mort pour l'ensemble d'un pays.

Forêts :
Compte tenu de l'évolution démographique, songeons que 3 milliards de personnes font encore cuire leurs aliments avec du bois. Au bilan de tous les usages du bois et des pratiques d'agriculture sur brûlis ou par déforestation intensive, la forêt est complètement sinistrée. La destruction des forêts a été si importante, particulièrement pour les forêts vierges tropicales, qu'entre 1520 et 2020, les experts estiment la perte en forêts à -60% en Europe, -100% en Amérique centrale, -45% en Amérique latine, -66% en Indonésie-Australie, -80% en Afrique. Comme les forêts tropicales, qui ne représentent que 7% des continents, abritent la moitié de la faune mondiale, quid de l'avenir des animaux ?

Le rythme de déforestation s'accélère très fortement de nos jours, surtout en Afrique équatoriale (40 000 km^2/an), mais aussi en Asie du Sud-Est (Indonésie) et en Amérique du Sud (entre 11 000 km^2 et 27 000 km^2/an en Amazonie brésilienne). Entre 2000 et 2005, la perte nette de forêts par an s'établit au moins à 73 000 km^2, soit l'équivalent de la surface de la Belgique et de la Hollande réunies. Certains avancent même le chiffre de 130 000 km^2 compte tenu des abattages illégaux pratiqués. En effet, quand on réalise par exemple que 40% du bois tropical importé en France provient de coupes illégales (exemple du trafic avec le Cameroun), on comprend mieux de telles fluctuations entre les estimations officielles et réelles. Autre sujet d'exploitation : une zone de la République démocratique du Congo équivalente à la taille de la France aurait dû être cédée prochainement aux industriels pour être exploitée et pour y faire principalement des agro-carburants, soit 600 000 km^2. Heureusement la résistance des organisations de défense de la nature freine ce développement irraisonné. Car en effet aujourd'hui nous savons sur un plan scientifique que si la forêt meurt c'est l'homme et l'animal qui mourront, chacun jouant un rôle pour que nous puissions vivre en symbiose. À noter qu'un seul arbre centenaire fournit l'oxygène nécessaire à un homme pour 20 ans. Quand on pense que certains arbres arrivent à atteindre le vertigineux âge de 4 700 ans, on reste admiratif devant l'œuvre de mère nature. Comme la déforestation contribuerait à 20% de l'effet de serre, il semble vital de prendre le temps nécessaire de reboiser pour les générations futures, de développer les fours solaires qui font faire de grosses économies de bois (11 kg/jour).

Faune et flore :

Sur la planète 15 000 espèces sont non protégées et en voie d'extinction chaque année (1 amphibien sur 3, 1 oiseau sur 8, 1 mammifère sur 4). Et ce sont surtout les espèces au sommet de la chaîne alimentaire, les espèces spécialisées et les espèces les plus volumineuses qui sont décimées. À lui seul, ce chiffre est vertigineux lorsqu'on réalise l'interdépendance des êtres. Par exemple, selon les experts les abeilles auront pratiquement disparu de la surface du globe en 2012. En effet, entre 2005 et 2007, 60 à 90% des abeilles ont disparu aux USA (1,5 million de colonies sur 2,4 millions dans 27 États). Au Québec, 40% des ruches sont portées manquantes. En Allemagne, 25% des colonies ont été décimées. Même phénomène de syndrome d'effondrement des colonies en Belgique, Suisse, Italie, Portugal, Grèce, Autriche, Pologne, Angleterre. En France, les pertes sont de 15 à 95% selon les cheptels. Or 80% des espèces végétales ont besoin des abeilles pour être fécondées. Sans les abeilles, pas de pollinisation et donc une drastique réduction des fruits, des légumes et aussi des variétés oléagineuses ou protéagineuses. Selon Bernard Vaissière, spécialiste des pollinisations à l'INRA, trois quarts des cultures en dépendent. Rapportée au tonnage, c'est 35% à 40% de la production mondiale de nourriture qui est menacée par la raréfaction des abeilles (10% du chiffre d'affaires de l'agriculture mondiale). Pesticides, pollution chimique et électromagnétique, végétaux hybrides et OGM, provoquent des intoxications massives ou entraînent des maladies parasitaires ou virales chez les abeilles, des maladies qui les tuent, les affaiblissent ou les rendent apathiques et vulnérables aux espèces provoquant des invasions comme certaines guêpes ou frelons. Gardons présent à l'esprit la sagesse d'Einstein qui déjà à son époque prévenait les hommes en disant : *« Quand l'abeille disparaîtra du globe, l'homme n'aura plus que 4 années à vivre ».*

Regardons aussi ce qui se passe au niveau de l'humus de notre Terre qui contient tant de vie, tant de microorganismes qui jouent un rôle utile, comme les microbes et les bactéries le font avec notre corps. Une forêt française reçoit entre 3 et 8 tonnes de feuilles mortes par an et par hectare selon les régions et les espèces. On trouve dans un mètre carré de terre 260 millions d'animaux.

Selon Marcel Bouché, il existerait en France 170 variétés de lombrics. Le lombric joue un rôle méconnu par rapport à l'écosystème. Pourtant il y a sur un sol sain 1,1 tonne de lombrics par hectare, alors que l'on compte 55 kg d'êtres humains et 2 à 3 kg d'oiseaux. Bien sûr, comme c'est maintenant le cas de 90% de nos surfaces agricoles, il n'y a aucun lombric sur un sol chimiquement traité. Les vers représentent 60 à 80% de la masse des animaux de nos écosystèmes, suivis par les micro-organismes et les plantes. Les plantes capturent l'énergie et la transforment. Les micro-organismes et les vers la décomposent. Les vers avalent 300 tonnes de terre à l'hectare ! Ils contrôlent les crues en creusant jusqu'à 5000 km de galeries sous chaque hectare, soit en zone méditerranéenne la capacité d'absorber 160 ml d'eau par m^2. Mais dans les vignes ou les zones céréalières traitées par les pesticides, ils ont disparu et les inondations sont catastrophiques.

Déchets :

Dans le domaine des déchets, le poids des déchets français est élevé du fait des volumes des emballages et du fait de l'aspect publicitaire et marketing déployé autour. Nous jetons annuellement 365 kg de déchets solides par habitant et plus de 40kg de publicité par boite à lettre. Au total, la France a 40 millions de tonnes de déchets annuels. La publicité, qui est le deuxième budget mondial avec plus de 500 milliards de dollars, soit moins de la moitié du budget de l'armement mondial, est un des plus gros producteurs de déchets.

Voilà en quelques grandes tendances le bilan de nos écosystèmes sous influence de l'homme. Il est alarmant, tant au niveau de la France qu'à l'échelle mondiale. Au niveau de l'Europe le plus mauvais élève européen en matière d'environnement c'est la France, avec 38 manquements au droit européen assortis d'amendes élevées. Et pourtant nos hommes politiques restent forts en discours. En réalité nous n'avons qu'1,5% d'emplois liés à l'environnement et moins de 1% du budget de l'État est consacré à l'environnement.

CHAPITRE IV

LES PRODUITS DE LA CRÉATION

La finalité politique de la création

Que construisons-nous ? Que bâtissons-nous et que faisons-nous comme produits pour ou contre le vivant, pour ou contre le bien-être durable sans contreparties négatives pour son entourage ?

Ce que nous bâtissons pour le vivant, ce que nous créons dans le sens de l'évolution de la Terre et des générations suivantes est louable. Seulement il est souvent peu mis en évidence par nos médias, plus habitués à décrire la face ombre des sujets que les belles réalisations de ce monde. Nous porterons donc l'accent sur ces beaux produits de la création dans un avenir proche, en les mettant en valeur très concrètement et en incitant à leur émergence chez de nombreux porteurs de projets.

Auparavant il nous faut repérer les modes de fonctionnement lacunaires de notre société, lister les produits de la création qui vont en sens contraire du vivant. Car force est de constater qu'aujourd'hui le déséquilibre est devenu flagrant. Analysons les causes de ce déséquilibre. L'analyse peut permettre à chacun de sentir le domaine avec lequel il va être en résonance, en sensibilité extrême. C'est souvent dans ce domaine que l'être humain peut se surpasser, donner le meilleur de lui-même et créer des merveilles. Augurons qu'il en soit ainsi, comme ça a été le cas parfois dans l'histoire de l'humanité. L'histoire de l'homme contient d'innombrables innovations, des réalisations technologiques ou autres ayant fait progresser la conscience des peuples.

Actuellement notre système de production est orienté par 3 tendances principales : **la publicité, l'obsolescence programmée des équipements technologiques et le crédit.**

La publicité, c'est ce qui nous fait désirer ce que nous n'avons pas et ce qui nous rend insatisfait de ce que nous avons (la publicité télévisuelle est « l'arme de destruction massive » par excellence : les enfants occidentaux passeraient un nombre d'heures devant la télévision supérieur au nombre d'heures à l'école). La pollution publicitaire est une pollution visuelle, auditive, mentale et spirituelle.

L'obsolescence programmée des équipements technologiques s'accroît très vite avec une durée de vie à chaque fois plus courte pour les équipements ménagers, les télévisions, les ordinateurs, les voitures. Aujourd'hui, 90% de nos marchandises ont moins de six semaines de vie. Autre exemple : 3 600 bateaux vont décharger chaque année au Nigeria les ordinateurs usagés des Américains dans des décharges sauvages alors que le silicium des composants électroniques de ces ordinateurs provient aussi en grande partie de minerais d'Afrique.

Le crédit favorise l'accroissement de l'endettement pour faire consommer à outrance. En France, l'endettement des ménages est supérieur à 80%. Autrement dit, nous vivons aujourd'hui en considérant acquis ce que nous gagnerons l'an prochain. Aux USA la situation est quasi identique puisque l'endettement est supérieur à 60% du PIB (10 000 milliards de dollars).

Dans la situation actuelle il ne s'agit pas de ralentir la croissance, mais plutôt de remettre en cause **le système de croissance** qui **n'est ni soutenable ni souhaitable.** Il est hautement recommandé d'en changer rapidement sous peine de voir la sixième extinction des espèces se réaliser à une vitesse inégalée.

Par l'approche de l'empreinte écologique décrite au chapitre précédent, nous venons de voir que le système de croissance n'était plus soutenable. Regardons maintenant le fait que la croissance ne soit pas non plus un modèle économique souhaitable. Ce système, qui se dit certes basé sur le progrès technologique, est prédateur de ressources naturelles et il ne rend pas l'humanité vraiment heureuse, bien au contraire. Il engendre même une dépression de plus en plus grande au niveau sociétal, particulièrement dans les sociétés calquées sur le modèle occidental. **Cette dépression est essentiellement due à l'obsolescence de notre modèle productiviste** qui crée automatiquement un chômage structurel (par exemple en France dans les années 1975 à 2005 les heures travaillées ont réduit de 10% alors que la production a augmenté de 76%, tandis que le nombre de personnes disponibles pour travailler a augmenté lui de 23%, notamment par l'entrée des femmes sur le marché du travail). Sachant que le mécanisme de dépression est un processus naturel d'inhibition de l'action et de rebond de la conscience individuelle lorsqu'elle a exploré des voies en cul-de-sac, il conviendra d'utiliser cette force motrice pour aller d'abord vers un plus grand éveil, puis ensuite vers une autre façon d'agir. Comme nous avons exploré dans le chapitre sur la nature de l'être humain que les « bourreaux » qui nous dirigent sont aussi ceux qui ont la conscience la plus réduite, ce n'est donc pas auprès d'eux que se trouvent les solutions pour agir différemment. **Il n'y a qu'auprès de certains pionniers éveillés de la société civile**, qu'auprès de certaines anciennes « victimes » du système qui ont appris à observer le système et à s'en sortir **que des solutions de bon sens pourront émerger.** À nous de favoriser l'émergence de ces pionniers d'un nouveau contrat social.

D'autre part le système capitaliste mondialisé, qui a pour finalité le profit, engendre des inégalités monstrueuses et sans cesse croissantes. Il en arrive maintenant à l'aberration d'avoir généré une accumulation de marchandises sans acheteurs côtoyant des légions de personnes sans revenus. Par exemple, la production de denrées alimentaires augmente de plus en plus et pourtant le nombre de personnes qui meurent de faim sur la planète croît d'année en année. Selon Nadia Scialabba, responsable du département Environnement et Développement Durable à la FAO, la famine touche quand même en 2008 862 millions d'habitants. Au sortir d'une guerre ou en phase de développement, la croissance est certes la bienvenue. Et c'est d'ailleurs ce raisonnement-là qui doit nous faire réfléchir très rapidement aujourd'hui face à la gigantesque crise monétaire qui se profile à l'horizon. Nos « bourreaux » à la conscience limitée n'ont qu'en tête ce leitmotiv populaire : « une bonne guerre et ça repartira comme en 14 ». Il n'y a que les membres de la société civile qui pourront démontrer qu'ils ont tort et que le système peut repartir sans reproduire ce qu'il a connu quand les mêmes élites ont façonné la seconde guerre mondiale. Mais ce sera tout à fait autrement et sur de nouvelles bases encore à inventer même si les germes sont là.

Saurons-nous, après un ou deux échecs où les peuples se sont laissés abuser au siècle dernier, inventer autre chose que la guerre comme solution au modèle de croissance effréné ?

Aujourd'hui que **le superflu existe bien au-delà du nécessaire** en France ou dans les pays industrialisés **une économie uniquement axée sur la croissance ne peut être qu'une aberration.** On ne peut croître à l'infini sur une planète limitée à 12 800 km de diamètre.

L'économiste orthodoxe américain Hermann Daly, grand fondé de pouvoir de la Banque Mondiale a eu l'idée de défalquer les dépenses de réparation et les dépenses de compensation pour obtenir un nouvel indice, le GPI[13](The Genuine Progress Indicator), un indice de bien-être authentique. Il a constaté que jusqu'en 1970 les deux courbes du Produit intérieur brut par habitant (le « bien avoir ») et du Genuine Progress Indicator (le « bien-être ») étaient parallèles. Après le GPI stagnait et très vite il régressait proportionnellement jusqu'à atteindre un taux de **2/3 de la croissance reposant sur des activités de mal-être**, pour seulement 1/3 de la croissance servant au bien-être. C'est de là qu'est née l'idée de **« besoin juste »** que j'ai justifiée au chapitre sur la nature de l'être humain. En effet, au-delà du besoin juste on franchit le seuil du superflu et on rentre dans une illusion de croissance, une croissance artificielle des besoins. **L'idée est de retrouver avant tout un bien-être authentique et donc une décroissance de ce qui est ni soutenable ni souhaitable, l'ensemble conjugué à une croissance de ce qui est soutenable et souhaitable.** Hermann Daly ou l'économiste australien Philip Lawn ont ainsi remarqué de nos jours que plus le Produit intérieur brut par habitant augmente, plus il engendre de pollutions et d'insatisfactions de différentes sortes qui font que le mal-être augmente (stress, maladies, agressivité, etc.). Ils ont noté qu'ensuite il est nécessaire de réparer ce mal-être et de le compenser par autre chose. On voit très vite une source d'immenses gisements pour une autre forme d'économie, l'économie du bien-être.

Ces concepts et études rejoignent les idées de l'économiste François Partant[14] ou du philosophe sociologue Cornélius Castoriadis[15], qui soulignent dans leurs écrits que l'être humain vivrait mieux s'il acceptait de vivre autrement. Il est par conséquent hautement souhaitable de **construire une autre société qui soit la plus autonome possible.** Car en réalité les hommes ont construit la société la plus hétéronome de l'histoire, une société qui obéit à la dictature des marchés, à la main soi-disant invisible de la finance, aux aberrations de l'économie et aux lois de la techno-science, une société asservie sous sa forme mondialisée.

Nous avons vu, que grâce aux données fournies par l'empreinte écologique, nous pouvons avoir une meilleure idée des énergies employées pour produire : qu'il s'agisse des énergies eau, des énergies pures en kWh ou en Joules, des énergies converties en empreinte écologique de surface terrestre, de l'énergie en transport ou en emballage, de l'énergie induite en coûts de réparation et coûts de compensation. Chaque produit devrait offrir cette transparence en matière d'empreinte réelle à la Terre et à ses habitants. Car quoi que nous fassions les coûts devront être payés, que ce soit par nous ou que ce soit par nos enfants.

Un système monétaire suicidaire

Le système actuel de croissance de l'économie mondiale repose quasi uniquement sur notre façon de générer la monnaie. Regardons d'un peu plus près comment fonctionne ce système monétaire, aujourd'hui au bord de l'explosion comme les remous boursiers de ces derniers temps l'ont confirmé. D'où vient l'argent ? C'est la question motrice qu'il est bon de se poser en préambule avant d'aborder ce que l'on peut faire de cet argent et de voir ce qui est créé par l'homme avec cette énergie.

La très grande majorité de nos concitoyens pense encore que l'argent est créé par la monnaie que les États émettent de leur banque centrale sur la base de ce que leurs déposants leur ont confié. Dans cette image d'Épinal véhiculée autrefois, on imagine encore les rotatives tourner, la planche à billet fonctionner et l'or être stocké dans de grands coffres forts. Ceci est aujourd'hui complètement dépassé. Les États n'ont dorénavant plus de contrôle sur l'émission d'argent nouveau, puisque ce sont les banques privées qui l'ont, comme par hasard depuis que **nous sommes mondialement rentrés dans l'illusion de croissance juste après les trente glorieuses, c'est-à-dire vers 1973-1975.** De plus, ces banques créent l'argent à partir des engagements effectués par les emprunteurs, des promesses de remboursement de dettes et non des dépôts ou des bénéfices qu'elles peuvent faire. Autrement dit, **l'argent créé est de l'argent dette**[11]. **Sans dette, il n'y aurait pas de création d'argent.** C'est ce qui fait que les particuliers, les sociétés et les gouvernants dépendent à présent complètement du renouvellement du crédit bancaire. **Autrefois, l'argent était une valeur.** De fil en aiguille, c'est devenu une dette. Autrefois pour créer plus d'argent basé sur l'or il fallait trouver plus d'or. Maintenant on le crée à partir d'une dette.

Au final **les banques ne prêtent pas l'argent. Elles le créent de façon illimitée** en suivant une règle proportionnelle avec un ratio de réserve bien défini selon la nature du contrat d'emprunt. Par exemple, avec un ratio de 9 pour 1, si une banque a un fond de réserve de 1 111,12 €, elle aura le droit de créer 10 000 € d'argent pour un emprunteur. L'emprunteur va pouvoir effectuer son achat. Le vendeur du bien qui récupère les 10 000 € va donc à son tour les mettre à sa banque. Cet argent nouvellement créé est déposé sur un compte bancaire. La Banque n'a pas le droit de multiplier le dépôt du client par le ratio de réserve de 9/1 mais elle a le droit de le diviser par lui et d'augmenter ainsi ses fonds de réserve de 10% soit de 1 000 €. Autrement dit, pour un autre emprunteur, la banque va pouvoir recommencer à créer de l'argent pour un montant à nouveau 9 fois plus élevé. Un nouveau prêt de 9 000 € cette fois-ci va être créé. Et ainsi de suite, des prêts de plus en plus décroissants seront accordés à un très grand nombre d'emprunteurs pour le même montant initial de départ de 1 111,12 €. On a donc une succession décroissante de création d'argent qui est générée pour un montant total de 100 000 €, soit 90 fois le fonds de réserve initial de la banque. Avec cette mécanique ingénieuse, la banque a toujours en stock 10% de plus de dépôts que de prêts et elle peut ainsi solliciter de plus en plus de dépôts pour prêter davantage. Quand les montants des prêts sont colossaux et pour des contrats spécifiques, le ratio de réserve peut atteindre 30 pour 1 et même au-delà. Avec une telle prise de risque sur la solvabilité du futur emprunteur, la banque couvre cette fois-ci les prêts en demandant à l'emprunteur d'effectuer un dépôt en or bien physique et réel. Toutes ces procédures sont créées avec la collaboration active des gouvernants en ce qui concerne les lois d'utilisation de la devise nationale, les crédits payés dans la devise nationale, le respect du paiement des dettes garanti par les cours de justice gouvernementales, les règlements du système monétaire (à partir de 1970-1976, accords de Bretton Woods II : abandon de la parité or-dollar et système généralisé de changes flottants).

Jusqu'à ce stade, on pourrait se dire sur un plan éthique que la création d'argent basée sur le pari qu'un emprunteur est capable de rembourser sa dette semble être valide, puisque c'est un challenge comme un autre. Même si ce n'est plus un argent valeur limité comme avant 1694, année au cours de laquelle la Banque d'Angleterre a inauguré le système de l'argent dette avec un ratio de 2 pour 1, le fait d'avoir créé un système infini de génération d'argent apparaît comme un formidable moteur de développement et de croissance pour une société.

En revanche, là où le système n'est plus soutenable, c'est que dans le contexte de globalisation des échanges, **la somme totale de l'argent dû est toujours supérieure à la somme totale de l'argent créé. Elle est supérieure du montant des intérêts, sachant que l'argent de ces intérêts n'existe pas puisqu'il est virtuel.** Le problème est qu'à ce jeu-là, à moins d'avoir continuellement une croissance très soutenue qui va absorber les décalages dans le temps, les risques de saisie des emprunteurs non solvables sont importants. En conclusion, le processus est tout sauf sans contreparties négatives pour l'entourage. De plus, **ce système à croissance exponentielle s'avère pervers puisqu'il conduit à** ce que nous rencontrons aujourd'hui : **la fin des ressources.**

En effet, par effet mécanique, la quantité d'argent dette générée grâce à ces emprunts fait perdre de la valeur à l'argent et crée de l'inflation. Pour absorber cette inflation, il est nécessaire d'accroître proportionnellement le volume global des échanges commerciaux. Mais accroître ce volume est bien loin d'être une action fictive comme la génération de monnaie. C'est une action qui nécessite d'augmenter dans les mêmes proportions l'utilisation des ressources d'énergie pour produire les biens commerciaux en question. **Comme la courbe de génération d'argent est exponentielle, la courbe de croissance des échanges commerciaux doit l'être également et celle des ressources en énergie aussi.** Voilà démonté le mécanisme de la croissance à outrance. C'est cette manière de générer l'argent dans le système monétaire actuel qui va conduire à l'épuisement accéléré des ressources de la planète. Voilà aussi pourquoi notre société mérite le nom de « **société de la combustion des ressources énergétiques et vivantes de la planète** ».

Ce système monétaire qui a pour base le dollar est par conséquent devenu dangereux et suicidaire pour l'être humain et tout le vivant. Non content d'**engendrer des inégalités sans cesse croissantes par principe de fonctionnement**, il génère lui-même sa propre fin. L'effondrement imminent prévu ou programmé pour l'été 2009 est donc inévitable, d'autant plus que la conscience des dirigeants planétaires du G20 qui s'est réuni à Washington le 15 novembre 2008 n'envisage que des mesures limitées pour corriger seulement les dysfonctionnements visibles d'un système qui les dépasse. C'est à la société civile d'envisager rapidement un autre système monétaire basé sur des concepts radicalement différents car les 20 représentants politiques de pays cumulant 90% de la société mondiale de marché sont encore loin des réalités vécues, en étant plutôt adeptes d'un lifting traitant uniquement les symptômes que les causes.

Que faudrait-il changer en profondeur dans ce système monétaire pour remédier aux causes de cet autre type de cancer qui nous ronge ? Quelles sont les alternatives que nous pouvons proposer aujourd'hui en sachant que l'argent n'est qu'une convention créée par les hommes dans un espace de confiance réciproque ?

En premier lieu, il est indispensable de **revenir à un argent-valeur** ou ressource et non à un argent dette.

En second, il est nécessaire de **redonner aux seuls gouvernements le pouvoir de générer de l'argent**, afin d'éviter des dérapages divers, de caler la génération d'argent sur la valeur des biens créés par l'État (infrastructures publiques sur le moyen et long terme, biens et services communs mondiaux non privatisables comme tous ceux qui concourent au besoin juste défini au chapitre II : eau, logement, énergie, services de santé de base, éducation,…), de maîtriser le taux d'inflation ou la taxation par produits, de permettre l'émergence d'une vraie économie du bien-être durable pour tous, avec une économie plus stable, calée sur le monde réel et non sur un monde fictif tel que celui de la bulle financière actuelle. Le système monétaire est un bien public d'intérêt collectif. D'autre part, les banques centrales auraient besoin d'une quantité d'argent à conserver relativement stable pour éviter l'épuisement des ressources constaté actuellement.

En troisième, dans ce système rendu stable, **les prêts avec intérêt doivent être abolis** puisque à terme ils conduisent à enrichir indéfiniment les prêteurs et finissent par avoir raison de tous les emprunteurs. Rappelons que dans le passé les grandes traditions religieuses considéraient l'usure de l'argent comme un péché moral, un mal punissable. Aujourd'hui, évitons de faire payer des intérêts. Il serait bon **d'introduire de nouvelles règles éthiques de fonctionnement du milieu bancaire** pour permettre aux prêteurs de recevoir des dividendes en échange des intérêts d'emprunt, pour que les structures bancaires puissent muter vers des banques sans but lucratif et au service de la société.

En quatrième, il est nécessaire de **limiter la spéculation boursière au niveau mondial** par la mise en place de nouvelles règles de fonctionnement des marchés.

En cinquième, il est souhaitable que la conception de cette nouvelle façon de créer la richesse monétaire passe par **la création de nouvelles structures relationnelles, de réseaux d'échanges, de cercles de sagesse**, de structures non hiérarchiques pyramidales focalisées sur la croissance des besoins justes et de nuls autres (les structures hiérarchiques agrègent naturellement 80% de la richesse auprès de 20% des personnes : c'est l'effet Pareto). Tout cela est à créer en évitant de concentrer les pouvoirs dans les mains de ceux qui sont les moins conscients.

Cette façon de procéder, outre le fait d'éponger la dette nationale et internationale, permettrait de prendre en compte la durabilité des ressources, d'intégrer l'objectif de bien-être au cœur du nouveau système.

Donc **la finalité d'une action politique ne peut être que le bien-être durable pour tous les êtres** car les êtres de la Terre sont interdépendants, de la même manière que chacune de nos actions dans nos sociétés le sont.

➢ Pour avoir un monde qui fonctionne autour de cette nécessité du bien-être durable pour tous, nous devons avoir **un projet de civilisation** et non seulement un projet de société.

- Pour avoir un projet de civilisation qui fonctionne, nous devons bâtir **une réelle coopération internationale** pour le bien-être durable.

- Pour avoir une coopération internationale qui fonctionne, nous devons avoir **une économie respectueuse** dans le sens des besoins justes de chacun.

- Pour avoir une économie qui fonctionne, nous devons avoir **une politique écologique active** dans le sens des énergies et des écosystèmes de la Terre.

- Pour avoir une politique écologique qui fonctionne, nous devons avoir **un système sanitaire tourné principalement vers la prévention** et ensuite vers l'entretien de la santé.

- Pour avoir un système sanitaire qui fonctionne, nous devons avoir **une éducation orientée vers le savoir-être**.

- Pour avoir une éducation qui fonctionne, nous devons avoir **une justice équitable, une démocratie participative et un système harmonieux qui permet aux plus faibles comme aux plus forts de vivre en symbiose**.

C'est ainsi dans ce décor de bien-être durable que s'insère notre projet global. À présent, assumons notre humanité et faisons le bilan critique de notre « système de croissance » afin de pouvoir être à même de proposer ensuite un projet politique soutenable et plus crédible face à l'existant actuel. Car comme vous allez rapidement le constater, même si on ne parle pas des belles réalisations de l'homme, le bilan est alarmant dans chaque domaine décrit.

Les chiffres et les arguments qui suivent sont issus d'une synthèse de différents travaux d'experts [12].

Domaine de l'économie
La situation de l'économie française au niveau de l'État

L'État français est dans une situation de dépôt de bilan, reflet d'un État qui dépense plus qu'il ne perçoit de recettes de ses productions. En 2007, la dette chiffrée classiquement dans la presse à 1200 milliards d'euros s'élève en réalité à 2 700 milliards, soit 9 ans de dettes compte tenu de nos engagements financiers sur le long terme. Notre emprunt sur les marchés financiers est de 2 fois le montant de l'impôt sur le revenu et il s'accroît chaque année de façon inéluctable comme nous venons de le démontrer en évoquant les mécanismes de création monétaires. Les intérêts de la dette constituent le deuxième poste budgétaire après celui de l'Éducation Nationale. Coté patrimoine de l'État, il a été divisé par 3 ces 20 dernières années et il est même négatif si on tient compte des engagements actuels de l'État. C'est donc une situation de dépôt de bilan qui ne peut que s'accroître au fur et à mesure que la véritable crise monétaire du système de change flottant basé sur le dollar va se faire jour. Avec cette crise aux effets chaotiques imprévisibles les menaces de dévaluation pesant sur les monnaies dont l'euro iront en grandissant, à l'image de ce qui s'est passé entre 1929 et 1940.

La situation de l'économie du côté des citoyens français

Les ménages français, dont on a déjà vu qu'ils avaient un endettement supérieur à 80%, sont majoritairement exploités par la sangsue monétaire et financière due à l'existence d'un argent dette, plus que d'un argent-valeur ou ressource. Par exemple, les prélèvements obligatoires fiscaux sont passés de 33% en 1960 à 44% de la richesse brute produite aujourd'hui. Les cotisations sociales françaises sont les plus chères d'Europe, avec un budget annuel de la Sécurité sociale supérieur d'au moins 20% au budget de l'État, l'ensemble atteignant le vertigineux chiffre de 1 milliard d'euros par jour. En fait, 30% de notre Produit intérieur brut est d'ordre social. Il y a fort à parier qu'au plus fort de la crise nos dirigeants seraient tentés de faire des coupes sombres dans tout ce qui touche au domaine social pour ne garder la priorité que sur la sacro-sainte économie. Ce serait une erreur de fonctionner ainsi de manière unilatérale en gardant en tête que le système capitaliste actuel peut encore perdurer. Pour évoluer de façon saine et durable la conscience de nos dirigeants se doit aussi d'évoluer.

D'autre part au sein de cette France globale on décèle un décalage probant entre 2 classes de français : ceux qui ont un patrimoine et s'enrichissent et ceux qui ne vivent qu'avec le minimum. Ces dix dernières années le patrimoine moyen des français a augmenté de + 120%. Il équivaut à plus de 27 années de budget de la France. Seulement, pas plus de 62% des français se partagent un tel patrimoine, avec de grandes disparités en leur sein. Avec la crise des faillites individuelles, des faillites d'entreprises, des faillites de collectivités locales et des faillites de banques, il est très vraisemblable que ce patrimoine fonde comme neige au soleil.

Dans le même temps, il y a aujourd'hui en France plus de 7,9 millions de personnes vivant en dessous du seuil de pauvreté de 650 € mensuel et presque 3 millions de personnes au SMIC. Parmi les 30 millions de personnes actives françaises (pour mémoire la population française a aussi 22 millions de jeunes et 13 millions de retraités), 50% d'entre elles ont un revenu net après impôts et transferts sociaux de moins de 1315 € mensuel. Par contre, selon l'INSEE, les revenus des 10% les plus riches sont quand même de 33 190 €/mois.

De plus, les coûts des produits de consommation de base se sont envolés depuis 9 ans dans certaines catégories (achats de logements, voyages et transports, hôtellerie, gaz et pétrole, réparation automobile, maisons de retraite, produits alimentaires, matières premières, etc.). Ce processus est surtout très visible depuis fin 2007 où les prix augmentent de manière progressive et même de façon vertigineuse pour certains produits.

La situation des investisseurs étrangers en France et des investissements français à l'étranger

Avec un peu de recul on peut constater que le système français privilégie les capitaux sur les investissements. Ainsi la France est un pays très accueillant pour les capitaux étrangers avec un taux d'épargne des plus élevés. Par exemple 47% du capital des 40 premières entreprises françaises, celles de l'indice boursier du CAC 40, est étranger contre à peine un tiers il y a dix ans.

D'autre part, notons que la France est au deuxième rang mondial des investissements venant de l'étranger. Cela signifie que nos entrepreneurs sont très présents à l'étranger, certainement parce que le coût social est très élevé en France.

Nous n'allons plus pouvoir continuer à favoriser autant les revenus du capital par rapport aux revenus du travail. Ces trente dernières années, les revenus du travail ont baissé de 17%, quand les revenus du capital ont progressé de 22%. Quand on voit la crise financière actuelle, on sent bien que la correction va se faire essentiellement à ce niveau-là, afin de revenir à une société plus réelle que virtuelle.

La situation de l'économie mondiale de croissance

Grâce à la forte croissance des marchés Asie et Amérique du Sud, ces dernières années la croissance mondiale de l'économie n'a jamais été aussi forte depuis 30 ans, avec un taux annuel mondial de progression de 5% par an. Ce taux ne conduit pas à une croissance linéaire mais en réalité à une croissance exponentielle qui est aussi aberrante que celle de notre système monétaire suicidaire.

Par ailleurs, du fait du système monétaire de l'argent rare qui a tendance à s'agréger par effet Pareto dans les mains de quelques-uns seulement, les inégalités ne cessent de s'accroître. Un milliard de personnes vivent avec un revenu inférieur à 1 dollar par jour alors que les 400 personnes les plus riches du monde ont un patrimoine supérieur au revenu annuel cumulé de 45% des habitants les plus pauvres. Certes, depuis 1990 certains pays sont devenus globalement beaucoup plus riches, comme le Brésil, l'Afrique du Sud, l'Inde, la Chine. En revanche, 40 autres pays sont devenus plus pauvres. C'est une loi implacable qui provient directement du système monétaire suicidaire que nous avons bâti. Le poids de la dette sur les pays pauvres s'est accru. Pour 1$ emprunté en 1980 par ces pays, 11$ ont déjà été versés et 4 $ sont encore dus, ce qui n'est pas supportable. À la fin des années 2006, le poids de la dette en pourcentage du P.I.B. était de 72% pour la zone euro (66% pour la France, 107% pour l'Italie, 68% pour l'Allemagne, 90% pour la Belgique).

Cependant cette croissance des marchés va connaître un coup de frein brutal en 2009 compte tenu de la crise monétaire durable. Il y a par exemple de grandes chances que l'élan de croissance chinois soit grandement freiné et qu'il oblige ses dirigeants à se tourner vers l'Europe pour bâtir un nouvel étalon monétaire stable autre que le dollar. Quand les classes dirigeantes américaines seront contraintes à comprendre que les USA ne sont plus ce qu'ils étaient et qu'ils doivent réajuster leur niveau de vie à ce qu'ils peuvent se permettre (très forte dévaluation du dollar ou cessation de paiement de l'État, hausse des impôts, réduction drastique des budgets dont le budget militaire, hausse drastique du chômage) une nouvelle donne géostratégique pourra naître. Augurons qu'elle se fasse avec d'autres règles du jeu et surtout une conscience basée sur le véritable bien-être durable et les lois de l'énergie que l'on connaît en physique de la matière (cf. p 207-209).

Pour cela chacun doit s'y préparer à son échelle, y compris les pays africains d'Afrique de l'Ouest et d'Afrique centrale qui peuvent se regrouper avec leur grand frère d'Afrique du Sud et constituer un fonds garanti par la richesse des immenses ressources minières et énergétiques dont ils disposent, un fonds stable pour créer leur propre monnaie. Il y a fort à parier que la monnaie qu'ils créeront sera une puissante locomotive s'ils ne retombent pas dans le même piège que l'Europe leur a tendu à la conférence de l'Afrique occidentale réunie à Berlin du 15 novembre 1884 au 26 février 1885. Car c'est depuis cet Acte Général fondateur qu'ils ont été dépouillés de leur ressources jusqu'à aujourd'hui. Ainsi donc, cette monnaie africaine adulte et forte de ses expériences de « coopération » avec l'Europe pourra être adossée au panier des monnaies européennes, chinoise, russe brésilienne et indienne. Elle servira à fonder la future devise mondiale de référence encore inexistante aujourd'hui. **Il est peut être là le véritable vent chaud de l'Afrique, ce vent appelé Harmattan qui verra la renaissance entière d'un continent longtemps spolié et oublié.**

Domaine de l'emploi

Avec un coût social exorbitant en France comme nous l'avons déjà dit, nous remarquons qu'il y a eu 27 milliards d'euros d'aides supplémentaires pour lutter contre le chômage en 10 ans, soit + 60%, pour un même nombre de chômeurs officiels de 2,7 millions. Le résultat est visiblement improductif. Mais nous nous en serions doutés vu que l'origine du chômage est structurellement fabriquée par le système de production de notre société mondialisée de croissance à outrance.

En matière de travail, on observe un décalage entre trois groupes de français : 25% de fonctionnaires protégés, 20% de personnes sans activité et mal soutenues, les 55% restants regroupant les actifs vivant dans l'univers du libéralisme économique, c'est-à-dire un univers fait de risques et de challenges positifs mais aussi d'incertitudes et de non-protection.

Avec un taux de chômage d'environ 8%, la France se place au $20^{\text{ème}}$ rang européen sur 25. Pour comparaison, le Royaume-Uni compte 5,5% de chômeurs. Or il s'avère que le taux français ne tient pas compte des 2,4 millions d'adultes supplémentaires sans revenu ou qui ne disposent que du RMI ou équivalent, puisqu'en France seuls 25 millions sur les 30 sont des actifs occupés. Donc 5 millions ou 17% des adultes sont au chômage ou sans activité, alors que parmi les actifs occupés, 25% sont fonctionnaires (soit 6 millions), ce chiffre étant sans cesse croissant. Il est à noter que ne peuvent être au chômage ou au RMI ou sans activité que les actifs non-fonctionnaires. Ce qui fait qu'au bilan on obtient 27% de la population active non-fonctionnaire concernée par un risque de chômage, comparé à 6,4% en Grande Bretagne sur les mêmes bases.

Le ressort du système favorisant l'emploi est donc définitivement cassé en France et il y a peu de chances qu'il évolue favorablement dans les quelques mois à venir compte tenu de la crise globale qui se profile à l'horizon. Il n'évoluera pas tant que l'on ne considèrera pas un nouveau contrat social prenant en compte une véritable volonté de bâtir une société du bien-être durable.

Du coup, les jeunes sans qualification sont 40% à être au chômage trois ans après leur sortie du système scolaire.

Qui plus est, 7 ans après leur création, les entreprises françaises n'ont accru leur effectif que de 7% contre 22% en Allemagne et 126% aux USA.

Le syndicalisme est moribond et ne joue plus son rôle salutaire d'aiguillon de l'entreprise. En effet, avec un taux de syndicalisation d'à peine 8%, il n'y a que 1,8 million de syndiqués en France contre 2,8 millions de patrons. Et contrairement à l'idée reçue, le nombre de jours de grève en France fait partie des plus faibles d'Europe, avec de très fortes disparités selon les régions françaises et les professions. En tout cas il est presque 6 fois moindre qu'au Danemark. Ces données peu connues sont généralement masquées pour ne pas ternir l'aura syndicale française et pour faire croire qu'il existe une contre-force, alors qu'elle n'est plus que l'ombre d'elle-même. La docilité de la majorité des Français est un signe alarmant de résignation désabusée et de démotivation croissante pour leur travail.

Domaine des petites entreprises

Les petites entreprises françaises sont de plus en plus fragilisées et en très forte réduction.

La France compte 2,5 millions de dirigeants de petites entreprises, dont 35% d'artisans. Et l'ensemble des artisans rencontre des problèmes de charges élevées, de pénurie de main d'œuvre qualifiée et motivée, de difficultés de cession.

Il y a 40 ans, il n'existait pratiquement pas de chômeurs en France. Il y avait 3 fois plus d'artisans et de commerce de proximité et 3 fois plus d'agriculteurs que maintenant.

Or depuis 30 ans, on constate le développement fulgurant des grandes surfaces avec 1 million de m^2 de grandes surfaces en plus par an. La création des premières grandes surfaces en 1964 est d'ailleurs voisine de celle de l'ANPE (1967).

Domaine des associations

Notre système associatif est varié mais comme il est non interfacé avec la politique, il n'est pas suffisamment acteur pour humaniser un système français lent et aujourd'hui sclérosé.

De plus, la tendance actuelle signale un recul du bénévolat qui peut s'expliquer par les lourdeurs administratives, les soucis de responsabilités juridiques et plus globalement par une vie actuelle tournée vers l'individualisme plus que vers le collectif.

Cependant, il existe en France 1 million de petites associations comprenant 12 millions de personnes (soit 28% des adultes) parmi lesquelles on compte plus de 9 000 associations de solidarité. À noter que 170 000 associations emploient 1,6 millions de salariés et gèrent un budget total de 47 milliards d'euros. On peut donc parler d'une réelle force économique qui mériterait d'être bien davantage valorisée.

Domaine des énergies

Dans les pays industrialisés on constate un manque d'autonomie énergétique, l'existence d'énergies très polluantes et des gaspillages conséquents. Par exemple, 20% de la population mondiale consomme 80% de l'énergie disponible. La France fait partie de ces 20% qui ont en fait bien plus que le nécessaire en matière énergétique. Les Américains, qui représentent $1/20^{\text{ème}}$ de la population mondiale, utilisent à eux seuls un quart de la production énergétique. Il y a 50 ans, un ménage moyen français dépensait 10 fois moins d'énergie qu'aujourd'hui. Où sont les besoins réels ? Dans la quantité d'énergie consommée ou dans l'énergie utilisée pour fabriquer les produits de consommation ? En tout cas, la facture énergétique de la France est élevée. Elle a coûté 46 milliards d'euros. Qui plus est, compte tenu du fait qu'il s'agit d'énergies fossiles pour la plupart, la facture des dépollutions à entreprendre en aval ajoute encore 35 milliards d'euros au bilan du coût énergétique (1/3 pour les eaux usées, 1/3 pour les déchets). La consommation d'énergie primaire en France dépend pour 33% du pétrole, pour 40% de l'électricité issue des centrales nucléaires, pour 15% du gaz, pour 5% du charbon. Il ne reste que 5% qui est obtenu à partir des énergies renouvelables thermiques et des déchets et 2% seulement qui vient du photovoltaïque, de l'hydraulique et de l'éolien.

De plus, nous avons 58 réacteurs nucléaires fonctionnels en limite d'âge. Le programme EPR (European Pressurized Water Reactor) de renouvellement des centrales nucléaires est peu novateur, très coûteux et, ce qui est plus inquiétant, ne garantit pas plus la sûreté et la sécurité qu'avant. Même avis aux USA de la Nuclear Regulatory Commission, l'équivalent de notre Autorité de Sûreté Nucléaire français en matière d'homologation des nouveaux réacteurs Westinghouse AP-1000, concurrents de l'EPR. Indépendamment des surcoûts pharaoniques d'un tel programme payé par les contribuables américains, la certification est bloquée par la NRC parce que des centaines de composants cruciaux du modèle restent non homologués à ce jour (bâtiment réacteur, salle de commande, système de refroidissement, plans d'ingénierie, systèmes d'alarmes, tuyauteries et circuits électriques). Et que penser des risques maintenant mieux connus d'un accident du type Tchernobyl dont les effets dévastateurs continuent d'agir encore 22 ans après : mortalité directe de 10% des 444 000 liquidateurs en 15 ans, invalidité grave de 146 000 personnes, recrudescence des maladies dues aux fortes doses pour les 9 millions de personnes vivant toujours dans des zones à haut niveau de radioactivité (cancers, mortalité périnatale et infantile, malformations, troubles et retard du développement mental, maladies neuropsychiques, cécité et maladies des systèmes respiratoire, cardiovasculaire, gastro-intestinal, urogénital et endocrinien, effet génétique des faibles doses qui sont suspectés perdurer pour les générations futures) ? Pourquoi poursuivre un programme nucléaire dépendant à 100% d'un uranium importé dont les cours s'envolent du fait de son enjeu économique capital ?

Le programme de démantèlement des centrales nucléaires est quant à lui démesurément coûteux par rapport à ce que la commission de production d'électricité d'origine nucléaire (PEON) avait prévu au départ (par exemple 20 fois plus cher pour le démantèlement partiel de Brennilis qui n'est qu'un petit réacteur de 70 MW). Ce programme de démantèlement pose surtout d'innombrables problèmes techniques pour obtenir un démantèlement total dans des conditions de sécurité et de sûreté satisfaisantes.

Le programme d'enfouissement des déchets radioactifs est une gageure technologique censée tenir plus de 10 000 ans à l'abri des problèmes géologiques. Qui peut le garantir vraiment ?

Compte tenu de toutes ces réalités, du vieillissement du parc et de la croissance actuelle des incidents et accidents nucléaires (évalués par une échelle INES des risques qui ne permet qu'une appréciation subjective et minimisée des évènements), plus des 2/3 des français se sont prononcés contre le développement de l'énergie nucléaire. Et pourtant le décret favorisant le programme EPR est passé début 2007 et le gouvernement actuel s'est lancé dans un développement international du nucléaire civil à grande échelle. Le lobby du nucléaire, très implanté en France, auprès des membres de l'Assemblée Nationale et du Sénat entre autres, avait déjà décidé seul de proposer la construction de l'EPR avant la tenue d'un débat public sur le sujet, alors même que la convention internationale d'Aarhus, portant sur l'accès à l'information, la participation du public au processus décisionnel et l'accès à la justice en matière d'environnement, ratifiée par la France en février 2002 l'y oblige. Ce même lobby est arrivé jusque-là non seulement à museler les médias mais aussi à supprimer le sujet nucléaire du Grenelle de l'environnement, ainsi qu'à interdire la représentativité de la fédération des 834 associations du Réseau Sortir du Nucléaire. Cependant, il est hautement improbable qu'il puisse tenir ce genre de position suicidaire encore quatre ans, d'une part à la vitesse où les prises de conscience de nos concitoyens se font aujourd'hui et d'autre part parce qu'il n'existe pas encore au monde de nouveau modèle de réacteur certifié en construction et au coût de fonctionnement démontré. Seulement d'ici quatre ans, les milliards d'investissement prévus pour le projet EPR grèveront encore plus la potentialité d'un budget alloué au domaine des énergies renouvelables, d'autant que la construction du premier réacteur de nouvelle génération EPR en est à plus de 2 ans de retard et 2,5 milliards de surcoût sur les 3 à 4 milliards initiaux.

En France, le secteur le plus vulnérable vis-à-vis du pétrole est celui des transports, qui à lui seul est responsable à 53% de la consommation totale de pétrole et qui dépend à 95% des produits pétroliers. Quand on observe les procédés mis en place pour le développement et la production de la majeure partie des agro-carburants industriels, on constate qu'ils sont contraires à la vie. Seule l'utilisation locale de certaines huiles végétales biologiques comme le colza est soutenable car elle favorise l'autonomie. La production d'agro-carburants de manière générale appauvrit la terre, l'eau, l'air. Par exemple, la fabrication d'un litre d'éthanol de maïs nécessite 2,37 kg de maïs transgénique, la consommation de 500 g de charbon et entre 1 200 et 3 600 litres d'eau. Le coût d'un seul plein de 4x4 à l'éthanol au maïs correspond à un an de consommation en maïs pour un mexicain et 12 ans de consommation d'eau au seuil minimum fixé par l'OMS.

D'autre part, on peut noter que chaque produit vendu en France effectue une moyenne de 900 km de transport entre son lieu de production initial et le client final, ce qui est au moins 9 fois trop. Tous ces trajets concourent à accroître notablement les besoins en pétrole, ainsi que la consommation d'oxygène (la consommation en oxygène d'un homme par an est la même que celle d'un véhicule en 10 000 km).

Nous continuons à utiliser toutes ces énergies polluantes et pourtant il y a une volonté affichée de 84% des français d'aller vers les énergies renouvelables et la maîtrise de l'énergie. L'inertie de l'État sert qui, quoi et pour encore combien de temps ? Ne serait-il pas temps, compte tenu de la crise majeure de nos économies, d'en profiter pour réviser nos habitudes, notamment alimentaires, pour consommer majoritairement ce qui est produit en local ?

Domaine de l'habitat et de l'urbanisme

Nous avons une France à trois vitesses sur un plan du logement. La première concerne les 25 millions d'adultes français qui sont propriétaires ou plutôt propriétaires de leur crédit immobilier, soit 57% des adultes (à peine la moitié des célibataires contre 3/4 des couples). La flambée des prix de l'immobilier a conduit à une hausse moyenne de 100% de la valeur patrimoniale des maisons entre 1998 et 2004 et de 120% pour les appartements. Mais aujourd'hui on assiste brutalement à l'effet inverse, que cela soit dans le secteur du neuf ou de l'ancien, depuis la crise des sub-primes de l'été 2007. Deuxième vitesse : 9 millions de français sont locataires d'un logement décent. Troisième vitesse : les 9 millions de locataires français restants présentent par contre des problèmes de non-conformité de leur logement, voire d'insalubrité pour 1 million d'entre eux. C'est dans cette catégorie-là que l'on retrouve majoritairement les 7,9 millions de personnes en dessous du seuil de pauvreté et 1,1 des trois millions de smicards. 5 millions de ces locataires de cette 3ème France habitent des zones urbaines sensibles (1/3 de jeunes). Plus de la moitié des appartements de ces zones sensibles sont vandalisés pour plus de la moitié des ménages. La France compte en outre presque 100 000 sans abris et le nombre des expulsions a presque doublé en 5 ans (10 000/an). C'est cette catégorie qui fait que la France est estimée au niveau européen comme un pays déséquilibré sur le plan du bien vivre ensemble (20ème sur 25). La France possède d'un côté 2 millions de logements vacants et de l'autre une pénurie d'un million de logements.

De plus, les logements français sont très mal isolés sur un plan thermique, avec des gaspillages d'énergie conséquents. L'habitat, qui absorbe 40% de la consommation d'énergie, est responsable d'un quart de l'impact négatif sur l'effet de serre. Les transports absorbent eux seulement 25% de cette consommation d'énergie. En outre, 100 millions de m^2 de toits sont inexploités, soit à peine 1 pour 10 000 ou 13 fois moins qu'en Allemagne. Avec la récupération de 600 litres d'eau/an/m^2 et un toit de 100 m^2, on pourrait couvrir la moitié des besoins d'une famille de 4 personnes.

Domaine de la santé

Depuis quelques années on parle très souvent de l'écologie de la planète. C'est une bonne chose. En revanche presque personne ne parle de l'écologie de la santé. Or avec un projet de civilisation centré sur le bien-être durable pour chacun, la santé devient un domaine central à ausculter et à améliorer.

Les scientifiques font désormais un lien indiscutable entre la pollution, les effets du stress, les mauvaises habitudes alimentaires et la plupart des maladies dites de société. D'autre part, la conception même de la prévention et de la prise en charge de la maladie génère des problèmes de santé parfois très graves. Dans le système de santé actuel, nous cherchons à éradiquer les microbes qui sont pourtant indispensables à la vie, à tuer les bactéries, comme nous l'avons fait pour les mauvaises herbes qui sont maintenant devenues résistantes. Ainsi, aujourd'hui les insectes sont devenus résistants aux produits chimiques, les microbes sont devenus résistants aux antibiotiques, etc.

Nous sommes, depuis la guerre de 1870, du temps de Pasteur notamment, dans une politique de guerre. Et une politique de guerre, de résistance, ça ne fonctionne pas avec la nature. Alors, changer de logique et de politique sanitaire va s'avérer nécessaire pour passer d'une politique de la maladie à une politique de la santé.

Il conviendra de favoriser une cohabitation harmonieuse et en symbiose avec notre écosystème et nous-mêmes, de **chercher aussi le « pourquoi » d'une maladie avant de chercher le « comment » la soigner.** C'est le même raisonnement qu'avec la faillite de notre système monétaire qui gangrène toute une économie et l'ensemble de la société occidentale.

Comme le dit Gilles Éric Séralini[12-48], nous aurons aussi à nous pencher sans angélisme ni naïveté sur le fait que *« les 8 plus grands vendeurs de médicaments de la planète sont aussi les plus grands vendeurs de pesticides et en même temps les plus grands vendeurs mondiaux d'OGM »*, ces clones chimériques brevetés. À qui profite la maladie ?

Quel est dans les faits l'état du système sanitaire français ? Nous dépensons des milliards et des milliards d'euros pour soigner les gens et pourtant les Français sont de plus en plus malades. **Les Français sont même les champions du monde de la maladie.** L'enquête décennale 2007 de l'INSEE donne les chiffres vertigineux suivants : 7 français sur 10 déclarent souffrir d'au moins une maladie ou un trouble de santé sérieux, une maladie chronique dans la plupart des cas. Chaque personne déclare en moyenne 2,9 troubles de santé à un instant donné et ce chiffre grimpe à 6 pour les personnes de plus de 80 ans. De plus, aujourd'hui il y a le fait nouveau que ce sont de plus jeunes enfants qui sont atteints de maladies graves et rares. **Qui sommes-nous pour laisser ainsi mourir nos enfants ou les enfants des autres sans réagir collectivement ?** Qui va oser regarder en face, à son échelle les conséquences des actions qu'il génère, sans rejeter la faute sur les autres ou le système ?

1-Excès de médicaments

La France est championne du monde de la consommation de médicaments, avec 4 fois plus de médicaments que les Anglais, 2 fois plus que les Américains. Cela représente quand même 170 milliards d'euros ou 57% du budget de la France. Et pourtant, la France est le pays d'Europe qui consacre le moins de temps à la formation en pharmacie des étudiants en médecine. La France est aussi championne du monde de la consommation d'antibiotiques (5 fois plus d'antibiotiques par habitant que la Hollande) et de psychotropes (4 fois plus que la moyenne européenne, 5 fois plus que les USA). En France, 5% des décès sont dus aux maladies nosocomiales et aux effets secondaires des médicaments (25 000 morts par an, soit 5 fois plus que les accidents de la route).

La France est championne du monde en matière de coût social (Sécurité Sociale) et seulement 2 à 3% des dépenses de santé servent à la prévention, une prévention qui n'en est pas vraiment une d'ailleurs car elle rime plutôt avec dépistage.

2-Affaiblissement du terrain immunitaire

En France, les décès par maladie infectieuse représentent 2 fois ceux causés par accident de la route, ce qui montre que malgré des campagnes de vaccination obligatoires, les maladies ne sont toujours pas éradiquées. Or lorsqu'on analyse attentivement de manière rigoureuse et scientifique ce domaine depuis l'origine du principe vaccinal, on trouve bien des choses à redire, en particulier sur le tempérament et les procédés de Pasteur. Louis Pasteur, qui était médicalement parlant affecté d'un trouble mental sévère de nature à empêcher sa créativité pendant la période où il a fait ses recherches sur les vaccins, a été connu pour ses escroqueries, comme les biographes en témoignent. De plus en plus d'experts indépendants mettent en évidence la nécessité de remettre en cause le mythe pasteurien, ainsi que le dogme vaccinal, l'inutilité et la dangerosité des vaccins devenant de plus en plus manifeste. Les experts démontrent que **le rapport bénéfices/risques en matière vaccinale est très faible et que le rapport coût/bénéfice est très élevé pour la société**. Maintenant qu'on connaît mieux la science de l'immunologie et que l'on sait que la réponse immunitaire est conditionnée par le système HLA (Human Leucocyte Antigen), qui est unique à chaque être humain, on découvre qu'il est aberrant de bâtir des systèmes de vaccination massifs pour des individus tous différents. Et pourquoi avoir recours à ces vaccinations massives quand on sait par avance que la vaccination ne peut pas marcher pour tout le monde ? Pourquoi avoir recours à des vaccinations massives quand on sait que plus on augmente la couverture vaccinale, moins les sujets vaccinés vont avoir la possibilité de rencontrer la bactérie ou le virus sauvage ? Quand on dispose des informations les plus complètes sur le sujet, on se demande même pourquoi il y a tant d'acharnement à vacciner la population. Quand on connaît beaucoup mieux les effets pervers des vaccinations, dont la contamination des vaccins par des virus, des protéines ou de l'ADN pathogène et quand on sait que la part des vaccinations dans la régression des épidémies est quasi nulle, on ne peut que demander à l'État d'arrêter cette immense erreur médicale et de prendre la mesure de sa responsabilité avant que la population se retourne contre ses dirigeants de façon toute logique. Car en effet, pourquoi en cas d'accident vaccinal est-ce à la victime de prouver la relation entre les troubles dont il ou elle souffre et la vaccination ? Pourquoi en cas de condamnation sur un tel sujet sensible de santé publique, n'y a-t-il que des peines financières les plus souvent dérisoires et aucune peine pénale ? Pourquoi le gouvernement se cantonne t-il au financement d'une partie de la recherche et à la subvention du vaccin par la Sécurité Sociale ? Il est clairement démontré aujourd'hui que cette intrusion vaccinale, qui modifie durablement le terrain et inocule par le biais des additifs ou des conservateurs de nombreux polluants hautement toxiques (comme par exemple de l'hydroxyde d'aluminium, des hormones probiolactines cancérigènes, du mercure, du formol, des antibiotiques, du phénoxy-éthanol toxique, de l'albumine) est immuno-déprimante à moyen terme (réduction de l'immunité globale). Avec tous les effets indésirables dus à la composante faisant réagir le système immunitaire cellulaire, les effets indésirables dus à la composante donnant l'immunité humorale, les effets indésirables dus aux additifs et à des résidus de fabrication voire des contaminations éventuelles, la vaccination est donc incompatible avec le maintien d'un terrain immunitaire sain, comme nous le précisent le Pr. Michel Georget[16] du CRII-GEN et Sylvie Simon[12-48]. C'est d'autant plus vrai que la vaccination suscite aussi le déplacement d'équilibres écologiques et des recombinaisons virales potentiellement encore plus dangereuses. De plus en plus d'enfants se trouvent de nos jours confrontés à des séquelles vaccinales lourdes. C'est le cas d'une partie des autistes (quand même 1 enfant sur 150 en France actuellement) avec le mercure présent soit dans les vaccins, soit dans les processus de fabrication des vaccins tels que le ROR et le BCG. C'est aussi le cas des individus qui ont développé une sclérose en plaque suite à l'inoculation du vaccin de l'hépatite B. Selon un nombre grandissant d'experts indépendants et en particulier les experts en cancérologie tels que le professeur Belpomme[12-48], un enfant ne devrait pas être vacciné avant l'âge de 2 ans minimum (et même 7 ans et au cas par cas si l'on suit les recommandations du Dr Eric Ancelet), tant que l'immunité naturelle de l'enfant n'est pas atteinte. C'est-à-dire tant que son système immunitaire n'est pas complètement fonctionnel pour lui permettre d'une part de reconnaître puis de différencier les cellules qui font partie intégrante de son organisme de celles issues du monde extérieur, et d'autre part d'être prêt à faire face en cas d'agression. Mais fait-on systématiquement une enquête ou un bilan immunologique avant de vacciner, quand on connaît maintenant les risques graves à ce sujet ? Est-on bien sûr que le vaccin original ciblé auquel a été soumis l'enfant dès son plus jeune âge correspondra plus tard au virus rencontré ? Du coup, en quoi les vaccins sont-ils utiles quand on sait que depuis des millénaires les animaux et les humains ont toujours été protégés par l'immunité naturelle de leur mère ? Pourquoi utiliser une immunité artificielle de moindre durée et de moindre qualité que l'immunité naturelle ? Le principe de faire la guerre au niveau biologique pour obtenir une immunité artificielle est-il un bon principe, surtout quand on le fait en attisant la peur ?

Ainsi, à cause d'un terrain immunitaire dégradé qui est une des conséquences directes connues des vaccinations on observe le fort accroissement des maladies auto-immunes. C'est le même constat que pour l'agriculture intensive : en oubliant de traiter le terrain, notre humus corporel, nous détruisons la vie en nous et nous favorisons la baisse de notre immunité. Voilà pourquoi la France compte aujourd'hui 6 millions de personnes atteintes de maladies auto-immunes. De plus, pour les mêmes raisons vaccinales on observe des problèmes allergiques en très forte croissance (les spécialistes estiment que ceux-ci vont atteindre 50% de la population française d'ici 10 ans), une hausse des cas d'asthme et une sensibilité accrue aux ondes électromagnétiques. Ce dernier thème de santé publique mériterait à lui seul une analyse détaillée surtout quand on connaît mieux maintenant l'effet pervers des faibles doses de rayonnements, qu'ils soient ionisants ou non ionisants sur la santé. Il sera nécessaire dans les futures études sur les rayonnements de ne pas seulement tenir compte de la dose reçue mais aussi d'intégrer le débit de dose dans le temps et encore plus la dose d'énergie reçue par unité de surface. Car c'est cette dernière qui est le discriminant majeur permettant de faire une analyse objective des pathologies rencontrées. Malheureusement, les normes et les mesures expérimentales sont encore très loin de prendre en compte cette dose spécifique d'énergie par unité de surface et par unité de temps (cf. les dernières recommandations de la CIPR [Commission Internationale de Protection contre les Rayonnements] de 2007 en matière de rayonnements ionisants).

3-Ignorance et discrédit des médecines naturelles
La très grande majorité des thérapies et des médecines naturelles holistiques est encore ignorée voire lourdement estampillée de charlatanisme ou de secte par les instances médicales officielles et le gouvernement. Bien que certaines de ces approches soient pratiquées ailleurs depuis des siècles, voire des millénaires, malgré le fait que des thérapies naturelles diverses soient reconnues et prises en charge dans d'autres pays européens, l'attitude des officiels français est un signe d'ignorance et de déni de plus en plus flagrant face

à une population française très demandeuse de ces alternatives à la médecine officielle, les preuves de leur efficacité concrète ayant déjà traversé les frontières.

4-Hospitalisation de la naissance

La France est championne du monde des procréations médicalement assistées - et donc des naissances prématurées - puisqu'il existe un lien de cause à effet. Elle est aussi championne du monde des naissances par péridurale avec un taux record de 90%. On constate aujourd'hui que cette technique développée à outrance au nom du soi-disant progrès contre la douleur engendre insidieusement une cascade d'effets secondaires sur la santé physique et psychique des enfants et de la maman. En France, seuls 1 à 2% des couples se préparent réellement à l'accouchement pour qu'il s'effectue de la manière la plus naturelle possible. Contrairement à d'autres pays tels que la Hollande, où la naissance s'effectue encore majoritairement à domicile (33%) en étant supervisée par des sages-femmes avec des taux de prématurité, de césarienne et de mort naturelle les plus bas du monde, le processus de naissance en France est surmédicalisé, avec un taux de mortalité infantile et maternelle qui est plus élevé que dans nos pays voisins. On arrive à se demander si en France la parturiente est considérée comme une patiente malade ou comme une jeune femme donnant la vie selon un processus initiatique millénaire. Par ailleurs, on observe une croissance soutenue de l'infertilité, qui incrimine principalement les produits chimiques divers auxquels les humains sont à l'heure actuelle soumis. L'infertilité affecte aujourd'hui 20% des couples dans les pays industrialisés et elle augmente encore plus vite que l'industrialisation de ces pays (mesurée par le Produit intérieur brut par habitant). Si on continue, certains experts estiment qu'en 2060, l'infertilité pourrait presque être totale dans les pays industrialisés.

5-Envolée des maladies mentales

Depuis que les conditions de notre mode de vie occidental se sont accélérées sous le double effet du stress et de la modernisation et surtout depuis la pratique vaccinale intense où sont injectées des doses d'hydroxyde d'aluminium sans commune mesure dès le plus jeune âge, nous observons l'apparition de maladies mentales nouvelles, notamment dans tous les pays industrialisés. Les maladies mentales et du comportement ont pris une place de plus en plus grande dans les pathologies recensées. C'est ainsi que 1,6 million de personnes présentent une pathologie du cerveau, dont la maladie d'Alzheimer (800 000 cas recensés en France), une maladie qui apparaît désormais dès 40 ans. À noter que cette maladie, présente sur tous les continents et surtout là où l'espérance de vie est élevée, est en train de devenir un problème de santé public mondial (12 millions de cas prévus aux USA d'ici 2050). Avec plus de 2% de la population française touchée par cette pathologie lourdement handicapante, cela commence à représenter un seuil important.

Par ailleurs, la France est aussi malheureusement tristement connue pour ses internements psychiatriques abusifs estimés selon les associations d'anciens patients, comme le Groupe information asiles, entre 15 et 20%. La médecine française a en effet cette particularité d'être celle qui est la plus condamnée par la Cour européenne des droits de l'homme pour des contentieux relatifs à la psychiatrie (33 condamnations au second semestre 2000, par exemple). De même le nombre de ces internements ne cesse de croître : en 2000 il y a eu 52 000 hospitalisations forcées, soit une augmentation de 45% par rapport à 1988. La situation de la psychiatrie française est devenue explosive, d'une part à cause d'une hausse des effectifs de gardiennage et de sécurité conjuguée à une forte baisse des effectifs de personnels soignants qualifiés et d'autre part à cause d'un volume d'hospitalisations croissant et de patients de plus en plus gravement atteints.

6-Banalisation des effets du stress et des problèmes de sommeil

Dans un autre domaine de la santé tout aussi fondamental on remarque aujourd'hui qu'un tiers des français souffrent de problèmes de sommeil et que 10% de la population se plaint même de problèmes chroniques du sommeil.

C'est sans compter ceux qui sont soumis à un fort stress récurrent et qui ne sont recensés quasiment nulle part, à part au niveau de l'Institut français du stress qui met en évidence qu'une femme salariée sur trois et un homme salarié sur cinq sont malades du travail.

7-Pandémies des sociétés occidentales

À l'heure actuelle, il existe 2 pandémies qui déciment 59% des Français : 29% des décès sont dus à un cancer, 30 % des décès sont dus à des maladies cardio-vasculaires ou circulatoires. Il est à remarquer que les cancers sont uniquement des maladies des sociétés développées sur un mode occidental. Ils n'existent pas dans d'autres sociétés. Dans certaines zones rurales de Chine, les médecins ne sont pas arrivés à déceler un seul cas de cancer du sein par exemple. Cependant les Chinoises ne sont pas plus protégées par leurs gènes, puisqu'elles sont sujettes dans les mêmes pourcentages que les autres au cancer du sein lorsqu'elles sont amenées à vivre dans les sociétés occidentalisées. Les maladies cardiovasculaires seraient quant à elles très favorisées sur un terrain stressé avec en sus une alimentation riche en graisses et en sucres. Les graisses concernées sont les acides gras saturés d'origine animale, les acides gras « trans. » ayant changé leur conformation moléculaire spatiale après cuisson ou le déséquilibre en oméga 6 favorisant les processus inflammatoires. Quant au sucre, le Français est passé d'une consommation de 5 kg de sucre par personne et par an au XIXème siècle à plus de 70 kg aujourd'hui. Les édulcorants de synthèse comme l'aspartame sont de véritables poisons neurotoxiques, dont on commence seulement à citer les effets pernicieux ces dernières années.

D'autre part, on répertorie 3 pandémies qui sont invalidantes et qui représentent 12% des décès : les maladies mentales et du comportement, les maladies nerveuses et l'obésité. L'obésité en France, concerne actuellement 15 millions de personnes qui ont une surcharge pondérale déclarée et ce chiffre croît très rapidement de 5% par an. Ce chiffre n'est certes pas à sous-estimer quand on apprend, par les experts en cancérologie par exemple, que ce sont les tissus adipeux qui stockent les substances chimiques, concentrent les polluants jusqu'à bloquer les phénomènes de lipolyse et favoriser le développement effréné des adipocytes, les cellules incriminées dans l'obésité.

En France, le coût des arrêts maladie a augmenté de 46% en 5 ans (entre 1997 et 2002), avec 200 millions de jours maladie indemnisés au titre de 6,7 millions d'arrêts de travail. C'est dire si nous nous portons bien dans notre pays.

De plus, le taux de suicide français est très élevé par rapport au niveau européen. Il vaut 2 fois les accidents de la route, avec 150 000 tentatives avérées, et le taux de suicide chez les jeunes est préoccupant.

8-Manque drastique de certains soignants

Concernant l'équipe de nos soignants, il existe une grande disparité des médecins en France, où Paris en concentre parfois 7 fois plus que certains autres départements.

On observe aussi une raréfaction critique du nombre de chirurgiens pour les cinq prochaines années. Cette raréfaction traduit la démotivation d'une profession dont le contexte financier et de travail s'est notamment dégradé du fait de la mise en place de systèmes d'assurances et de protection des chirurgiens en cas de recours judiciaire des patients.

Notre système hospitalier devient quant à lui polarisé par un souci plus gestionnaire que sanitaire. Il est en manque cruel de personnel soignant. Le problème récurrent portant sur le manque d'infirmières, d'infirmiers ou d'aides-soignants, sur la valorisation de leurs conditions de travail, est une belle illustration de ce malaise.

Voilà pour le très lourd bilan en matière de santé.

Domaine des personnes handicapées

Force est de constater que les personnes handicapées sont peu ou mal insérées dans notre société.

La France, compte 6 millions de personnes handicapées, dont seulement 2,3 millions touchent une allocation due à leur handicap, au demeurant souvent excessivement faible. Les personnes handicapées sont encore trop peu insérées à l'école ou dans le monde du travail. Malgré la loi, à peine la moitié des entreprises obligées d'embaucher, à temps partiel ou à temps plein, 6% de travailleurs handicapés le font dans la réalité.

De plus, un million de personnes lourdement handicapées n'ont pas d'auxiliaire de vie au-delà de 2 heures par jour, alors qu'elles nécessitent une assistance soutenue. Notre société a-t-elle si peur de voir le handicap dans sa réalité pour chercher à le contenir dans des centres, à l'abri des regards des « biens portants » ? Que faire face au manque de structures d'accueil véritablement adaptées ?

De façon transverse au handicap, 1% de la population française est sous tutelle ou curatelle.

Domaine de l'éducation

Pour goûter au bien-être durable, il convient de proposer aux enfants ou aux jeunes adolescents un réel épanouissement à partir d'expériences de vie initiatiques plus que de savoirs livresques. Seulement, pour savoir comment parvenir à cette étape, il est indispensable au préalable de dresser un état, d'établir un premier bilan.

Nous sommes en France loin d'une situation idyllique en matière d'éducation, d'autant que l'échec scolaire est patent et le système scolaire sclérosé. Un quart des élèves français sortant du primaire ne maîtrisent pas ou plus les bases de calcul et de lecture. Avec son système élitiste, la France est devenue championne du monde du redoublement, puisqu'un tiers des enfants de 15 ans ont redoublé au moins une fois. La correction des effets et non des causes de ces problèmes entraîne des surcoûts très élevés et malheureusement pas de résultats probants. Il y a eu 40% de hausse des dépenses d'éducation par enfant ces quinze dernières années sans que de changements notables au niveau des résultats aient été observés.

Côté universitaire, on constate un manque criant de moyens financiers, puisque l'Université dispose de 35% de budget en moins qu'au Lycée et de 2 fois moins que pour les Grandes écoles. Il existe un manque cruel de moyens techniques et de locaux puisque l'étudiant universitaire évolue en moyenne dans 2,6 m^2, soit dans 4 fois moins que la surface minimum qui est demandée pour un poulet de Bresse d'origine contrôlée AOC !

Côté Recherche, on assiste à un dépeçage de l'outil de recherche publique français au profit d'une recherche privée sans démarche partagée d'éthique face aux produits qu'elle suscite. En effet, la logique commerciale et financière prime la plupart du temps dans le choix et l'orientation des sujets de recherche. On atteint maintenant une part du privé dans la Recherche française qui avoisine les 70%.

Domaine de la famille et de la jeunesse

Nous constatons aujourd'hui une violence quasi omniprésente et en constante augmentation. Ceci est particulièrement vrai chez les adolescents et aussi, fait de plus en plus récent, chez de jeunes enfants. Aucun traitement de fond du problème n'existe à ce jour.

Le taux de crimes et délits en France a été multiplié par 5 en 20 ans (entre 1964 et 1984), avec des écarts selon les régions qui peuvent passer du simple au triple. Et ce sont majoritairement les jeunes hommes adultes qui remplissent les prisons françaises. Le taux de vol a été multiplié par 10 dans le même intervalle de temps et il y a 2 fois plus de jeunes délinquants ces 10 dernières années, avec 25% d'actes recensés comme racistes en plus entre 2003 et 2005.

On peut se questionner sur le rôle et l'influence de toute la sphère audiovisuelle dans cette recrudescence de violence et de délits. S'il est encore trop tôt pour affirmer l'influence de ces images sur le cerveau, que les neurosciences semblent indiquer, il est indéniable de constater que l'augmentation des jeux vidéos et le développement de films où sont privilégiés les effets visuels plus que la qualité d'un scénario, ne peuvent qu'engendrer une agressivité et une forme de dépendance. Ces réactions sont beaucoup plus fréquemment rencontrées chez les garçons qui y sont vulnérables. Il va nous falloir réagir vite au niveau de la société civile pour ne pas se laisser embarquer par l'inconscience de ceux qui estiment en haut lieu qu'il existerait quasiment au berceau une « *voyoucratie* ».

La souffrance est tout sauf une fatalité. Elle peut toucher chacune et chacun de nous, comme nous l'avons démontré dans le chapitre sur la nature humaine. À nous de déployer toute notre humanité pour venir au secours de ces jeunes adolescents blessés afin qu'ils aient eux-aussi accès au bonheur.

En un quart de siècle, le nombre de familles monoparentales a doublé pour représenter aujourd'hui 7 millions d'adultes seuls en charge d'enfants (1 adulte /6). Le nombre de divorces pour 100 mariages est de 38 %. Il existe 3 millions de familles recomposées face à 9 millions de familles non divorcées, 9 millions de femmes célibataires ou divorcées seules, 6 millions d'hommes célibataires ou divorcés seuls, 4 millions de veufs ou veuves.

Quand on analyse de plus près la situation de certaines de ces familles monoparentales, elle est très critique. En effet, 33% des femmes seules et inactives vivent en dessous du seuil de pauvreté, sachant qu'en moyenne une femme gagne 20% de moins qu'un homme en France.

Le milieu familial français a explosé. Les valeurs apportées au sein de la famille sont en pleine déliquescence, du fait d'une démission d'un grand nombre de parents et du fait d'une omniprésence de moyens audio-visuels de substitution à la solde d'une société de consommation devenue folle et malade d'elle-même. Car nous avons une société audiovisuelle sans véritable éthique médiatique affichée et avec de bien maigres objectifs culturels.

Domaine des seniors

Nous constatons que ce domaine est dans un état guère meilleur que celui de notre jeunesse. Une majorité de seniors ne communique pas son expérience de vie aux plus jeunes. La valeur de la transmission orale a perdu de son sens. Avec 13 millions de retraités, dont 2,5 millions de plus de 80 ans, nous mettons au placard une partie essentielle de ce qui fait notre propre richesse. La mort reste un sujet tabou en France comme dans d'autres pays industrialisés. En conséquence, la fin de vie dans nos sociétés dites « modernes » est appréhendée avec anxiété par beaucoup et le passage de vie à trépas a dans bien des cas perdu son humanité. Son coût social est devenu exorbitant.

Dans une société ayant pour idéal le bien-être durable, le voyage dans les plans de conscience permet d'explorer différents mondes intérieurs pour se libérer de son mal-être et de sa peur de la mort. Dédramatiser la mort permettrait à la personne en fin de vie d'envisager son départ de manière beaucoup plus sereine et apaisée.

Dans l'organisation sociale de notre société, nous avons bâti 10 000 maisons de retraite aux pratiques uniquement médicalisées et souvent très déshumanisées. Pourquoi s'efforcer de prolonger la vie si ce n'est pas pour offrir des conditions de vie heureuses à nos retraités ?

Aujourd'hui, 90% des seniors sont sous médicaments et les dépenses pour les personnes en fin de vie représentent désormais plus de 50 % du budget de la Sécurité sociale.

Domaine de la culture

Actuellement, l'absence d'un réel renouveau de la culture française peut être observée du fait que progressivement une partie des valeurs spécifiquement françaises s'est vue ignorée, parfois dépréciée au profit d'une culture anglo-saxonne mondialisée, sur-médiatisée et avec un gros budget axé sur une consommation à court terme.

Du coup, le terreau culturel français n'étant plus valorisé, il a perdu de sa richesse. Petit à petit, on a contribué à l'émergence d'une culture uniformisée et nivelée par le bas. Au lieu de voir davantage de valorisation des artistes, des auteurs, des interprètes, de favoriser une création de qualité et des conditions d'ouverture à l'art sacré, on a peu à peu abouti à une double fragilisation du métier d'artiste du fait de la mutation en cours sur les droits d'auteurs et du fait du statut de plus en plus précaire d'intermittent du spectacle. La culture est devenue le parent pauvre d'une société de consommation et de croissance à outrance.

Domaine de la justice.

Notre Justice française est quasi-lanterne rouge européenne dans un contexte d'inflation des lois, juste devant l'Arménie qui ferme la marche. Nous avons un pouvoir judiciaire pauvre en terme de budget, de nombre de juges, de délai de traitement des affaires.

Pourtant le pouvoir législatif a rajouté ou modifié plus de 600 000 lois et décrets nouveaux en 15 ans. Que cela signifie t-il ? Que les Français sont de beaux parleurs qui n'appliquent pas ce qu'ils prônent ? C'est fort probable et bien plus encore, puisque avec plus de 200 000 policiers au niveau du pouvoir exécutif nous n'arrivons pas à ce que la valeur du respect s'impose d'elle-même dans notre société. C'est comme s'il fallait sans cesse brandir la menace policière pour être sûr que l'ensemble des lois soit appliqué. Est-ce bien la bonne méthode, de lutter contre les effets plus que sur les causes, de développer une société du contrôle au coût insoutenable pour notre société ? Est-ce bien raisonnable de généraliser le fichage ADN pour le moindre prétexte délictueux ? Est-ce sain d'effectuer un fichage informatique des mœurs des individus d'une société pour mieux les connaître et les contrôler et ceci dès leur adolescence ? Souvenons-nous de la phrase prophétique d'Alexis de Tocqueville en 1838 : *« Une nation qui ne demande à son gouvernement que le maintien de l'ordre est déjà esclave au niveau de son cœur. Elle est esclave de son bien-être et l'homme qui doit l'enchaîner peut apparaître »*.

Une des conséquences insoutenables de ce système essentiellement répressif c'est un univers carcéral en surpopulation chronique avec un sous-équipement manifeste.

Par chance, la future crise économique, politique et sociale qui se profile à l'horizon va nous obliger à repenser de fond en comble les principes de la justice à la lumière des lois du vivant et du bien-être durable évoquées ici. De grandes sources d'improductivité disparaîtront à partir du moment où nos élites en matière de justice feront évoluer leur propre conscience du bien et du mal, de ce qui peut être jugé ou non, de ce qui peut être appliqué en cas de dérive.

Domaine de la démocratie et de la citoyenneté

En faisant le bilan de la situation, nous remarquons à chacun des niveaux de la société, dans chaque domaine, que notre démocratie est de plus en plus confisquée. On peut ainsi constater que dans certains domaines spécifiques où les Français se sont montrés majoritairement favorables à une option, l'État met en place une autre option parfois radicalement opposée (**C**himique, **O**GM, **N**ucléaire, etc.). Cela nous incite à nous demander s'il existe bien une réelle considération pour la voix citoyenne au niveau du gouvernement français.

Nous le voyons aussi dans le domaine des libertés fondamentales et du droit des minorités, comme la liberté spirituelle qui est de nos jours verrouillée et sous contrôle au sein d'un système jugé arbitraire et totalitaire même par les spécialistes de la laïcité et du fait religieux dont nous avons parlé précédemment en matière de mécanismes sectaires. Le développement des extrémismes et d'une société du contrôle peut être considéré comme inquiétant pour le futur d'un peuple.

En France, de nombreux secteurs d'activité de la société sont aujourd'hui sous contrôle des lobbies ou des médias. Les journalistes sont la plupart du temps piégés car sous l'emprise du gouvernement ou de grandes administrations de l'État, en particulier en matière d'éducation, de santé, de formation, de cultes.

Dans le domaine des référendums, on s'aperçoit que cette procédure est rarement utilisée pour des grands sujets de société sensibles. Pourtant une clé essentielle de l'évolution de notre humanité va reposer sur le courage de toutes celles et tous ceux de la société civile qui vont dire qu'ils en ont assez et qui vont oser proposer de nouveaux espaces de démocratie participative (cercles de sagesse, débats de citoyens), de nouveaux lieux et modes d'échange au niveau local comme au niveau global. Ces espaces pourront permettre à chacun d'exprimer la nature de ce qu'il considère être le besoin juste, afin de définir ensuite le « quoi produire », le « comment produire », le « comment partager ce qui est produit » et le « comment recycler ».

Nous voyons surtout ce déséquilibre démocratique au niveau de l'Assemblée Nationale et du Sénat, où les votes de ceux qui sont censés nous représenter sont réalisés selon un fonctionnement bien peu démocratique, avec un contrôle des lobbies quasiment omniprésent. Au sein de ces assemblées, le cumul des mandats conduit à des effets pervers. Dans notre société de contrôle, il n'existe aucune vérification de l'efficacité des élus et de leurs assistants.

Le système de parrainage pour l'élection présidentielle est complètement verrouillé par le Ministère de l'Intérieur et par les grands partis institutionnels, eux-mêmes sous l'emprise des médias à la solde des lobbies et de la société de consommation. En matière démocratique, le vote blanc n'est toujours pas reconnu.

Du coup, sur les 44,6 millions d'électeurs, il apparaît normal que 45 % ne votent pas et que 20% votent de manière extrémiste. Que faire face aux menaces de guerres qui suivent les désordres sociaux eux-mêmes générés par les désordres économiques et monétaires ? Est-il raisonnable de continuer à dormir et à ne rien faire, tandis que les extrêmes de la colère de certains seront repris par de nouveaux tyrans comme l'histoire nous l'a sans cesse démontré ?

Domaine de l'international

Si l'on écoute les grands médias, la France serait bien perçue sur le plan diplomatique. En fait, il existe un énorme décalage entre l'image que la France diplomatique véhicule et les réalités vécues par les populations concernées. Dans ce domaine la France a une lourde responsabilité à lever dans le futur avec certains de ses partenaires mondiaux. La réalité vécue par les peuples est même aux antipodes de ce que nous disent les diplomates français. La France aura à l'avenir une lourde tâche pour rétablir un certain équilibre. Voyons plutôt.

Dans le monde, des êtres humains se trouvent dans une situation de guerre commanditée par des pays en paix, dont la France, une situation de guerre qui est en forte hausse. Les dépenses militaires mondiales étaient en 2007 d'environ 1 118 milliards de dollars par an, dont 50% pour les USA et 5% pour la France. Alors qu'il suffit, selon la FAO de 50 milliards de dollars annuels pour subvenir aux besoins de base des habitants de la planète qui n'en disposent pas. Quand on sait, par le système monétaire de l'argent dette décrit précédemment, que les dirigeants des pays industrialisés les plus endettés de la planète sont arrivés à trouver en 2 semaines 1 700 milliards de dollars pour sauvegarder les organisations les plus riches (organismes bancaires, grandes entreprises, multinationales) suite à la crise des bourses mondiales de septembre-octobre 2008, on peut être étonné de voir que les populations continuent à accepter sans sourciller ni broncher cette situation et ce système de fonctionnement complice. Par ailleurs, quand on sait parallèlement que le budget de l'ONU est de seulement 5 milliards de dollars, on est en droit de s'interroger sur son rôle et son pouvoir d'arbitrage réel. Notons qui plus est que les 5 pays membres permanents du Conseil de sécurité de l'ONU s'avèrent être également les responsables des 2/3 des exportations d'armes conventionnelles.

Ces dernières décennies, les médias et les gouvernements sont même arrivés à nous faire croire que des terroristes puissants menaçaient de façon chronique les démocraties occidentales. Mais qui réellement terrorise qui ? Il est d'usage de dire que ce sont les bourreaux qui terrorisent les victimes. Or ceux qu'on désigne du doigt comme étant des terroristes ne sont-ils pas tout simplement des hommes et des femmes qui défendent leurs terres et leurs valeurs, qui défendent avec tous leurs moyens leur droit d'exister, qui se rebellent sous le joug d'un oppresseur qui pour des raisons géostratégiques cherche par exemple à les spolier de leurs terres ancestrales ou de leurs ressources naturelles[17] ? Les bourreaux ne sont donc peut-être pas ceux que nous croyons ou qu'on a voulu nous faire croire. Parfois face de gigantesques manipulations appuyées par une stratégie complice d'intoxication médiatique massive, nous pouvons nous demander pourquoi la majorité des populations des pays occidentaux préfère encore aujourd'hui, où nous sommes les deux pieds devant le gouffre, fermer les yeux plutôt que regarder la réalité de la situation en face. Pourquoi cautionner plus longtemps un concept de terrorisme d'État qui s'avère n'avoir ni sens, ni existence réelle ?

Outre le fait que cette stratégie quelque peu machiavélique a généré haine et violence dans des régions où la cohabitation entre des hommes de cultures et de religions différentes se faisait sans heurts, elle a engendré des groupuscules d'individus extrémistes qui utilisent aujourd'hui les mêmes méthodes pour revendiquer des causes diverses. Dans ce contexte devenu complexe au fil du temps et même rendu sciemment confus pour les citoyens du monde, regardons dans cette histoire qui a le plus peur :

le bourreau ou la victime ? Les lois du bien-être durable nous l'ont déjà montré : ce sont les bourreaux qui sont réellement les plus peureux, même s'ils le montrent moins, (ou le masquent plus) et qu'ils se chargent volontiers de transférer sciemment ou inconsciemment leurs peurs sur leurs victimes. La preuve est dans les faits puisqu'il y a eu presque 50% de hausse des dépenses militaires américaines depuis les évènements du 11 septembre 2001. Pour attaquer qui ? Sans compter que la thèse de l'attentat a été ces dernières années totalement remise en cause[18,19,20] par de nombreux experts et observateurs indépendants, parfois au risque de leur vie. À qui profitent donc ces morts ?

En étudiant les bilans réalisés, on remarque qu'un tiers des pays du monde consacre plus d'argent aux dépenses militaires qu'aux dépenses sanitaires. Regardons bien dans quels pays se font ces dépenses. Elles ne sont pas nécessairement faites dans des pays de grande richesse économique et financière. On peut citer en exemple le cas flagrant de la France qui a initié en Afrique de l'Ouest et en Afrique Centrale des accords dits « de coopération » mais qui sont plutôt des accords fallacieux dans les domaines monétaires, économiques et militaires. Ces accords maintiennent pour l'instant ces peuples africains sous une autre forme d'esclavage.

De plus, avec le raffinement technologique croissant, nous avons atteint un nouveau seuil dans cette folie destructrice. Avec 1 arme légère pour 10 personnes, avec 2,5 munitions par habitant de cette planète, avec 500 kg TNT de bombe par être humain, que fabriquons-nous ? Une civilisation de l'amour ? Et que penser des 27 000 armes nucléaires disponibles dans les pays les plus peureux (puisque les plus bourreaux), dont la moitié sont en alerte permanente ? Et face à cet état de guerre chronique de nos jours totalement banalisé et déformé par les médias, nous observons une absence de réaction des populations des pays dits civilisés et démocratiques. Les Français, qui ont été matraqués sur un plan médiatique par l'évènement du 11 septembre 2001, ont-ils réalisé qu'il y a eu l'équivalent d'un attentat du 11 septembre par jour en République démocratique du Congo pendant 4 ans entre 1998 et 2002 sans qu'on en parle ? Quel peuple civilisé sommes-nous pour laisser plus de 300 000 enfants soldats impliqués dans plus de 30 conflits mondiaux, pour laisser exister une torture étatique pratiquée dans près de 39% des pays du monde ?

Et que dire de l'état d'apartheid des Palestiniens ? Cet état voulu par un État israélien devenu totalitaire, est aussi un bon exemple (populations brimées quotidiennement, enclavées et interdites de mouvement, contraintes à une survie précaire, à une insalubrité de vie, à une inexorable extermination). Force est de constater que cette situation qui est en train d'embraser le Moyen-Orient est quand même une situation acceptée par la grande majorité de ceux qui regardent et cautionnent.

La manipulation médiatique audiovisuelle de l'information est devenue la première arme stratégique bien avant les armes elles-mêmes. La conquête de la lune en serait un exemple parmi d'autres[21]. Cependant de nos jours, nous constatons que ce phénomène de manipulation est en train de régresser tant la réalité de l'accès aux données par le biais d'Internet permet à chacun selon sa conscience de se faire sa propre opinion. Pourtant une majeure partie d'entre nous a bien du mal à accepter et à envisager une réalité nouvelle, tellement la conscience collective a été imprégnée par ce qu'une poignée de personnes a voulu nous faire croire. De manière étonnante, plus la teneur de l'information manipulée est énorme dans un contexte donné, plus nous acceptons d'y croire sur un plan collectif. Notre vigilance et notre discernement sont alors émoussés sous un flot d'informations ou de « scoops » bien distillés. Certains hommes en quête de pouvoir et donc en quête d'une reconnaissance qu'ils n'ont pas eu enfant, l'ont depuis longtemps bien compris.

Dans ce contexte international et face aux mensonges officiels que l'on nous demande régulièrement d'avaler, comment accepter actuellement de laisser croître un budget militaire aussi élevé pour un pays en paix tel que la France ? Le budget militaire français est quand même de 36 milliards d'euros. C'est le troisième poste budgétaire français après celui de l'Éducation Nationale et celui de la dette. La crise majeure qui se profile à l'horizon nous demandera de revoir complètement cette situation.

Au regard de cette situation internationale à peine ébauchée ici, nous devons réfléchir sur la manière de réveiller un collectif ou au moins d'éveiller la conscience du plus grand nombre. C'est un bien meilleur positionnement que chercher à démontrer la nocivité de l'action décidée par quelques bourreaux ou hommes de pouvoir, au final pas si nombreux que cela. Car **la création d'un contre pouvoir s'avère inutile.** À ce jeu-là, ils sont bien souvent les plus forts, puisque ce sont eux qui ont inventé les règles du jeu. Osons changer les règles car il nous semble plus important de chercher à construire d'autres lendemains de paix et de se poser les questions essentielles sur l'amour et le partage entre frères de différentes traditions de cette belle planète bleue.

Que pouvons-nous améliorer dans le monde quand on voit qu'il n'existe même pas une reconnaissance des besoins fondamentaux pour vivre : manger, boire, dormir, se loger, se déplacer ?

Comment rendre une vraie place aux femmes sur la planète, à ces femmes gardiennes et mères de la Terre ?

Que pourrons-nous dire à nos enfants quand ils découvriront inévitablement la situation ? Serons-nous hypocrites et couards en disant que nous n'avons rien vu, rien su, rien dit, rien fait pour en sortir ? Quel avenir de paix leur proposer si nous n'avons que le courage de mettre la tête dans le sable à la façon des autruches en rétorquant comme dans la citation du Pasteur Niemoller[22] à la sortie des camps de concentration lors de la fin de la seconde guerre mondiale : *« Je n'ai rien dit car ça ne me concernait pas»* ?

Voilà succinctement brossé, de façon factuelle, le bilan de la situation mondiale et française. Nous pourrions bien entendu rentrer dans plus de détails sur chaque domaine de la société. Là n'est pas le sujet de ce livre. Il s'agit simplement ici, grâce à quelques chiffres choisis parmi une multitude et sans rentrer dans une polémique stérile, de dresser l'état d'une situation, de visualiser où nous en sommes en tant que créateurs de ce monde terrestre. **Le résultat est effectivement alarmant et sans appel.** En étant sans concession, nous pouvons conclure que nous avons construit une situation inédite, un monde dont bien des fruits sont aujourd'hui pourris. Nous devons très vite en changer sous peine de subir de multiples cataclysmes au moins à la hauteur de ce que l'histoire a déjà montré pour diverses civilisations dans des périodes au bilan moins tourmenté : guerres, révolutions, pandémies, catastrophes naturelles, etc.

Alors, peut-on créer autre chose, relever cet immense challenge et proposer un programme politique complet et cohérent autour du bien-être durable ?

Le sens du licite et de l'illicite

Chacune et chacun d'entre nous devons nous ouvrir au bien-être durable, ouvrir notre conscience, afin de percevoir par nous-mêmes les produits de la création qui sont licites au sens du bien-être de ceux qui ne le sont pas.

Une société avec des dirigeants qui seraient plus « sages » pourrait certes définir les axes de ce qui serait plus licite qu'illicite. Cependant, le faire sans que la conscience des citoyens soit là comporterait un risque conséquent d'édification d'une morale rigide.

Que signifie donc la sagesse ? Est-ce un état d'être particulier où l'amour devient le centre de tout, un état de connaissance utilisant les 5 supra valeurs et les 10 valeurs du bien-être durable pour tous ? Est-ce un état de transcendance, de créativité et de quête du sens, qui permet de répondre aux 6 attitudes justes que nous avons préalablement définies ? La sagesse n'est pas l'expression de lois morales supplémentaires imposées par l'extérieur, sauf si elles nous sont données par révélation intérieure. Sinon nous risquerions de bâtir une loi sociale équivalente à la Charia, une loi qui sanctionne plus qu'elle n'éveille. Il est indéniable que le contenu de la Charia sur le licite et l'illicite a un réel fondement spirituel et religieux orienté dans le sens d'un mieux-être de l'homme égaré dans un univers matérialiste dérivant dangereusement. L'idéal reste néanmoins que chacun ait intégré en soi ce qui est licite de ce qui est illicite, à partir de ses propres expériences personnelles.

Voyons donc ce que recouvrent ces notions fondamentales lorsqu'il s'agit de passer des grandes idées aux applications concrètes.

La règle originelle de chaque chose se doit d'être la permission. Il est permis à l'apprenti Créateur à l'école de la vie sur Terre de disposer de son libre arbitre mental. Cela lui est permis, avant d'accepter, après une phase expérimentale, d'entrer dans la phase de celui qui abandonne son libre arbitre individuel pour s'en remettre à la force divine qui le traverse.

La détermination du licite et de l'illicite est une prérogative de ceux qui veulent cheminer avec foi entre la source d'amour Une et le buisson de lumière de leur réalisation. **Il s'agit là d'être un véritable guerrier intérieur envers soi-même, en même temps qu'un homme de paix avec les autres.**

Ne sont interdites au guerrier d'amour qui développe une pratique de foi que les choses impures et nocives à sa nature divine. **Chacune de ces notions devra être trouvée par chacun et deviendra alors licite ou illicite.**

Il y a dans les voies justes licites de quoi se passer de l'illicite. Il s'agit de trouver une façon de cheminer autosuffisante. Cette façon est à la fois apte à relier l'être à la source divine unique et apte à créer des fruits de qualité en ce monde, des produits de la création harmonieux.

Certaines nécessités de la vie peuvent temporairement lever les interdictions du guerrier intérieur au sujet de l'illicite. La tolérance est ici essentielle.

Pour pouvoir aborder sereinement ce qui est licite de ce qui est illicite, nous avons une grille conceptuelle qui nous a été offerte par le talentueux économiste Serge Latouche, qui lance pour sa part le slogan de « décroissance » afin de provoquer les citoyens, au moment où nous parlons plutôt de bien-être durable pour tous et de besoin juste.

Cependant, nous reprendrons sa « grille des 8R » comme une boussole pour voyager dans les méandres d'une société qui mélange croissance et décroissance, superflu et nécessaire.

Que nous dit Serge Latouche ?[23] :

« On a besoin, dans cette situation de menace planétaire, de bâtir une utopie. Quel autre monde est possible ? Les pays du Sud, les chômeurs et les exclus de tous les pays, la planète et la nature, sont les grands perdants du système économique pervers de croissance productiviste bâti. Le dérèglement climatique actuel, par exemple, est

dû à la consommation de gaz et de pétrole des années 60, pas à la consommation actuelle, car il faut en moyenne 50 ans entre la cause et l'effet. Donc ce sont nos enfants et nos petits-enfants qui paieront le prix de notre folie d'aujourd'hui. Il est possible de proposer un schéma vertueux de décroissance en 8 R, qui sont 8 étapes et 8 actions interdépendantes qui se renforcent les unes les autres : 1 Réévaluer, 2 Reconceptualiser, 3 Restructurer, 4 Redistribuer, 5 Relocaliser, 6 Réduire, 7 Réutiliser, 8 Recycler ».

1-Réévaluer, c'est modifier les valeurs diffusées dans le public, en particulier le mythe du progrès fondé sur le malentendu que tous peuvent y avoir accès. Cela ne peut être doctrinal et suppose une éducation, un enseignement à d'autres valeurs, par exemple un rapport à la nature différent, où l'homme n'est pas le maître de la nature mais plutôt son serviteur. Être plus jardinier que prédateur, plus coopératif que compétiteur ou concurrent, plus doux que dur, plus altruiste qu'égoïste, etc.

2-Reconceptualiser, c'est envisager comme le dit Patrick Viveret[24] d'autres richesses que les richesses matérielles, ces richesses qui aliènent, enferment et incarcèrent les individus au nom du soi-disant progrès. C'est aussi éviter que les pauvres soient des misérables sur un plan matériel et spirituel. Plutôt que d'éliminer la pauvreté, il serait utile de la réhabiliter, du fait que l'égalité n'existe pas en ce monde. Ce qu'il est nécessaire de supprimer, c'est la misère morale et matérielle au profit d'une certaine frugalité heureuse, d'une pauvreté bienheureuse. Il serait nécessaire de revoir le couple infernal de l'économie, la rareté et l'abondance (c'est aussi une des leçons d'Yvan Illich qui avait beaucoup travaillé sur l'histoire de la rareté[25]). L'échange de la rareté dans un mode de frugalité heureuse conduit à valoriser les ressources et à aller vers l'autonomie, tandis que s'accaparer l'abondance dans un mode hyperconsommateur conduit à diminuer les ressources et à aller vers l'hétéronomie. Pour re conceptualiser notre monde dans le sens frugal, il est donc vital et urgent d'arrêter le processus de privatisation du vivant, des terres, de la fécondité. Il est nécessaire d'obtenir le retour des biens communs.

3-Restructurer, c'est modifier les rapports de production, reconvertir nos activités nuisibles en faisant des choses plus utiles. L'économie du bien-être durable amène à sortir du capitalisme sans avoir besoin d'abolir la propriété des moyens de production ni les marchés, comme cela s'est passé pour le communisme. Une nouvelle forme d'économie est à inventer puisqu'il y a la nécessité de sortir du capitalisme de l'argent dette. Tout cela doit exister dans une autre logique, un autre esprit.

4-Redistribuer, c'est répartir autrement les richesses et les droits de tirage sur la planète (augmenter l'empreinte écologique des pays du Sud qui ont à peine $1/10^{ème}$ de l'empreinte écologique et fortement diminuer l'empreinte des pays du Nord). Pour nous, pays du Nord, il s'agit en effet moins d'aller donner car nous en sommes bien incapables, que de prélever moins sur la planète pour leur permettre d'avoir leur juste droit de prélèvement.

5-Relocaliser, c'est changer fondamentalement les modes de circulation des biens. Nous assistons depuis quelques décennies à un véritable déménagement planétaire au nom de la rationalité économique.
Par exemple, des crevettes danoises vont au Maroc pour être nettoyées, puis sont retournées au Danemark pour être ensachées et elles sont ensuite dispatchées de par le monde.

Par exemple encore, des langoustines écossaises, qui étaient décortiquées dans des usines sur place avant que la société soit rachetée par des fonds de pensions américains, sont maintenant envoyées en Thaïlande pour y être décortiquées et reviennent ensuite en Écosse pour être ensachées, puis sont enfin vendues.

Par exemple enfin, 4000 camions passent journellement le col du Perthus en faisant un trafic effréné entre le Benelux et l'Espagne.

Relocaliser est fondamental pour réduire l'empreinte écologique et recréer des emplois sur place. Cela permettrait de retrouver le sens du territoire dans lequel on vit. Car de plus en plus on vit virtuellement et on se déplace réellement, alors que l'inverse pourrait être proposé.

6-Réduire, sera certainement une des conséquences de la relocalisation. Une réduction des gaspillages, une réduction des déchets non recyclables est à envisager. Une forte réduction du temps de travail est aussi à l'ordre du jour. Car pourquoi perdre sa vie à vouloir la gagner ?

Nous sommes devenus des alcooliques et des intoxiqués du travail. Le travail a grignoté l'essentiel du sens de notre vie. Le socialisme de 1981 c'était *« travailler moins pour travailler tous »*. C'était plein de bon sens, sauf que l'on n'a pas su créer la cohérence sociale autour. Aujourd'hui, on dit *« travailler plus pour gagner plus »*, alors qu'un simple calcul montre qu'on gagnera moins en stressant plus. En tout cas, ce n'est certainement pas comme cela que l'on résoudra le problème du chômage qui n'est qu'une conséquence structurelle de ce système de production capitaliste poussé à son extrême.

Réduire le temps de travail, permettrait surtout de retrouver des valeurs perdues pour ensuite disposer d'un temps choisi propice à une créativité licite. Plutôt que se demander dès son plus jeune âge « quoi faire dans la vie », cherchons à « quoi faire de la vie ».

Pour mémoire, avant le 16ème siècle, les sociétés humaines considéraient qu'il y avait 2 parties égales dans la vie : « La vita activa », et « la vita contemplativa », c'est-à-dire la place au jeu, à la méditation, à la prière, au rêve. Les philosophes nous rappellent d'ailleurs qu'il y avait dans le passé des sociétés humaines 3 temps différents :

    a / Le labeur ou un travail pas nécessairement épanouissant

    b / La vie politique de la cité, ce temps indispensable pour l'insertion concrète au milieu des siens

    c / Le temps de transformation et d'épanouissement par les arts, le bricolage, le jardinage, etc.

Le bien-être durable, c'est aussi simplement le fait de redécouvrir la joie de vivre à travers d'autres formes d'activités et de richesses non matérielles. Pourquoi ne pas oser aller vers le rééquilibrage perdu depuis le début du siècle faussement appelé « siècle des lumières », un siècle qui a propagé durant plus de 500 ans l'idée fausse selon laquelle l'homme pouvait maîtriser la nature.

7-Réutiliser, pour lutter contre l'obsolescence programmée et préserver les ressources.

8-Recycler ce qu'on ne peut pas réutiliser.

Tout ceci nous conduira à bâtir une économie plus circulaire, comme le dirait l'économiste et ingénieur agronome François Plassard, ou bien **une économie de la métamorphose** fonctionnant en spirale évolutive et allant de transformations licites en transformations licites successives. Cette économie serait tout sauf protectionniste puisqu'elle s'attaquerait directement aux racines des gaspillages d'énergie de tout notre système productiviste et répondrait à tous les défis bien identifiés du temps présent. Comme le rappelle sur un exemple concret François, initiateur de profondes innovations d'un nouveau contrat social : *« Prenons une chaussure Nike. Son prix de vente à 70 dollars contient 2,7 dollars pour celui qui la fabrique, 12,3 dollars pour payer la matière première, les machines, le transport, 35 dollars pour transformer cet objet physique en objet social désirable (publicité, image de marque au pied des idoles) et 20 dollars pour le distribuer aux clients solvables. Qu'avons-nous à perdre en efficacité à reterritorialiser la production-consommation d'une chaussure Nike où les deux tiers des coûts sont des dépenses virtuelles ? Moins de spot pour TF1 ? Une baisse de revenu pour un footballeur payé 22 millions d'euros par an ? Moins d'avocats pour défendre la marque commerciale ? ».* « *Que penser aussi d'un médicament pour le sida dont le coût de revient est, pour une consommation annuelle, de 300 dollars alors que le prix de vente est de 10 000 dollars ?* », déclare le prix Nobel d'économie J.E Stiglitz.

La richesse d'une société ne se limite pas à la quantité de monnaie mise en circulation ou à son P.I.B. Cette richesse est partage de la créativité qui vient du plus profond de soi, comme les lois de l'énergie dans les matériaux l'indiquent et surtout comme l'expérience des SELS (Systèmes d'échanges locaux solidaires) le démontre bien. Comme le dit encore François Plassard du haut de ses quatorze années d'expérience : *« 90% des échanges réalisés ne l'auraient jamais été dans le cadre strict du marché. L'inter connaissance est un stimulateur d'échange où l'on apprend à donner autant qu'à recevoir Rien que dans mon SELS, j'ai pu constater qu'une création monétaire « ex-nihilo » distribuée à 17 personnes qui ont organisé un chantier de construction d'un petit refuge collectif chez un membre, avait stimulé les échanges chez les 200 autres SEListes ».*

Ainsi, après avoir décrit ce que nous avons construit dans les principaux domaines de notre société de croissance mondialisée et après avoir montré dans quel contexte nous l'avons fait, après avoir donné un fil conducteur pour la mise en place de ce qui peut être licite ou non de façon concrète pour servir notre idéal planétaire, nous allons pouvoir proposer un exemple de programme politique complet et cohérent centré sur le bien-être durable pour tous sans contreparties négatives pour son entourage. Cet exemple tiendra en partie compte du changement d'architecture sociale visible ou invisible requis car on verra qu'il n'est plus possible de fonctionner avec les anciennes structures.

Cependant, nous verrons par la suite si ce programme politique est applicable, compte tenu des résistances de ceux qui détiennent actuellement les pouvoirs politiques, économiques ou financiers et compte tenu de l'inertie des peuples à envisager la seule issue possible qui est leur propre révolution intérieure.

CHAPITRE V

LE PROGRAMME POLITIQUE

Le challenge du programme politique

Partant d'une situation de notre monde plutôt alarmante sur bien des plans, nous avons devant nous un challenge politique inégalé à relever pour tendre vers un objectif de bien-être au niveau planétaire qui reste cependant réaliste. Différentes réflexions s'imposent.

Comment passer d'une stratégie guerrière au pouvoir actuellement, qui cultive la peur chez nos concitoyens pour mieux les contrôler, à une politique de bien-être durable pour tous ? Comment par l'expression de l'amour cultiver la fraternité, la joie, l'harmonie, la paix, et l'autonomie ? Comment faire pour harmoniser les intentions et les actes sans cesse en décalage, dont nous avons vu au chapitre sur la nature de l'être humain que ce décalage reposait sur la différence entre ce qui est conscient et ce qui est inconsciemment stocké au-dedans de nous ? Comment atteindre les états de sagesse et d'amour qui permettent de créer les voies justes ? Puis ensuite, quoi changer ou que modifier dans nos organisations pour que ces états de sagesse permettent que cela devienne une réalité tangible ? Comment faire en sorte que cette période de chaos et d'incertitude, de bascule et de transition d'un monde vers un autre soit vécue positivement par les êtres humains et non négativement ? Comment éviter le repli sur soi fréquemment observable dans les périodes de récession ? Comment éviter les guerres en tous genres souvent attisées par les tenants du pouvoir, les racismes ou la montée de la violence ? Comment canaliser cette violence utilement puisqu'elle est le reflet d'une grande douleur ? La douleur est inévitable, comme la physique des isolants nous l'a démontré. Elle est même un formidable tremplin d'éveil pour chacun si on arrive à s'en sortir, ce qui nécessite le plus souvent d'être accompagné. Mais la souffrance, qui constitue la peur de la douleur, est pour sa part tout à fait évitable. Comment faire en sorte de cultiver des stratégies positives ? Peut-être en arrivant à manifester la stratégie du dauphin.

La stratégie du dauphin

Les spécialistes mondiaux du management que sont Dudley Lynch et Paul L.Kordis, ainsi que le groupe Metafor, l'ont déjà évoqué dans leur best-seller international, « La stratégie du dauphin »[26], en faisant une métaphore entre le comportement humain et le comportement animal. Leur ouvrage détermine ainsi 4 types de profils différents : la carpe, le requin, le dauphin et la carpe pseudo-éclairée.

Voici d'après les auteurs quelques expressions reflétant ce que la carpe pense : *« Je suis une carpe ; je crois qu'il y a pénurie. Étant donné cette croyance, je m'attends à ne jamais avoir ou faire assez. Par conséquent, si je peux échapper à l'apprentissage et à la responsabilité en m'éloignant, généralement je me sacrifie »*, *« Je ne peux pas gagner mais comment éviter de perdre »* ? *« Le bonheur se réduit à ne pas avoir mal...Nous n'attendons plus de la situation qu'elle s'améliore ; nous espérons simplement qu'elle ne se détériorera pas trop »*. C'est ainsi que *« la carpe réside en permanence dans le coin des victimes, toujours bondé de perdants et où règne la souffrance de ceux qui donnent sans jamais recevoir »*.

Voici quelques expressions typiques de ce que le requin pense : *« Je suis un requin ; je crois qu'il y a pénurie. C'est pourquoi j'ai l'intention d'obtenir le maximum, quoi qu'il arrive. D'abord j'essaie de les vaincre, et si je n'y parviens pas, j'essaie de me joindre à eux »*. Ainsi, *« les requins croient nécessaire qu'il y ait un perdant ; ils sont résolus à ce que ce ne soit pas eux...Les requins prennent possession du coin des persécuteurs...Ils inventent des systèmes et des organisations qui créent une dépendance et dont héritent les personnes qu'ils embauchent, à qui ils vendent, à qui ils achètent ou avec qui ils s'associent autrement »*. Exemples de systèmes : l'arnaque, le brouillard de confusion qui crée le camouflage, le déni, la dose de narcissisme, la supposition, la crise et l'emprise.

Voici quelques expressions de ce que le dauphin pense : *« Je suis un dauphin et je crois à la possibilité d'une pénurie comme à la possibilité d'une abondance. Comme je crois que les deux mondes nous sont accessibles – que nous avons le choix – , que nous pouvons nous servir de ce que nous avons comme levier et exploiter nos ressources d'une façon élégante. Être flexible et faire plus avec moins sont les pierres angulaires de la création de mon monde »*.

Enfin, voici ce que la carpe pseudo-éclairée pense : *« Je suis une carpe pseudo-éclairée et je crois à un univers d'abondance absolue. Par conséquent, je ne crois pas qu'il y ait de vrai mal ni de vrai perdant. Ce n'est qu'une affaire de temps avant que tout le monde soit gagnant. Comme la guérison constitue mon besoin primaire, je ne suis pas à l'aise dans les représailles ou la fuite, je ne peux donc manifester mon amour par le pouvoir. Cela me rend impuissante, et cette impuissance me met en colère. Ceci étant, comme il est important pour moi de conserver une image de spiritualité, j'exprime ma colère de façon cachée. Je crois que tout ce que nous avons besoin d'apprendre dans la vie, c'est lâcher-prise, flotter, nous laisser être le conduit d'une force plus grande, et c'est ainsi que je justifie mon existence »*. *« Les carpes pseudo-éclairées refusent ou dans bien des cas sont incapables de reconnaître le caractère réel des limites humaines »*. *« En s'agitant dans l'eau, les carpes pseudo-éclairées attirent l'attention des créatures mêmes qu'elles souhaitent éviter : les requins »*. De plus, *« aux yeux de la carpe pseudo-éclairée, le dauphin ressemble à s'y méprendre au requin auquel elle essaie d'échapper »*.

Nos stratèges mondiaux de la société de croissance obsessionnelle sont comparables à des requins, quand le peuple soumis est plutôt assimilé à des carpes. En effet, combien de personnes vont continuer d'accepter d'être simplement des carpes ou des carpes pseudo-éclairées victimes des requins sans réagir ? Le requin est un bourreau rarement conscient d'en être un. En tout cas, il fait son maximum pour ne pas être le perdant. Au pire, il traverse des périodes de compromis. La carpe est une victime. Les autres n'ont pas de gratitude envers elle, alors qu'elle a souvent un rôle de sauveteur, un rôle de conseiller. Donc, combien de personnes vont :

> ➢ Soit continuer d'accepter sans sourciller un principe politique planétaire aberrant, au risque d'aller vers l'extinction de l'espèce humaine à très court voire moyen terme (carpe).
> ➢ Soit se contenter d'accepter le passage du rouleau compresseur du libéralisme pour obéir à la pensée dominante, puis tenter ensuite de réparer les dégâts à l'échelle locale avec un traitement d'appoint, avec pour conséquence d'avoir sans cesse à garder leur vigilance (carpe pseudo-éclairée).

Dans les deux cas, celui de la carpe et celui de la carpe pseudo-éclairée, l'homme n'est pas dauphin joyeux, autonome, rayonnant et libre. Le dauphin, lui, a le choix d'exploiter ses ressources de façon élégante. Il est flexible. Il fait plus avec moins. Il effectue des percées créatrices encore mieux que dans le rapport gagnant-gagnant. Ceci dit, dans des cas particuliers, il accepte de se désengager, d'avoir la mainmise, de renoncer ou d'user du compromis.

Car finalement, hormis dans le cas du dauphin, l'homme ne se libère pas lui-même de ses enfermements pour trouver ses enseignements, ses vérités intérieures. Il ne change pas sa vision du monde. Il ne favorise pas sa nécessaire introspection ésotérique salutaire, celle qui purifie son eau vivante.

J'ai pour ma part observé que l'évolution de l'être humain, quand elle est favorable, se déroule selon un processus continu qui consiste à passer du requin à la carpe, de la carpe à la carpe pseudo-éclairée et enfin de la carpe pseudo-éclairée au dauphin. Je n'ai pas encore rencontré de cas de figure de requin ayant fait le chemin jusqu'au dauphin sans passer par une phase intermédiaire de carpe. Comme un bourreau se remet rarement en question, un individu de type requin qui réussit dans sa vie professionnelle et personnelle ne va pas modifier son comportement tant qu'il n'a pas eu à faire face à une épreuve importante. Voilà pourquoi **mon livre n'a aucunement l'intention d'interpeller et de secouer les bourreaux, d'attaquer le mode de fonctionnement des requins en prêchant une autre forme de liberté contre eux.** Je n'ai pas rencontré de cas de figure de carpe qui évolue vers le stade de dauphin sans passer par un stade intermédiaire de prise de conscience fort. Cette étape, qui nécessite du temps, permet d'aboutir à l'état de carpe pseudo-éclairée. J'ai croisé par contre beaucoup de carpes pseudo-éclairées qui se prennent pour des dauphins, alors qu'elles ont encore en elles l'attitude et la démarche d'une carpe. Lorsque la confusion existe chez une personne, la plupart du temps une épreuve survient pour la tester : si en tant que carpe pseudo-éclairée elle n'en profite pas pour hâter sa mutation vers le stade de dauphin, elle se met à perdre sa belle confiance en un univers d'abondance, et redevient carpe.

Alors je demande à chacun et à vous lecteur, de réfléchir pour savoir si vous avez envie de faire le choix de devenir dauphin et dans l'affirmative, à quel moment vous déciderez de mettre en place les conditions de cette merveilleuse transformation. Mon livre s'adresse à toutes les carpes qui ont envie de se réveiller, à toutes les carpes pseudo-éclairées qui ont le courage de poursuivre et terminer leur travail de développement personnel. Rappelons la célèbre phrase de Léonard de Vinci : « *Un homme est plus courageux s'il se vainc lui-même que s'il vainc mille hommes* ». La physique des isolants, qui préside à la compréhension des mécanismes de la douleur et donc à ceux du bien-être durable sans contreparties négatives pour son entourage, valide totalement son propos. Elle a démontré aujourd'hui que c'est même plus près du chiffre 10 000 (au lieu de 1 000) que se situe la vérité. Seuls celles et ceux qui auront le courage de se confronter à eux-mêmes deviendront de véritables dauphins.

Quand l'être humain voudra vraiment d'une paix durable, quand il voudra reconnaître et sortir de ses peurs, quand il souhaitera devenir un guerrier intérieur et non pas extérieur, alors véritablement il lâchera le pouvoir pour l'amour. Je formule donc le vœu que ce livre accompagne chaque lecteur et l'aide dans la fabuleuse aventure de sa métamorphose.

Et vous qui lisez ces lignes, sachez que **c'est avec l'état d'esprit du dauphin que vous pourrez évaluer la profondeur du programme politique qui suit,** même s'il n'est actuellement qu'embryonnaire. Car ce programme politique n'est pas une série de mesures, au demeurant concrètes et cohérentes, appliquées pour le bien-être du vivant. C'est un programme pour celles et ceux qui effectuent tout un parcours de conscience. Comme nous sommes au pied du mur, si nous développons la foi et la reliance avec notre conscience supérieure, nous aurons une grande probabilité de vivre ce siècle avec nos descendants dans l'harmonie. Sinon, il existe une forte probabilité à ce que le chaos planétaire des guerres, des pandémies et des cataclysmes naturels vienne sous peu secouer notre dépendance, notre complicité envers un système qui a fait son temps. Car c'est bien **la certitude que l'on ait aujourd'hui : ce système ancien de la croissance mondialisée ne peut que s'écrouler. Même la date de l'écroulement prévue vers l'été 2009 n'est plus vraiment une inconnue**[27].

Les conditions pour bâtir un programme politique cohérent

Développer un exemple de programme politique français, qui en plus se veut être un projet de civilisation, demande du temps pour faire émerger de vraies propositions, une expérience de terrain pour rôder le programme auprès des citoyennes et des citoyens, pour valider des principes de travail. Il requiert du temps pour faire naître une coopération active avec un grand nombre de personnes, pour construire une solide méthodologie faisant émerger la cohérence et pour imaginer de nouvelles organisations sociales.

Le temps je me le suis accordé et mes expériences professionnelles passées m'ont permis d'acquérir une méthodologie certaine. Hormis le thème des nouvelles organisations sociales, il me manquait les principes, la coopération au sein d'un réseau et l'expérience.

Grandement impliqué dans la campagne des élections législatives de 2007, j'ai pu développer des principes de travail qui m'ont également accompagné par la suite. Ils sont les suivants :

> ➢ Informer nos concitoyens sur la situation d'impasse dans laquelle se situe notre société actuelle en présentant des chiffres récents et valides, un résumé de l'état de situation complet et factuel, comme je l'ai effectué dans les deux chapitres précédents. Donner ces informations et ces chiffres, c'est semer des graines de conscience, c'est interpeller, c'est amener chacun à se poser des questions essentielles, à se poser des questions sur son mode de vie.

> ➢ Agir prioritairement sur les causes et non sur les effets, avec comme axe principal le sens de la coopération, une vision à long terme favorisant

l'intérêt général, contrairement à nos hommes politiques d'aujourd'hui qui prônent la compétition, le court terme et l'intérêt de leur minorité dominante.

➢ Faire ce qui est dit, afin qu'il n'y ait plus de décideurs politiques qui rêvent un monde pendant que la majeure partie de la population vit le cauchemar.

➢ Agir avec les 10 valeurs humaines fondamentales déjà citées comme l'éthique, le réalisme, le respect, la responsabilité, l'humilité, l'altruisme, l'intégrité, la tolérance, la tempérance, la non-violence.

La coopération au sein d'un réseau est venue d'elle-même, puisque dans mon parcours, j'ai pu tester cet embryon-programme lorsque j'ai participé au mouvement politique La France en Action, en y amenant la conception du bien-être que j'évoque dans cet essai de spiritualité politique. J'ai été résolument actif puisque j'ai travaillé en lien étroit avec le président du mouvement et avec les principales commissions nationales, dont quatre très régulièrement. L'expérience terrain s'est effectuée à travers mon engagement en tant que délégué départemental de La France en Action et j'ai pu développer mes compétences en coordonnant le groupe politique local d'Indre et Loire jusqu'aux élections législatives de juin 2007.

Ces deux expériences, aujourd'hui révolues, ont été très riches et je remercie tous ceux avec lesquels j'ai partagé cette aventure humaine passionnante, échangé et mis en commun des idées concrètes. La proposition de programme politique qui va suivre reprend en partie seulement quelques-unes unes des lignes-programme du mouvement la France en Action. Ce n'est donc pas qu'une œuvre individuelle.

Mais auparavant, abordons la dernière des conditions essentielles pour bâtir un programme politique cohérent : établir de nouvelles organisations sociales.

De nouvelles organisations sociales

Quelles sont aujourd'hui les grands types de structures sociales fondamentales, les grandes formes d'intelligences collectives existantes ainsi que leurs avantages et leurs inconvénients ? Pourquoi bâtir de nouvelles organisations adaptées au nouveau mode de bien-être durable pour tous et aux exigences environnementales urgentes de la planète ?

Comme nous l'explique Jean François Noubel[28], spécialisé dans ce concept des nouvelles structures sociales et des nouvelles monnaies de cette ère de transition, trois grands types d'intelligence collective existent : la structure originelle, la structure hiérarchique pyramidale et la structure globale.

La structure originelle, qui est calée sur le modèle du corps et la biologie du vivant, se rencontre dans les petits groupes d'individus oeuvrant ensemble. Dans la structure originelle, chacun perçoit les autres dans une proximité spatiale. Chacun a un sens du tout et de soi, sans qu'un besoin de hiérarchie soit nécessaire. Cette structure, qui se rencontre chez les peuples premiers, permet l'émergence de la créativité et de nombreuses monnaies locales d'échange. En revanche, elle est limitée par le nombre et la distance.

La structure hiérarchique pyramidale va au-delà de la précédente, en permettant une cohésion d'ensemble pour un grand tout (nombre et distance). Elle est fondée sur la division du travail, le commandement hiérarchique sous forme pyramidale, sur une forme d'autorité, des systèmes de rareté, de prévisibilité et de contrôle. Cette structure condense les pouvoirs et les monnaies selon la loi de Pareto (par exemple 20% des gens ont 80% de la richesse monétaire). Elle favorise une individuation qui dépasse l'individualisme forcené. Elle permet à l'être humain de ne pas être trop fondu dans le collectif issu des structures originelles (voir la dérive atteinte chez les aborigènes d'Australie par exemple). Mais elle a le double inconvénient d'une part de faire perdre la notion du collectif, en réduisant le partage vrai où chacun peut être le miroir de l'autre, et d'autre part de réduire l'expression des états de sagesse.

La structure globale est une organisation d'intelligence collective qui se situe encore au-delà de la précédente puisqu'elle permet de retrouver le sens du collectif et d'exprimer les états de sagesse. C'est une forme qui se rapproche de l'intelligence en essaim rencontrée chez les abeilles, les bancs de poissons, les oiseaux migrateurs et même au-delà. Elle existe partiellement aujourd'hui dans la société grâce à l'émergence d'outils collectifs comme l'Internet. Ces outils, qui assemblent un réseau et une technologie de pointe, fonctionnent avec des logiciels d'intelligence collective ou « socialware ». Ces logiciels permettent à un collectif d'avoir conscience de lui-même et des autres, de s'auto organiser, de s'actualiser en se donnant les moyens de veille documentaire associés, de trouver un sens de cohésion et de générer des actions sans avoir besoin de retomber dans un modèle d'intelligence collective pyramidale.

Dans le cadre d'un objectif de bien-être, aussi bien personnel que collectif, seuls les deux modèles situés aux extrémités sont valides. En effet, **le modèle hiérarchique pyramidal conduit naturellement à former des oligarchies plus que des démocraties, la démocratie ne pouvant réellement être effective qu'avec des acteurs ayant acquis un état de sagesse et un sens aigu du collectif.** De plus, le modèle de la structure hiérarchique pyramidale est devenu trop prévisible et trop contrôlé pour s'adapter à la mutation mondiale qui se prépare. Par exemple, des sages réunis dans une organisation en intelligence hiérarchique pyramidale auraient des difficultés insolubles pour aboutir à l'émergence de nouvelles solutions durables car ils chercheraient à régler des problèmes avec des structures nullement adaptées à cela. Par exemple encore, les objectifs sains et cohérents en phase avec la conscience des citoyens du monde qui ont été établis lors du protocole de Kyoto en matière d'environnement, de réchauffement de la planète, n'ont pu être adoptés par l'ensemble des cultures politiques étatiques. Cela provient essentiellement du fait que ces structures hiérarchiques manifestent leur sociocentrisme, c'est-à-dire qu'elles servent avant tout les intérêts de leur pays ou de grands groupes industriels, avant de penser à l'intérêt général.

Ainsi, les nouvelles façons de s'organiser doivent impérativement tenir compte des lois de création de l'énergie découlant de la physique des matériaux, de lois universelles qui ne sont pas le fruit d'une idéologie mais qui résultent de l'observation de la nature. En particulier, les modes de création des monnaies se doivent d'être en symbiose avec les lois du vivant, ce qui n'est absolument pas le cas aujourd'hui. Avec des monnaies rares qui ont la faculté de se concentrer et de s'agréger dans les mains de quelques-uns, on bloque la créativité locale qui peut jaillir de chacune des zones de diversité du corps social.

Car la physique des isolants le montre bien : l'énergie se stocke sur les zones de défauts du matériau, non pas sur les zones polluantes mais sur les zones dopantes. Les zones de diversité du corps social correspondent à ces zones dopantes.

Par conséquent, il est indispensable de réhabiliter avec force **la capacité de la diversité, une capacité de sortir des conformismes environnants pour créer de nouvelles formes vivantes, de nouveaux produits de la création.** La source d'énergie première est contenue dans les isolants que nous sommes, nous êtres humains. Elle est enfouie en nous jusqu'à la valeur colossale de l'énergie d'une réaction nucléaire localisée quasiment en un point de notre corps. Le potentiel créateur vient ainsi des profondeurs de chacun et découle d'un état de transcendance, de reliance où tout nous est donné. **Le modèle d'organisation sociale adapté aux procédés d'incubation créatrice ne peut donc être ni global ni hiérarchique pyramidal.** Il n'est que local, comme dans le modèle de l'intelligence originelle de nos ancêtres. Il convient d'associer à ce modèle d'intelligence originelle des monnaies locales d'échange, comme les S.E.L.S. (Systèmes d'échanges locaux solidaires sans taux d'intérêts, www.selidaire.org) qu'évoque François Plassard[29, 30]. On ne peut retenir une monnaie-dette comme dans le monde actuel ou bien un argent obtenu dans de soi-disant réseaux d'abondance qui s'évertuent à prendre l'énergie financière sur les enfants et les petits enfants du réseau en propageant ainsi un véritable feu de savane à la périphérie du corps social. C'est là que la structure de la tontine africaine a toute sa place, particulièrement cette tontine à l'origine sacrée, issue des royaumes Kongos, qui se base sur la verticalité de l'être et sur la faculté de reliance du porteur de projet, appelé le *Bu Muntu*. **Car en émergence créative, celle ou celui qui arrive à manifester cette sagesse transcendante répond à la quête du sens de sa vie, de sa légende personnelle.** Et par-là même, guidé en direct par son âme, il est assuré d'un résultat positif, que le temps permet de concrétiser. **C'est équivalent à créer les conditions d'un pari quasiment gagné d'avance.** Apprenons à repérer les émergences créatives, à susciter chez les porteurs de projet un travail sur eux-mêmes qui va les faire grandir dans le sens de leurs futures réalisations et surtout leur permettre de réduire ce décalage entre les intentions et les actes. C'est un petit peu comme la création des conditions d'un milieu familial où le parent mise sur l'éveil de son enfant, sur sa capacité à apporter de beaux fruits sur cette Terre. Dans ce cas, jamais un parent qui investit pour son enfant ne va lui demander de le rembourser et qui plus est avec des intérêts. C'est un don pour le corps social. En conséquence, l'éthique concernant des produits conçus pour être valides sur plusieurs générations ou dans un cycle de vie bien déterminé ne peut qu'être acquise comme une résultante.

Pour favoriser ces créations, **la société doit bâtir des relais et des pôles de sagesse où des parrains tuteurs éclairés encadreraient l'initiation de leurs filleuls,** y compris dans les structures financières de fonds d'émergence ou de capital risque alternatif et solidaire associées. Les structures de capital risque traditionnelles existant à l'heure actuelle sont majoritairement à reconsidérer car leur obsolescence tient surtout dans leur fonctionnement à partir d'un modèle prévisible et contrôlé.

Ensuite, passé l'émergence de l'énergie créatrice, le porteur de projet entre dans une phase de développement, de mise en réseau de sa création. C'est là qu'il a besoin d'une synergie qui a besoin d'être expliquée par la deuxième loi de l'énergie rencontrée en physique des matériaux isolants.

Un condensateur électrique a deux capacités distinctes : une capacité globale de stockage de courant en surface qui est classiquement utilisée en électronique et une capacité locale de stockage en profondeur de l'ordre de cette énergie de réaction nucléaire dont nous avons déjà parlé. La capacité globale de l'isolant va servir la circulation du courant dans un ensemble infiniment plus grand. Cet isolant peut être relié électriquement en réseau par des câbles de courant.

Il en va de même pour le projet d'un individu arrivé à la fin de sa phase de conception d'un prototype, à la fin de cette phase de faisabilité où l'on peut deviner son utilité sociale pour tous. Il faudrait que ce projet circule lui-aussi en réseau et serve le corps social dans son ensemble. Seulement jusqu'à présent, comme le modèle hiérarchique pyramidal, de par sa structure même, concentre le pouvoir, le contrôle et la prévision dans les mains des individus les plus inconscients, alors le système devient déviant par nature. Oui, arrêtons-nous là un instant. **La description préalable des mécanismes bourreau-victime et la structure du modèle hiérarchique ont naturellement tendance à propulser en haut de la pyramide des individus sans aucun doute intelligents mais dont le formatage initial a réduit le champ de conscience.** Ces hommes sont devenus majoritairement des bourreaux progressivement auto-alignés à une pensée mono-dominante, prisonniers d'un système de croyances dogmatique. C'est le cas par exemple d'une grande majorité des dirigeants éduqués par un capitalisme fondé sur une société de croissance économique continue.

Le modèle pyramidal hiérarchique ne peut plus fonctionner. Il ne convient plus pour aborder les défis écologiques de demain. À l'heure où la condensation des monnaies rares ne se fait pas sur les zones de connaissance et de savoir-faire, mais sur les zones de concentration du pouvoir hiérarchique, idéologique et historique, l'humanité s'achemine vers un cul-de-sac. Il existe des zones de grande richesse en matière de connaissance et qui sont financièrement pauvres, alors qu'on trouve des zones financières très riches s'appuyant sur une ignorance caractérisée des lois du monde vivant. Au sein d'une structure d'entreprise qui procède par la *« minéralisation de ses objectifs »*, personne ne peut remettre en question cette minéralisation. Comme le montre à nouveau très bien Jean François Noubel[28], même les Organisations Non Gouvernementales font partie du système hiérarchique pyramidal. En effet, les ONG font comme les autres la chasse à l'argent rare, ont un nombre de personnes très important, des salariés formatés à l'intelligence pyramidale qui sont dans une forme d'assujettissement des autres, au sens où un individu missionné peut l'être. Compétition, territoire, survie, prédation, ancrage, reproduction et fusion sont encore de puissants leitmotivs dans ces structures calquées sur le vivant archaïque.

C'est donc à tous ceux qui souhaitent l'émergence d'une autre société qu'incombe l'action de traverser *« un vivant social hiérarchique archaïque »* qui vit sa crise d'adolescence, sa mutation, pour **aller vers un vivant social symbiotique et en homéostasie**, au sens où Claude Bernard entendait les mécanismes de régulation cellulaire. Ce n'est qu'en créant les moyens d'une intelligence collective globale que nous pourrons propulser le développement des créations personnelles. Pour cela, les acteurs décisionnels ont impérativement besoin d'avoir atteint un état de sagesse collective dont cet ouvrage vient d'en préciser les conditions.

L'interdépendance des êtres, de tous les frères et sœurs vivant sur cette Terre, ainsi que la diversité sont deux réalités auxquelles personne ne peut déroger sous peine de suicide collectif. La photo de la situation décrite dans les chapitres III et IV montre bien qu'en ignorant cette loi d'interdépendance incontournable, les hommes ont conduit l'humanité devant le gouffre. Or l'homme n'est encore jamais parvenu à créer de mini-écosystèmes isolés, même lorsqu'il a cherché à le faire lors de l'aventure de la conquête spatiale. La vie terrestre constitue un milieu vivant selon un ordre symbiotique complexe où s'interconnectent les 4 éléments naturels. Il y a donc une interdépendance de fait. Mais **l'interdépendance se vit. Elle ne se décrète pas.** Il est cependant fréquent d'entendre les beaux discours de ceux qui la prônent sans la vivre. Passer du local au global demande d'avoir atteint un certain niveau de sagesse. Si l'on se réfère au chapitre II, au paragraphe concernant la description des niveaux de la conscience, il est souhaitable et plus simple de chercher des sages qui atteignent le niveau de conscience du plan bouddhique et le manifestent, ainsi que chercher celles et ceux qui vont ressentir la communion avec le vivant. C'est parmi eux que l'on pourra **créer de nouveaux cercles de sagesse cosmocentrés** et non seulement sociocentrés ou mondocentrés. En effet, bien au-delà des consciences égocentrées, il y a celles et ceux qui ont la conscience d'un monde plus vaste, d'une nation, d'une région ou d'une entreprise. Cette conscience sociocentrée est ici cependant insuffisante pour répondre aux exigences énergétiques de la physique des isolants à l'ordre global. L'entité autonome au-delà de la taille d'un être humain, c'est la Terre dans son entier, nullement un pays ou une entreprise. C'est le même processus que pour l'entité autonome en deçà de la taille d'un être humain. C'est directement la cellule vivante et non un organe tout seul ou même un système d'organes. Ainsi la conscience mondocentrique pourrait paraître suffisante à l'échelle des créations humaines. Cette conscience, qui manifeste le fait que les hommes sont reliés entre eux quelle que soit leur race, leur religion, leur condition d'être, est une première étape pour aller vers le global. La pratique montre qu'elle est néanmoins encore notoirement insuffisante pour se relier au vivant et à la réalité des plans de conscience existants. **Seul un modèle cosmocentré peut être retenu, un modèle où la Terre n'est pas forcément le nombril du monde** (comme le décrivait Alessandro Piccolomini[31, 32] à l'époque de Nicolas Copernic), un modèle où les autres manifestations issues des différents univers de conscience jouent un rôle aussi important que l'univers tangible terrestre où les autres formes du vivant incarné sont prises en compte.

C'est de ces sages-là dont l'humanité a besoin de nos jours pour sortir de l'impasse. Et ils sont actuellement beaucoup plus nombreux qu'on ne le pense car ils ont appris à vivre en toute simplicité en marge du système actuel, un système qu'ils savent pertinemment obsolète pour le devenir du vivant. On a besoin que des cercles de sagesse et des réseaux globaux soient bâtis afin de relier cet ordre local à l'ordre global. À l'heure de la Révélation (ou de l'Apocalypse dont c'est une autre définition), seuls ces systèmes et ces organisations passeront au travers des turbulences d'un chaos salvateur. Nous avons besoin de ces passeurs, de ces visionnaires. **L'heure est venue pour qu'ils se fassent connaître et qu'ils aident à mettre en lumière les germes de demain encore dans l'ombre aujourd'hui.** L'urgence est bien là. Les visions locales et la vision globale acquises par ces êtres qui pensent tout d'abord sur un plan collectif, qui vivent la dimension collective avant l'individuelle qu'ils ont certes acquise, permettront de privilégier les jeunes rameaux portant des fruits sains par rapport aux branches ployant sous des fruits pourris.

Les sages, organisés dans ces nouveaux réseaux, auront à revisiter l'usage de la monnaie actuelle en la nettoyant des artifices boursiers et spéculatifs, en l'épurant des nombreuses incitations fiscales, sociales et financières caduques bâties à partir de notre monde ancien en structure pyramidale hiérarchique. En d'autres termes, plus économiques, les critères de génération de masse monétaire émis en amont des banques centrales des pays devront changer. L'actualité nous le démontre. La physique du stockage d'énergie dans les isolants le confirme. Les systèmes bancaires ne peuvent plus asseoir leur devenir sur la crédibilité passée de systèmes économiques, financiers et techniques ayant montré leur nocivité face au vivant. **Prêter de l'argent à long terme aux seules grandes entités de pouvoir ayant bénéficié de cette concentration et de cette condensation des énergies passées est devenu synonyme de mort assurée.** Une nouvelle donne doit être effectuée. Les grands visionnaires du monde de la finance et de la banque, s'ils veulent encore subsister à très court terme, se doivent de réorienter tous leurs efforts en faveur de la **création de ces nouveaux cercles de sagesse éthiques et fraternels**. De rares banques ont déjà amorcé un virage salutaire, même si elles l'ont fait avec de faibles moyens. En France, c'est le cas par exemple de la NEF, la Nouvelle Économie Fraternelle, qui a en plus le sens de la solidarité et de l'engagement éthique. Ce type d'organisme est comparable à un cœur qui va chercher le sang à la périphérie du corps social et qui le renvoie vers les organes locaux sains des sociétés créatrices émergentes. Les domaines d'intervention de ces banques, qui ne font ni spéculation, ni jeu boursier, sont ceux du vivant, de l'écologie, de l'environnement, du culturel sacré et du social quand il rime avec spiritualité universelle. Fiare en Espagne, Banca Etica en Italie et d'autres banques européennes ou mondiales dans ce secteur encore marginal devront dans les prochains mois accroître leur développement. Elles auront plus que jamais besoin de s'entourer de ces cercles de sagesse, au risque de se scléroser par manque de conscience cosmocentrique, par manque d'aspect visionnaire face au chaos désormais imminent.

Voilà pourquoi, afin d'être capable de bâtir ces nouvelles architectures sociales, nous avons besoin d'explorer les architectures visibles et invisibles du bien-être durable sans contreparties négatives pour l'entourage. Les codes sociaux, le langage, les monnaies, la propriété intellectuelle, les façons de penser, les façons de communiquer sont à dépoussiérer, à réinventer de façon originale. C'est encore à ce travail auquel Jean François Noubel, un des fondateurs d'AOL France et un groupe de pionniers nous invite dans le *think tank* www.TheTransitioner.org . En particulier, si l'on tient compte désormais des 6 poisons et des 15 péchés capitaux, la communication ne peut plus fonctionner dans le jugement, la comparaison, l'abus de pouvoir ou le non-dit.

En faisant le bilan de ces conditions nécessaires pour bâtir un programme politique cohérent, nous pouvons dégager le besoin d'une revalorisation forte des modèles locaux originels aptes à recréer du sens, à simplifier et élaguer l'inutile ou le superflu, à purifier le corps social. Nous pouvons aussi enclencher un nettoyage et une dynamisation nouvelle des modèles globaux afin de développer un vrai modèle cosmocentré qui intègre tout le vivant dans la globalité de l'espace-temps. **Pour les modèles locaux, de nombreuses monnaies devront être créées. Pour le modèle global, une transformation profonde des critères qui fondent la richesse est à envisager d'urgence.**

Pour favoriser l'émergence créative locale, osons créer des structures éphémères avec un cycle de vie déterminé, des structures qui vont inciter la division cellulaire (mitose), comme la mort cellulaire (apoptose). Osons la création en parallèle d'au moins 4 types de cultures, 4 types de monnaies ou d'énergies :

- **La culture de l'être**, avec la dimension du cœur au centre, la sagesse de l'éveil comme objectif, le qui suis-je en point de mire.
- **La culture de la création** et de l'inspiration, avec l'émergence de nouvelles solutions pour la planète.
- **La culture du service au vivant**, avec la compassion et la transcendance comme vecteurs force.
- **La culture de « la contemplation en mouvement »** mise en harmonie avec celle du « faire » revisité pour être en accord avec le vivant.

Un être qui naît, possède en lui un capital être, création, service, contemplation en mouvement. Aucune société de la planète n'en a vraiment tenu compte actuellement. Pendant des décennies seules les dimensions du faire et de l'avoir ont été valorisées, avec un constant développement des stratégies associées pour développer leur énergie monétaire. Il est temps de créer aujourd'hui ces 4 autres grands déterminants qui permettent à l'énergie de passer des mondes inaccomplis aux mondes accomplis, comme le dit fort bien la Genèse biblique au 3ème et au 4ème jour (Cf. annexe).

À partir de là, dans chacun de ces 4 univers différents, nous pourrons créer de nouveaux modes de communication, de relation aux autres, de façons de voir les gens. Une nouvelle approche concernant la qualité des échanges, la position dans un groupe, la perception du groupe et l'intensité des échanges pourra être envisagée. Mais ne soyons pas dupes, chaque nouveau mode de communication demande de conserver une certaine vigilance afin de minimiser les éventuelles relations de pouvoir et afin de réduire au maximum les effets de renforcement du contrôle dus à la résistance au changement que la sociologie a bien décrite (effets Melton, Selznick et Gouldner). L'environnement et la façon dont nous nous positionnons, changeront les rapports et donc la qualité des fruits.

Créons cette diversité-là et sachons maintenant regarder au-delà des simples lignes de l'exemple de programme politique qui suit, un exemple qui demandera du temps pour devenir totalement cohérent, réalisable et accepté du plus grand nombre. Ce programme est ici présenté comme un ferment de créativité pour chacun.

UNE ECONOMIE RESPECTUEUSE REHABILITANT LES PETITES STRUCTURES, LA RURALITE, LA PROXIMITE, LE LOCAL

L'économie est au service de l'être humain, pas l'inverse.

Réduire la dette publique et sortir du système de la croissance obsessionnelle :

- ➢ Avoir une nouvelle gestion des fonds publics et pratiquer une véritable politique écologique et sanitaire est le préalable à une belle évolution de notre société. Elle permettra des marges de manœuvre budgétaire et une économie minimale annuelle de 70 milliards d'euros. En instaurant de nouveaux leviers fiscaux, en particulier dans le domaine de l'énergie et de la dépollution où le coût s'élève à respectivement 46 milliards d'euros et 35 milliards d'euros, on peut retirer 18 milliards d'euros. À ceux-ci s'ajoutent 4 milliards d'euros en provenance de la Défense, 8 milliards d'euros en provenance de la gestion des fonds publics (à peine 1% du montant des prélèvements des impôts et taxes annuels), 10 milliards d'euros en taxation des produits polluants et surtout 30 milliards d'euros en pratiquant une autre politique de santé.
- ➢ Internaliser le coût des transports, en faisant payer les infrastructures aux transporteurs, en réévaluant par exemple le coût du kérosène, en faisant payer le coût environnemental de la pollution des transports et le coût des maladies associées aux transporteurs eux-mêmes.
- ➢ Réduire le budget militaire de 10% minimum et affecter les économies supplémentaires aux besoins sociaux, humanitaires, éducatifs, environnementaux.

Donner plus à celui qui ne peut pas, donner de moins en moins à celui qui ne veut pas aller dans le sens de ce bien-être durable, revaloriser les plus démunis
- ➢ Indemniser sans avoir aucune activité incite à la passivité, et empêche d'indemniser mieux ceux qui sont réellement dans la détresse.
- ➢ Revaloriser les minima sociaux comme le SMIC à temps plein ou à temps partiel.
- ➢ Permettre au demandeur d'emploi de pouvoir retrouver ses droits immédiatement en cas d'une nouvelle perte d'emploi.
- ➢ Plafonner le montant maximal d'indemnisation chômage à 3 000 € nets mensuels.

Traiter efficacement le problème du chômage
- ➢ Préserver et développer un réseau de petits commerçants et d'artisans en limitant la création de nouvelles grandes surfaces.
- ➢ Stimuler la création d'emploi local utile à la collectivité, réduire les charges sociales et favoriser la fiscalité au sein des petites structures.
- ➢ Revitaliser le milieu rural, les petites exploitations agricoles familiales, en encourageant le retour au travail le plus naturel de la terre et le développement des éco-villages.
- ➢ Créer un ministère d'État des maires des petites communes de moins de 3 000 habitants.
- ➢ Développer de nouveaux secteurs d'activité dans le domaine des écosystèmes, des énergies renouvelables non polluantes, des économies d'énergies, des services à la personne et indemniser les activités d'intérêt général associatives.
- ➢ Créer des centres de recherche appliquée sur les métiers du futur.

Favoriser la création d'entreprise ou d'associations et la réduction du temps de travail
- ➤ Obtenir le droit au chômage pour les dirigeants, avoir des charges très faibles les premières années pour l'entrepreneur et pour ses 2 premiers salariés.
- ➤ Favoriser les micro-projets et les micro-crédits, l'essaimage et les incubateurs de projets à partir de nouvelles structures monétaires.
- ➤ Développer les banques éthiques et fraternelles.
- ➤ Favoriser l'émergence d'un système rotatif d'échange et de crédit basé sur la fraternité et le travail sur soi, à l'image des tontines spirituelles africaines d'essence initiatique qui aident à l'émergence d'hommes et de femmes autonomes, ayant la clé de leur abondance comme de leur créativité.
- ➤ Convertir les gains de productivité en gain de temps de travail pour favoriser la production de biens relationnels, de temps contemplatifs, d'activités de service dans le don, de temps de créativité.

Soutenir activement le million de petites associations de notre pays
- ➤ Modifier la loi de 1901 pour l'adapter au monde d'aujourd'hui, afin de pouvoir embaucher davantage dans le monde associatif, d'élargir la reconnaissance d'utilité publique, d'améliorer la fiscalité sur les donations et de reconnaître aux associations la capacité de mener des actions collectives en justice.
- ➤ Développer les réseaux d'échanges de savoirs, de compétences, d'expériences, de services et de don.

UN PACTE ECOLOGIQUE ACTIF POUR SAUVER LE VIVANT ET MIEUX VIVRE ENSEMBLE

La Terre est un être vivant unique, sur laquelle chaque être vivant est un habitant.
L'air, l'eau et les écosystèmes sont des éléments fondamentaux de la vie.
Concilier activité humaine, respect du vivant et de la planète est notre objectif.

Pour remédier aux problèmes écologiques, il nous faudra procéder en trois temps :

A court terme, faire cesser le gaspillage et inciter à utiliser des modes de vie sains à empreinte écologique faible.

A moyen terme, généraliser la mise en œuvre de solutions connues qui ont fait la preuve de leur efficacité. Il ne s'agit pas là de faire des grands programmes de recherche.

A long terme, développer la frugalité et le besoin juste avec des énergies véritablement alternatives, un habitat écologique, des produits et des aliments naturels.

AGRICULTURE- ALIMENTATION- ANIMAL
Développer une agriculture 100% biologique, sans OGM et sans pesticides dans les dix ans à venir, une pêche en accord avec les ressources existantes.

- ➢ Redonner aux paysans le pouvoir d'accéder à la terre qui leur a été enlevée par les spéculations foncières en créant une fondation des universités paysannes et d'éco-compagnonnage.
- ➢ Réorienter la fiscalité et les subventions de la Politique agricole commune (PAC) pour amener les exploitations agricoles à taille humaine vers le secteur biologique et vers plus d'autonomie.

- Promouvoir les produits locaux, les petites exploitations locales et les circuits courts, afin d'orienter vers l'autosuffisance alimentaire.
- Développer les Associations pour le maintien d'une agriculture paysanne, AMAP.
- Développer les Jardins de Cocagne pour les habitants des villes et des villages.
- Favoriser une fiscalité privilégiant les produits biologiques ainsi que les petits commerces de produits « Bio », taxer les produits alimentaires créant des processus d'addiction.
- Atteindre l'objectif zéro OGM plein champ en deux ans.
- Obtenir le zéro pesticide en 7 ans (le parlement européen ayant sorti un rapport en 2008 montrant que l'exclusion des pesticides pouvait faire gagner 700 milliards d'euros en 30 ans).
- Promouvoir l'éradication des engrais chimiques en 10 ans.
- Inciter au 100% Bio en 10 ans. Pour atteindre ces 4 derniers objectifs, il conviendra de promouvoir, d'enseigner et de généraliser les méthodes naturelles ayant déjà fait leurs preuves.
- Libéraliser la diffusion des semences naturelles[12-39] et supprimer petit à petit la vente des semences hybrides non reproductibles.
- Supprimer le droit à breveter le vivant.
- Favoriser la biodiversité alimentaire et la polyculture pour passer du monopole des 4 plantes qui fournissent 60% de l'énergie alimentaire mondiale (soja, maïs, blé, riz) aux 30 000 variétés de plantes comestibles recensées par les peuples premiers.
- Informer la population des dangers d'une alimentation qui entretient les dépendances.
- Préserver l'humus et la qualité biologique des sols lors du développement d'une exploitation agricole.

Respecter l'animal
- Éduquer et informer les Français sur l'intérêt pour la santé et pour l'environnement de réduire la consommation de viande, de laitages et de poisson.
- Limiter fortement les élevages industriels d'animaux et de poissons et favoriser les petits élevages en harmonie avec les lois naturelles.
- Établir des quotas de pêche et d'élevage, taxer les importations industrielles de viande et de poisson pour équilibrer le marché.
- Stopper l'expérimentation animale inadaptée au modèle humain.
- Soutenir activement au plan international les protecteurs des animaux terrestres, des mammifères marins, des poissons, des oiseaux.
- Réduire progressivement le commerce de la fourrure naturelle, la corrida et la chasse à courre.
- Développer les modes de communication avec les animaux pour mieux comprendre le règne animal.

ENERGIES – ECOSYSTEMES - HABITAT
Restaurer les écosystèmes
- Agir au niveau mondial pour le respect des écosystèmes et leur diversité qu'elle soit végétale ou animale. Développer la reforestation et l'entretien des forêts, protéger le territoire maritime. La connaissance de cette biodiversité, que l'on connaît à peine (puisque selon certains experts 90% des espèces n'ont pas encore été décrites) fera l'objet de recherches.
- Stopper l'aggravation de l'effet de serre en réduisant par 4 ses causes en 20 ans.
- Gérer les déchets et la dépollution à la source.

- ➢ Valoriser les filières de recyclage les plus naturelles possibles et abandonner les projets d'incinérateurs nuisibles à la santé et à l'environnement.
- ➢ Atteindre en France les normes européennes de qualité de l'eau.
- ➢ Développer un système de traitement des eaux pluviales lorsqu'elles sont diluviennes.
- ➢ Créer des parcs hydro-géologiques à l'image de celui du Verdon.
- ➢ Mettre en œuvre les procédés locaux de génération d'une eau vivante du même type qu'Aqua-Prima.
- ➢ Instaurer une tarification progressive de l'eau en fonction de la consommation (gratuité des 50 premiers litres d'eau par jour et par habitant).
- ➢ Instaurer une taxe variable sur l'enlèvement des ordures ménagères en fonction du volume d'ordures ramassées.
- ➢ Supprimer la publicité en affichage public et en boite à lettres et pénaliser fortement les dépenses de publicité.

Développer les économies d'énergies
- ➢ Instaurer un plan national d'isolation de l'habitat très créateur d'emplois (consommation actuelle 180 KWh/an/m^2), un plan de chasse aux gaspillages par une démarche Négawatts (l'énergie la moins chère et la moins polluante est celle que l'on ne consomme pas), stimulée par des incitations fiscales (taxe foncière sur la base de l'empreinte écologique, facilités d'investissement et exonérations de charges pour l'habitat bioclimatique).
- ➢ Développer le concept d'habitat bioclimatique autonome (15 KWh/an/m^2), le concept d'énergie positive pour chaque nouvelle construction (qui rend plus d'énergie qu'elle n'en consomme) et une éducation nouvelle à l'écologie de l'habitat.
- ➢ Mettre en place une subvention pour l'achat par les particuliers d'appareils permettant de vérifier la

consommation d'électricité ou mettre en place des compteurs thermiques individuels dans les immeubles collectifs.
- ➢ Développer les éco-hameaux solidaires, les écosites sacrés.
- ➢ Utiliser au maximum les toits disponibles pour récupérer l'eau et capter l'énergie solaire.
- ➢ Créer des centres de recherche dédiés aux économies d'énergies, à l'habitat écologique et aux énergies propres et renouvelables.
- ➢ Inciter à la réduction de la vitesse sur autoroute (10 km/h en moins, c'est 15% de carburant et de CO_2 en moins) et faire installer des débitmètres sur les tableaux de bord des véhicules.
- ➢ Développer les pistes cyclables en ville et dans la nature.
- ➢ Mettre une priorité aux transports en commun, au covoiturage, au développement des échanges de proximité.
- ➢ Réduire les trajets de transport des produits et développer le fret ferroviaire ainsi que le ferro-routage.

Promouvoir une autre politique énergétique à moyen terme
- ➢ Avoir une diversité d'énergies renouvelables non polluantes, respectueuses de l'environnement, produites localement, à coût et rendement optimums et génératrices d'autonomie (solaire photovoltaïque et thermique, hydrogène-solaire, petit éolien, géothermie, pile à combustible, bois, biomasse, énergie des océans,...), pour sortir progressivement du nucléaire, du pétrole, du gaz et du charbon (arrêt immédiat du programme EPR, sortie du nucléaire au fur et à mesure de la fin de vie des centrales).
- ➢ Établir un moratoire pour stopper le développement industriel des agro-carburants.

- Effectuer une tarification progressive de l'énergie pour l'habitat (gratuité jusqu'à un seuil donné par foyer fiscal).
- Mettre en œuvre une fiscalité écologique sur le principe pollueur-payeur, comme une éco-taxe carbone.
- Créer une fiscalité écologique pour les véhicules.
- Obtenir une indication claire de l'empreinte écologique de chaque produit, en imposant sur l'emballage une pastille verte, orange, rouge, en fonction du recyclage, de l'emballage, de la consommation d'énergie, du coût écologique de fabrication et de transport. Avoir ensuite une TVA indexée sur l'empreinte écologique.
- Taxer graduellement les dépenses d'emballage en % du volume du produit.

UNE SANTE AXEE SUR LA PREVENTION ET LA COOPERATION ENTRE LES MEDECINES

Apprendre à ne pas fabriquer une maladie est moins coûteux que chercher à la guérir.
Ce que nous consommons devient 100% nous-mêmes et activera soit la santé, soit la maladie.
L'éducation à la santé est primordiale.
Chaque personne est différente et doit donc être soignée selon ses spécificités et ses propres choix.

Mieux vaut prévenir que guérir
- Enseigner les bonnes attitudes, l'hygiène, les bonnes pratiques alimentaires à partir d'une alimentation biologique, sans produits chimiques, ni pesticides, ni OGM, la libération des dépendances, les arts martiaux de santé. Promouvoir l'activité physique régulière en plein air, favoriser la vie dans un environnement naturel, apprendre la gestion du stress et cultiver une pensée saine pour prévenir les maladies.

- ➢ Réduire les pollutions chimiques (environnementales, industrielles, agricoles, domestiques) et les pollutions électromagnétiques (par exemple en France, 50 millions de téléphones portables aux effets dévastateurs de mieux en mieux connus, surtout chez les enfants de moins de 12 ans, chez les fœtus et les femmes enceintes). Cette réduction permettra de diminuer les facteurs mutagènes favorisant les cancers, les maladies auto-immunes, certaines maladies neurologiques, les allergies, l'asthme.
- ➢ N'utiliser des médicaments chimiques que dans des cas graves et en association avec des produits naturels qui vont aider le corps à se désintoxiquer des molécules difficilement éliminées par nos systèmes de filtration habituels.

Instaurer la liberté thérapeutique pour chacun
- ➢ Permettre la coopération entre la médecine conventionnelle et les médecines douces, les thérapies holistiques appelées à tort alternatives et les autres traditions médicales du monde (chinoise, tibétaine, ayurvédique,…) avec un libre exercice pour le médecin et le thérapeute, la liberté de choix pour le malade, à l'instar de ce qui se fait dans d'autres pays européens.
- ➢ Informer le public sur la variété des approches thérapeutiques holistiques.
- ➢ Favoriser la recherche innovante pour les médecines holistiques globales.
- ➢ Favoriser la création d'une filière de Passeurs d'âme® permettant au plus grand nombre d'accéder au réel bien-être durable pour tous sans contreparties pour l'entourage.
- ➢ Créer des filières diplômantes de haut niveau en thérapies holistiques, comme la naturopathie vitaliste, l'herboristerie, l'aromathérapie, la phytothérapie, l'homéopathie, la gemmothérapie, la cosmétologie

naturelle, la médecine énergétique traditionnelle chinoise (philosophie zen, Qi Gong, massage, pharmacopée, acupuncture, moxas, digipuncture et réflexologie).
- ➤ Rembourser les soins des médecines holistiques, favoriser la prééminence du préventif sur le curatif.
- ➤ Établir la liberté vaccinale et la levée de l'obligation vaccinale pour l'admission dans les garderies, écoles et lieux de travail comme dans la plupart des autres pays européens. Rétablir une information objective sur les effets des vaccinations et établir des enseignements et des recherches autour de la poursuite de l'œuvre de génie d'Antoine Béchamp, contemporain de Pasteur.
- ➤ Réaliser de nouvelles évaluations d'impact de certains médicaments.
- ➤ Transférer à la justice ordinaire le pouvoir juridictionnel des Ordres professionnels de santé.
- ➤ Augmenter le nombre de chirurgiens et de médecins spécialistes, de praticiens hospitaliers et de soignants pour faire face à leur raréfaction.

Établir la libre circulation de l'information et des produits
- ➤ Avoir une information libre et indépendante sur les produits à destination des différents publics.
- ➤ Obtenir la libre circulation, prescription et commercialisation des remèdes, des compléments alimentaires vendus dans la Communauté européenne.

Rouvrir de petites unités médicales de proximité, plus humaines
- ➤ Améliorer la formation humaine des médecins pour retrouver la proximité avec le patient, ses spécificités et ses différences.

- Enseigner aux médecins et personnels soignants les liens « corps-âme » pour revenir dans l'esprit du serment d'Hippocrate originel.
- Fonder ou rouvrir des maisons de naissance dirigées par des sages-femmes et des accompagnatrices de la naissance, pour redonner aux femmes leur pouvoir sur une naissance la plus naturelle possible, avec préparation du couple en amont avant la naissance sur les principes d'hygiène de vie (hygiène alimentaire, corporelle, psychologique et spirituelle), sur la communication avec l'enfant, sur les processus naturels de naissance (physiologiques, respiratoires, mentaux).

UNE EDUCATION AU SAVOIR ETRE DANS LE RESPECT DU VIVANT POUR NOS ENFANTS

L'école est une clé essentielle du changement.
Il est bon d'éduquer autrement pour aller vers l'autonomie, pour apprendre à penser, discerner, entreprendre et décider.
L'objectif est d'apprendre à réussir sa vie, plutôt que de réussir dans la vie.

Privilégier une éducation au savoir-être

- Apprendre à préserver sa santé, à respecter son propre rythme, à acquérir l'autonomie et l'esprit de coopération. Une mesure indispensable pour montrer l'exemple sera d'introduire l'alimentation biologique dans toute la restauration scolaire. Une autre mesure pourra concerner la création d'un potager au sein de chaque école primaire.
- Privilégier les 15 valeurs fondamentales du savoir-être, le respect des autres, de soi-même et de l'environnement, des valeurs civiques et de la démocratie participative, la notion de responsabilité collective pour amener à une véritable conscience écologique. Apprendre les relations

humaines et une communication qui évolue vers la communion entre les êtres.
- ➢ Aider le jeune adolescent à définir son projet de vie, son métier, pour l'amener vers son épanouissement, son réel bien-être, son éveil à une autre conscience de la vie, à un autre regard sur son quotidien.
- ➢ Mettre en place une éducation pour savoir être parent.

Modifier profondément le contenu des enseignements et des recherches
- ➢ Former les enseignants aux nouvelles disciplines et au savoir-être. Amener les enseignants à une véritable transformation d'eux-mêmes dans le sens du bien-être durable.
- ➢ Revaloriser le travail manuel, la création, l'artisanat, l'apprentissage, le compagnonnage.
- ➢ Former des éducateurs spécialisés dans l'environnement pour transmettre aux enfants et aux adultes des valeurs essentielles de respect de la vie et de l'environnement.
- ➢ Revaloriser le statut d'artiste et d'intermittent du spectacle.
- ➢ Valoriser les arts et la culture sous leurs formes diverses, en particulier les arts premiers et les arts sacrés en littérature, arts de la scène, musique et beaux-arts.
- ➢ Enseigner les valeurs humanistes universelles, les disciplines ethnologiques et sociologiques et développer le sens de la liberté spirituelle pour aller vers une spiritualité laïque respectueuse des religions et mouvements spirituels divers.
- ➢ Enseigner les fondements de l'intelligence collective, la mise en place des nouvelles structures sociales de demain et favoriser la formation aux nouveaux outils de communication de l'Internet et du socialware (moteurs de recherche, weblogs, wikis, arbres de connaissance, mmogs,…).

- ➢ Favoriser l'attractivité de l'école pour ses formations en matière de jardinage, d'agriculture écologique et d'art culinaire.
- ➢ Favoriser le développement des langues, l'ouverture aux autres cultures. L'espéranto pourra être une option linguistique.
- ➢ Alléger le contenu des programmes, réduire le rôle des mathématiques dans la sélection des élites et augmenter le temps consacré aux arts, aux sports entretenant la santé (Arts régénérateurs traditionnels sacrés ou arts du mouvement), aux jeux, aux classes vertes-montagne ou mer et à la découverte de la nature.
- ➢ Rattacher l'école maternelle au Ministère de l'Éducation Nationale au lieu du Ministère de la Santé.
- ➢ Augmenter fortement le personnel dans les petites classes jusqu'à une personne pour 10 enfants.
- ➢ Mettre en place des petites structures et remettre au goût du jour les méthodes éducatives et les outils d'éveil qui ont fait leurs preuves (Montessori, Fresnais, Steiner, etc.), afin d'aller encore plus loin avec d'autres types d'écoles.
- ➢ Mettre en place des classes de niveau et non plus d'âge, où le passage en cycle supérieur ne sera pas systématique.
- ➢ Donner la possibilité et les moyens à l'enfant de s'investir plus dans une ou plusieurs matières qu'il aime pour faire éclore son talent et le motiver en lui permettant de progresser à son rythme dans les autres matières.
- ➢ Réorienter le contenu des programmes de recherche avec étude éthique systématique.
- ➢ Remettre la Recherche fondamentale dans le domaine public et développer des moyens universitaires autour de programmes allant dans le sens d'une société du bien-être durable pour tous.
- ➢ Former des techniciens et des ingénieurs au développement des énergies renouvelables non polluantes.

Aider spécifiquement les enfants en difficulté scolaire ou sociale
- ➢ Effectuer un suivi individualisé à l'école, apporter un soutien psychologique adéquat si nécessaire.
- ➢ Multiplier les postes d'éducateurs et les former au savoir-être.
- ➢ Aider les familles monoparentales dans l'éducation de leur(s) enfant(s) par le soutien d'associations, par des aides de l'État, par la mise en place d'horaires à la carte dans les entreprises.

Créer et entendre, aussi bien localement qu'au plan national, des conseils des anciens
- ➢ Créer un conseil national des sages composé d'anciens, laïcs et spirituels ayant pour but d'aider à l'émergence d'une société reposant sur des valeurs plus féminines, plus harmonieuses allant dans le sens du bien-être durable et de la transmission des enseignements de joie, de paix et d'amour.

Ré-instaurer la nécessité de discipline, le goût de l'effort et du service
- ➢ Permettre l'expression des objections et des avis différents car bien expliqués et bien exprimés, ils construisent l'enfant et surtout l'adolescent.
- ➢ Valider une charte des droits et devoirs fondamentaux de l'enfant comme de l'adulte.
- ➢ Instaurer une nouvelle police de proximité dans les quartiers urbains sensibles avec la mise en place d'un plan de réduction des 6 causes de la délinquance qui sont : la désespérance, l'impunité permanente, l'inactivité, l'absence d'éducation, les mauvais exemples et le manque d'amour.
- ➢ Créer un service civique de 6 mois pour les 16-25 ans à une période de leur vie qu'ils choisiraient.

UNE SOCIETE PLUS JUSTE ET PLUS EQUITABLE

- ➤ Rendre l'aide juridictionnelle plus simple à obtenir.
- ➤ Alléger les procédures et en réduire les délais.
- ➤ Revaloriser les moyens de la Justice française et sa déontologie.
- ➤ Former les juges au savoir-être et à la justesse des lois du vivant plus qu'à la justice sociale basée sur les lois des hommes. Puis, modifier les lois actuelles en conséquence.
- ➤ Développer des alternatives à l'incarcération pour la majorité des délits.

UNE VRAIE DEMOCRATIE QUI FAIT PARTICIPER LES CITOYENS ET RETABLIT LA CONFIANCE

- ➤ Élire les députés avec une dose de proportionnelle.
- ➤ Rendre les votes démocratiques à l'Assemblée Nationale, au Sénat.
- ➤ Respecter et valider le vote blanc, avec annulation des élections au-delà de 25% de votes blancs.
- ➤ Supprimer le vote électronique.
- ➤ Légaliser le référendum d'initiative populaire sur demande de 5% du corps électoral.
- ➤ Mettre en place une démocratie participative avec l'ouverture de grands débats publics, suivis de référendums sur les choix stratégiques (Éducation Nationale, Santé, Énergie, Agriculture, Transports,…).
- ➤ Abolir le cumul des mandats et le lobbying parlementaire.
- ➤ Créer un statut d'assistant parlementaire ou sénatorial.
- ➤ Modifier le système de parrainage des candidats à l'élection présidentielle.

- Définir des critères essentiels permettant d'apprécier et de vérifier l'efficacité des élus à l'Assemblée Nationale.
- Promouvoir l'égalité homme-femme en politique.
- Favoriser le rajeunissement des députés et des sénateurs.
- Suivre l'état des fonds publics par un président de la Cour des comptes nommé par l'opposition.
- Mettre en place des médias autonomes, indépendants des lobbies.

UNE SOLIDARITE AVEC LES PERSONNES HANDICAPÉES ET LES PLUS DÉFAVORISÉS

Une personne handicapée est avant tout un thérapeute et un enseignant sur la vie.
Une faiblesse est une grande force à inverser, un immense potentiel.

Intégrer pleinement la personne handicapée dans la société
- Faciliter l'accès à l'emploi, aux transports, aux loisirs, au logement et à la culture.
- Multiplier les postes d'auxiliaires de vie scolaire, de vie universitaire ou autre.
- Revaloriser les métiers d'aide sociale.
- Informer le public sur l'existence de différents handicaps, de pathologies invalidantes, afin d'inciter à l'entraide et à la compassion.
- Obtenir une vraie intégration pour les personnes handicapées à chaque niveau de la société.
- Créer des réseaux d'entraide fraternels (familiaux, amicaux, associatifs) pour être à l'écoute des problèmes physiques, psychologiques et mentaux dus au handicap spécifique de chacun.
- Scolariser les enfants handicapés dans des classes ordinaires dans la mesure du possible.

➢ Revaloriser l'actuelle AAH (Allocation Adulte Handicapé).

Aider les plus défavorisés
➢ Créer un véritable contrat de réinsertion sur 2 ou 3 ans pour les sans-abri conduisant à une activité faisant sens pour chacun et à un logement décent.
➢ Favoriser l'accès au logement des plus démunis par la création d'une assurance-loyer pour les propriétaires, sous forme d'une mutualisation nationale des loyers.
➢ Créer une aide pour les retraités à petits revenus, les jeunes en démarche d'autonomie.
➢ Instaurer une participation financière de l'État en faveur des associations oeuvrant sur des projets de solidarité.
➢ Obtenir des prêts et des crédits garantis par l'État pour les personnes à faible revenu, malades ou handicapées.
➢ Réhabiliter les logements vandalisés et insalubres pour le million de mal-logés, avec des logements vacants évoluant vers des logements bioclimatiques autonomes.

Aider les minorités
➢ Aider et protéger les minorités spirituelles, politiques, cultuelles, linguistiques, ethniques et culturelles.
➢ Inciter les peuples premiers à retrouver leurs traditions perdues et leurs rituels manquants pour redevenir totalement humains Créateurs.
➢ Créer un observatoire des spiritualités et des religions.
➢ Refondre l'actuelle MIVILUDES (Mission de vigilance et de lutte contre les dérives sectaires) et en accroître la compétence, renforcer les moyens de la HALDE (Haute autorité de lutte contre les discriminations).
➢ Supprimer l'aide de l'État aux associations de victime (de la spiritualité, des thérapies holistiques, des éducations à l'éveil de l'être global, etc.).

UNE VIE SEREINE DANS LES PAYS DÉMUNIS
Il est possible d'étendre l'idéal de bien-être durable à la planète.

➢ Financer massivement des micro-projets dans les pays en voie de développement pour permettre aux habitants de vivre sereinement et de ne pas être obligés d'émigrer sur notre continent.
➢ Coopérer avec ces pays dans le sens d'un commerce réellement équitable et revitaliser leur secteur agricole pour qu'ils assurent leur autonomie alimentaire vers une sobriété heureuse.
➢ Coordonner et soutenir la centaine de millier d'associations européennes de solidarité en fixant des missions précises assorties d'aides financières suivies jusqu'à leur application.
➢ Supprimer la dette des pays économiquement pauvres, les systèmes de dépendance à l'égard des pays financièrement riches.
➢ Favoriser une nouvelle émergence des cultes et des cultures sacrées du monde en apportant la valeur ajoutée du Passeur d'âme®.
➢ Promouvoir des programmes axés sur des approches de développement transpersonnel visant à ce que les peuples opprimés puissent réellement guérir leurs blessures, les transcender en une créativité nouvelle.

UN ESPRIT EUROPEEN EN ACTION POUR METTRE LE MONDE EN ACTION

➢ Préparer une Europe respectueuse, l'Europe des régions souveraines et autonomes sur le plan alimentaire comme énergétique, respectueuse des écosystèmes, de la culture et de l'art propre à chacun des peuples, fonctionnant

dans la coopération et non dans la compétition, dans la confiance et non dans la peur.
- Travailler ensemble avec les ONG, les associations de solidarité pour la paix et le bien-être durable. Développer à plus grande échelle les actions collectives inter-pays comme le Festival mondial de la Terre.
- Éduquer la jeunesse avec des programmes communs au niveau européen (géographie et histoire, enjeux économiques, questions écologiques, savoir-être).
- Favoriser les coopérations entre Européens pour accroître les échanges sur tous les plans et donner un exemple vivant de ce qui peut être entrepris.
- Présenter aux Européens notre idéal de bien-être durable conciliant activité humaine et respect du vivant.

UNE POLITIQUE INTERNATIONALE EN FAVEUR DU BIEN- ÊTRE DURABLE

- Favoriser l'acte d'achat frugal citoyen responsable et refuser les dictats de l'OMC par un boycott massif.
- S'engager résolument dans la voie d'un pacte pacifique avec l'arrêt progressif des exportations d'armes et l'arrêt du principe de la dissuasion nucléaire. Créer un sommet mondial sur le thème de la paix.
- Proposer une réforme de l'ONU, un accroissement conséquent de ses moyens, une modification du système de vote, une application réelle de sa charte, une réforme du conseil de sécurité.
- Proposer de nouveaux moyens et une formation au savoir-être au niveau de la justice pénale internationale.
- Créer une Agence mondiale pour l'eau, les énergies non polluantes, le bien-être durable.
- Proposer un autre type de gouvernance mondiale.

➢ Exercer une influence mondiale pour entreprendre l'arrêt de la production des pesticides, pour la sauvegarde des forêts, le protectionnisme aux frontières contre des pays pratiquant une concurrence déloyale.
➢ Créer une organisation mondiale du patrimoine naturel, afin de préserver les biens communs vitaux dont dépendent l'humanité entière et tout le vivant.
➢ Développer de nouvelles monnaies locales dans des structures d'intelligence originelle, comme la tontine spirituelle[33] et non comme les cercles d'abondance, afin de favoriser l'émergence des richesses individuelles. Puis relier ces monnaies locales à des réseaux de sagesse inter-pays pilotant les monnaies globales.
➢ En Afrique de l'Ouest et en Afrique Centrale, à l'image de la création du FMI, créer un fonds garanti par la richesse des ressources minières et énergétiques, afin de favoriser l'émergence d'une monnaie globale africaine remplaçant la monnaie de dépendance colonialiste comme le franc CFA[34].
➢ En ce qui concerne les pays européens ayant eu un passé colonialiste avec l'Afrique et l'ayant maintenu d'une façon plus subtile par le biais de la monnaie ou de soi-disant accords de coopération, aider à promouvoir l'émergence des initiatives africaines permettant à l'Afrique d'entamer sa renaissance sur d'autres bases[35].

CHAPITRE VI

LE PLAN PROGRAMME

Lorsque nous nous demandons à partir de quel moment un projet aussi conséquent que celui-ci pourrait voir le jour et combien de temps serait nécessaire pour qu'il soit réalisé en majeure partie, nous pouvons aisément estimer qu'un bon demi-siècle serait nécessaire. Et cela, à condition de ne pas perdre de temps en chemin, de laisser ici une part d'espérance et de rêve comme marge de manœuvre, d'avoir les potentialités pour créer les nouvelles structures et les moyens financiers pour développer un tel projet. Et bien sûr à condition que le chaos n'ait pas fait son apparition sous la forme de guerres, de révolutions, de cataclysmes majeurs, de pandémies. Car un tel plan programme ne peut être envisagé que s'il peut s'effectuer dans le cadre d'une physique de la continuité des évènements, pas s'il est soumis aux aléas liés à la physique du chaos et de la discontinuité. Nous verrons à la fin du chapitre ce qui peut rester valide en physique du chaos.

Quand on se demande quel plan programme pourrait convenir pour bâtir cette utopie politique, on constate qu'il y aurait au moins 8 étapes fondamentales à franchir, 8 étapes où il serait utile de penser bien-être durable de façon globale, en réalisant ce bien-être sans contreparties négatives en local, zone par zone et jour après jour.

Les huit étapes du plan programme

Première étape. Faire en sorte que ce projet puisse s'étoffer, être modifié car je rappelle bien que dans cet essai de spiritualité politique rien n'est établi. Un des buts pourrait être, à partir de cette trame, d'en constituer un programme associatif citoyen crédible que chacun puisse s'approprier à son échelle, à condition que chacun fasse l'effort personnel d'élargir son champ de conscience.

Cela signifie se donner les moyens de mettre en place des commissions thématiques chargées d'étudier le projet de civilisation et son intégration dans la société actuelle. Ce travail serait à faire le plus tôt possible et pourquoi pas dès 2009. Ces commissions auraient pour mission d'étoffer et de crédibiliser le programme proposé en partenariat avec les associations spécialisées dans les domaines plébiscités par les citoyens, comme le CICNS en matière de liberté spirituelle, comme le MDRGF en matière de santé environnementale, comme le réseau « Sortir du nucléaire » en matière d'énergie ou comme Intelligence verte, Kokopelli et Terre et Humanisme en matière agricole. Cette action nécessaire pour fiabiliser et fédérer les associations verticales demanderait un an minimum et serait à entreprendre dès 2009. Elle serait réalisée en même temps que la création du réseau horizontal des associations locales. Puis, il conviendrait ensuite de médiatiser en France ce programme révisé et complété dès la fin 2010 pour le soumettre à de nombreux débats de fond.

Deuxième étape. Se donner les moyens pour que la conscience de l'équipe organisatrice du réseau de commissions thématiques au niveau national puisse évoluer, se transformer conformément au processus de bien-être accordé au vivant que nous venons de décrire dans le détail aux chapitres I, II et III.

Dès 2009, cela signifierait aussi pour l'équipe ayant le leadership de pilotage d'avoir mis en place une organisation administrative très professionnelle, ouverte et compétente dans le domaine des ressources humaines, de la formation, de la communication externe et interne, du juridique, de l'informatique.

Troisième étape. Se donner les moyens pour que des délégués départementaux du réseau local animent une force de nature à faire connaître le projet aux Françaises et aux Français, au moins deux ans avant l'échéance de nouvelles élections législatives, c'est-à-dire avant fin 2010. Cela signifierait que les associations horizontales locales pourraient inviter dans un cycle de conférence annuel, tour à tour, chacun des présidents ou des membres les plus représentatifs des associations verticales. Ce cycle de conférences dynamiserait les réseaux locaux et permettrait aux associations thématiques de devenir plus professionnelles.

Cela signifierait aussi former, informer les délégués et membres de commissions à la notion de bien-être durable pour tous. Cependant, comme nous l'avons vu préalablement, former et informer ne peut se faire que si chacun des membres a pu lui-même expérimenter une transformation préalable. Donc il serait indispensable d'avoir enclenché, en parallèle un programme de travail transpersonnel pour certains membres environ deux ans avant l'échéance, c'est-à-dire idéalement de l'avoir démarré en 2009.

Cela signifierait donc provoquer un basculement de l'état d'esprit de notre société en faveur des techniques initiatiques transpersonnelles et dans le même temps ouvrir un débat national sur la notion de secte en France pour réduire les peurs existantes et entretenues en la matière. Avec actuellement plus de 39% d'adultes « créatifs culturels » en France par exemple, et ce chiffre s'accroît très vite en ce moment, les individualités qui sont restées tapies dans l'ombre sans oser se montrer, pourraient maintenant émerger sans crainte du ridicule ou du jugement de l'autre.

Cela signifierait enfin professionnaliser les délégués et les futurs candidats afin qu'ils soient capables d'informer les citoyens sur le projet de civilisation, de proposer encore d'autres actions concrètes, de rectifier ce qui devrait l'être afin de garder une cohérence d'ensemble.

Quatrième étape. Un an avant la campagne de 2012, créer le ou les mouvements politiques s'appuyant totalement ou partiellement sur le projet de civilisation élaboré. Établir les supports de communication nécessaires et adéquats pour faire connaître les objectifs de ce projet.

Cinquième étape. En cas de victoire électorale du projet, une période de modifications à court terme s'imposerait au niveau français, afin d'entreprendre de basculer d'un type de société à un autre. Une période protectionniste intermédiaire au niveau des échanges commerciaux serait vraisemblablement à prévoir, dans la mesure où il conviendrait de bâtir des cloisons relativement étanches entre un système ancien mondialisé et infiltré de partout et un nouveau système qui demanderait une protection temporaire pour que la France ou les autres pays retrouvent leurs propres bases d'autonomie. Cette période pourrait être évaluée à 5 ans.

Sixième étape. Pendant la phase précédente de 5 ans, mettre en place des solutions à moyen terme reconnues et fiables, puis développer des programmes de recherche pour générer des solutions nouvelles.

Septième étape. Idéalement après 5 ans, le modèle français pourrait être en mesure d'être exporté ailleurs dans le monde à titre d'exemple. Comme le feraient les partenariats qui auraient déjà été mis en place avec des associations d'autres pays dans la phase 2012-2017, il y aurait naissance d'un réseau de correspondants du même type que ceux qui auraient démarré le mouvement en France.

Huitième étape. En estimant qu'en 2022 l'expérience française ait fait des émules depuis 5 ans dans de nombreux pays, on pourrait raisonnablement penser que la fiabilité du modèle pourrait être validée en 2027 sur le court terme partout dans le monde (5 ans), sur le moyen terme dans de nombreux pays (10 ans et plus) et sur le long terme en France (15 ans et plus).

Comme vous le constatez, cela demande un nombre de conditions considérables, sachant que cela reste fonction de l'état de conscience de nos concitoyens, même si l'émergence sociologique des « créatifs culturels » est bien là.

Physique du chaos

En physique, il existe les lois de la continuité et les lois du chaos. Dans la nature, tout observateur constate bien l'alternance des deux mécanismes, avec présence d'un mélange de croissance et de décroissance cyclique, avec un temps de vie bien déterminé et un recyclage des éléments.

Or dans la société jusqu'à présent, l'homme n'a développé qu'un modèle d'évolution en croissance continue sans tenir compte de ces aspects cycliques. **Comme la société humaine est aussi sujette aux lois de la nature, il est plus que vraisemblable que nous rencontrions maintenant des phases de chaos.** L'histoire de l'humanité est d'ailleurs constellée de ce type d'exemples où les bascules de sociétés impérialistes arrivées à leur apogée se sont effectuées dans le chaos et la violence.

La solution, dite de physique **de la continuité, où les êtres vivants passeraient relativement harmonieusement d'un monde à un autre, est donc peu probable.** Elle l'est d'autant moins que les structures sociales humaines bâties sur le modèle hiérarchique pyramidal ne résistent ou ne subsistent aucunement en physique du chaos. Ce sont même ces structures prédictives et contrôlées qui s'écroulent les premières. Seul le mode spontané, créatif, relié et autrement communicatif peut renaître du chaos tel le phœnix de ses cendres.

Se relier entre ciel et Terre et être en état de liberté intérieure devient aujourd'hui vital. Pourquoi vital ? Tout simplement parce que si le peuple ne s'éveille pas dans l'intervalle avant l'enclenchement de la phase de chaos, ce dernier débutera de façon prévisible. Cela ressemblera un peu à ce qui s'est passé au seuil de la crise économique de 1929, où malgré la montée d'un militantisme pacifique sur fond de lutte des classes et de crise sociale majeure, les stratèges « bourreaux » n'ont eu aucun mal à instrumenter la haine de l'autre et la montée d'un système totalitaire nazi en la faisant même passer par la voie des urnes.

À quoi bon se laisser endormir, se laisser manipuler encore une fois de plus et prendre le risque d'aller tout droit vers une troisième guerre mondiale puisque les points focaux ne manquent pas comme au Moyen-Orient par exemple ? Faut-il laisser les stratèges mondiaux profiter du *« temps de cerveau humain disponible »* d'un peuple docile dont on a éduqué la jeunesse aux jeux vidéos de guérillas dans les rues ? Comme la physique du chaos l'enseigne, regardons d'abord ce qui est prévisible. En effet, dans un chaos ce qui est prévisible s'apprête à mourir. Cette simple anticipation permet de donner ensuite la très exacte direction opposée à cultiver.

Deux aspects essentiels sont prévisibles : l'état de conscience de nos dirigeants, majoritairement enfermés dans la conscience de bourreaux et les systèmes obsolètes bâtis que nous avons amplement décrits. Comme nous ne pourrons changer ni les uns ni les autres, voyons où ces systèmes vont nous conduire. Puis **apprenons ensuite avec vigilance à voir plus loin que la ligne d'horizon des sentiers où nous sommes menés tels des moutons de Panurge.**

Les bourreaux sont prévisibles. Dans leur mode de fonctionnement, reflet de leur grande souffrance enfouie, leur vision du monde est trop souvent limitée et empreinte de manichéisme, avec d'un côté des bons et de l'autre des méchants. Il va sans dire que ce sont eux les bons. Dans leur peur que le contrôle du monde leur échappe, ils feront tout, puisqu'ils savent le chaos inévitable, pour orienter ceux qui peuvent avoir une vision du monde différente de la leur dans une impasse. On comprend alors leur intérêt à manipuler des opinions par l'outil économique et financier, quitte à créer si nécessaire une guerre afin de relancer la croissance économique par l'industrie militaire et en plus leur donner ensuite l'occasion de se présenter en sauveur proposant des alternatives de reconstruction. Cette façon de penser et d'agir est profondément ancrée chez l'homme. L'humanité en a déjà fait la triste expérience. Et ceux qui ont souhaité s'opposer à cela, même en étant Président comme John Fitzgerald Kennedy ou leader d'opposition charismatique comme Martin Luther King l'ont payé de leur vie[36].

Les systèmes bâtis sont prévisibles, d'autant plus si le monde est réduit à un grand marché constitué de groupes industriels au gigantisme avéré. Comme l'histoire et la sociologie l'ont bien montré, la structure hiérarchique pyramidale maintient de façon docile et soumise une majorité de personnes (effet Milgram de soumission à l'autorité[37]). Ces personnes qui sont prisonnières de ce système participent inconsciemment à l'accroissement du chaos. Nos stratèges le savent bien, eux qui ont été formatés pour sans cesse anticiper l'événement ou l'action de l'adversaire avec si possible un ou deux coups d'avance, comme aux échecs. En ayant bâti un système de l'argent dette qui évolue de façon exponentielle vers l'épuisement des ressources de la planète, ils savent pertinemment que tous ne pourront pas profiter de ces ressources en suivant la même logique de croissance que la leur. Pour s'interposer et arrêter le processus généralisé de croissance, une stratégie consiste à créer une instabilité financière qui va stopper l'ensemble des pays du monde. Certains esprits peuvent même juger utile d'instrumenter dans l'intervalle la montée au pouvoir d'un de leurs rivaux politiques afin de le laisser se débrouiller avec une crise économique, politique et sociale gigantesque à l'opposé de son programme politique initial. De cette façon, très rapidement après cette phase nécessaire de purge du système économique, le rival devient vite impopulaire. Et il peut même être plus facile à déstabiliser, s'il symbolise à la fois la réunion d'un Kennedy jeune, intelligent et brillant et d'un Martin Luther King noir près du peuple et de la paix. Allons-nous laisser un seul homme porteur de tant d'espoirs aller seul à l'abattoir ? Aurons-nous l'audace et l'envie de lui prêter main forte en osant nous réveiller de ce cauchemar et nous éveiller à l'amour et au bien-être durable pour tous ? Allons-nous laisser le lobby militaro-industriel et les lobbies de la finance actuels créer les lendemains d'avenir pour nos enfants, ces lobbies qui ont visiblement même été capables de se poser en fausses victimes le 11 septembre 2001 pour mieux relancer le patriotisme, leur outil industriel et la maîtrise des sources d'énergie de la planète ? Oserons-nous enfin nous libérer et prendre notre destin entre nos mains ?

Force est de constater que de façon incontournable l'être humain ne bouge individuellement que lorsqu'il est devant le mur de la nécessité. Et bien aujourd'hui nous y voilà collectivement. Elle est là l'heure de « la révélation » (sens étymologique d'Apocalypse). À la fois l'état de conscience de nos stratèges mondiaux et à la fois le système hiérarchique pyramidal, nous permettent d'entrevoir la nature de la tornade qui est maintenant juste devant nous. C'est à l'opposé que nous devrons aller et très vite maintenant, à la façon d'une flèche patiemment bandée dans un sens pendant longtemps et parfois avec souffrance, d'une flèche prête à être décochée pour aller droit dans la cible.

Il est capital de saisir que l'histoire du bien-être collectif passe d'abord par l'histoire du bien-être individuel. Chacun a donc à prendre conscience que l'essentiel consiste à être bien dans son axe de vie, de façon à tirer sa propre flèche dans la cible et c'est tout. Il n'est pas demandé autre chose. Et nous en sommes tous capables.

Être bien dans son corps et dans sa tête, dans sa plénitude et sa joie, est une condition première de la renaissance en phase de chaos. À ce moment-là, se crée le juste besoin, un besoin juste qui va servir la Terre et ses formes vivantes, une manière de faire complètement nouvelle et en harmonie avec l'être. C'est en *« marchant sa parole sur sept générations »,* comme le disent les Amérindiens, que chaque être humain pourra émerger et participer à la création de ce nouveau monde. La société mondiale traverse les turbulences d'une crise d'adolescence, une crise où elle a la nécessité, comme pour tout adolescent, de rejeter les modèles parentaux ancestraux pour en inventer de nouveaux. Certes il est bon d'aimer ses parents et ses grands-parents pour ce qu'ils ont pu faire dans le contexte de vie où ils ont vécu. Mais aujourd'hui c'est une crise du mal-être individuel et de la douleur de l'ensemble du vivant à laquelle on assiste.

Or en physique du chaos on ne peut pas prévoir. La seule chose qui soit invariante, c'est la loi de la nature qui préside à ce chaos. Les conditions environnementales qui entourent le système, elles, changent régulièrement et chacun doit, ainsi que vous lecteur, à chaque nouveau changement procéder en trois temps.

1er temps : Observer la situation dans laquelle le monde est et constater dans quelle situation individuelle vous êtes. Maintenant vous êtes en mesure de le faire à partir de la situation internationale que je viens de décrire. Et vous pourrez même vérifier ces dires pour accroître votre discernement. Vous pourrez le faire d'autant plus facilement que désormais vous avez développé une plus grande vigilance, **une vigilance qui vous donne le pouvoir du boycott ou de la désobéissance civile pacifique**. Lorsqu'on étudie de près les informations réelles qui transparaissent de la société, on s'aperçoit que les responsables de troubles à l'ordre public ne sont pas ceux auxquels on croit d'habitude.

À vous de trouver les formes de boycott qui vous conviennent, qui soient les plus populaires, les plus ludiques et qui engagent votre responsabilité directe dans la vie quotidienne.

Par exemple, s'abstenir d'acheter un produit illicite au sens où nous l'avons défini en prônant juste l'achat frugal citoyen, c'est un acte de boycott sain.

Soyons aussi conscients que certaines formes de désobéissance civile trop militantes peuvent parfois se retourner contre l'objectif visé en marginalisant l'action enclenchée et en faisant passer les auteurs comme des gangsters ou des vandales, alors même que le fond de leur action est empreint d'une grande justesse. Le fait d'attiser la violence physique, verbale et mentale nous semble à proscrire car cela ne fait qu'endurcir les « bourreaux » et légitimer leur action de répression contre des causes au demeurant justes. Rappelons-nous les actions du Mahatma Gandhi en Inde ou en Afrique du Sud, des actions qui à chaque fois touchaient et engageaient la collectivité de façon pacifique. On voit mal par exemple des personnes d'un certain âge, conscientes d'un vrai problème nucléaire lié à l'EPR, se suspendre pendant des jours à des lignes à haute tension. Ces actions, qui sont certes spectaculaires et visibles, sont réservées à des jeunes passionnés par une cause ou à des rebelles irréductibles. Cependant, elles renforcent les *« nantis qui dorment dans leur inconscience »* dans le fait qu'il existe une France des *« agités du bocal »*, ce qui est hautement contre-productif à long terme.

2ème **temps** : Mettre en application les lois du bien-être durable pour tous que nous avons déjà évoquées aux chapitres I et II. Les nombreuses lois décrites dans cet ouvrage pourront vous servir d'outils pour votre guidance future. À vous ensuite de les tester, de les appliquer pour corriger la trajectoire de choc en choc. Car la physique du chaos n'est pas de tout repos. Il sera nécessaire à chacun de trouver un état de calme, centré et ancré au plus fort de la tourmente. C'est un challenge individuel où les liens collectifs sont mis à mal à chaque instabilité, où vous devrez que très rarement suivre les effets de masse et de groupe. L'inverse sera même souvent plus probable. Je vous souhaite de vivre et de découvrir cette reliance, de pratiquer cette foi qui apaise, qui guérit et permet de créer les conditions des lendemains meilleurs. Je vous souhaite de **pratiquer cette manière de cheminer avec amour** quelle que soit la nature de vos chemins. Ce deuxième temps est un vrai temps de mobilisation et d'action concrète, une action juste et guidée pas nécessairement motivée par l'urgence qui peut parfois s'avérer être un leurre. L'impatience est l'apprentissage de la sagesse de faire un pas après l'autre : un pas science…

3ème **temps** : réévaluer régulièrement les conditions initiales en attendant le prochain changement avec vigilance. Ce dernier pourra à la longue être relativement prévisible si vous regardez dans quel sens évolue le groupe que l'on a nommé « les moutons de Panurge » et si vous avez le courage de ne pas le suivre aveuglément. Car ce groupe pointera plus souvent l'ombre que la lumière. Il exprimera plus la peur, la colère et l'agressivité selon des effets d'égrégores.

La fonction du chaos est là pour casser les résistances et permettre la naissance d'un nouvel ordre, d'un nouveau paradigme.

Attention de ne pas confondre avec le chaos fabriqué de toutes pièces par une théorie sioniste élaborée au début du 20ème siècle, une idéologie qui prévoit et favorise l'émergence d'une poignée d'élus.

Nous parlons d'un chaos naturel, de réactions et d'évènements non stratégiquement programmés ou programmables. Donc il est indispensable de conserver une vigilance vis-à-vis des manipulations de pouvoir que certains emploient fréquemment aujourd'hui, particulièrement dans le domaine du terrorisme international et du sectarisme. Celles-ci tomberont elles-mêmes un jour, c'est aussi une loi du chaos.

En corollaire, c'est donc à une période de fin des modèles sociaux traditionnels à laquelle on assiste. La famille, le couple, la relation au travail, la communication entre amis, le lien entre les différents clans ou tribus, sont des groupes ou des modes sociaux en crise actuellement. Le bilan proposé dans cet ouvrage le montre de façon aiguë.

Étant donné que sur un plan énergétique il n'existe qu'un ordre local et un ordre global, puis un lien en réseau entre ces deux ordres, il va nous falloir, passée la crise d'adolescence, recréer du sens au sein des petits groupes et des structures originelles.

Compte tenu des trois instincts de base de l'homme et des attitudes justes précédemment évoquées, nous pouvons décomposer ces petits groupes en trois familles distinctes.

Par rapport à l'instinct de survie, de soi à soi, nous devons créer les modes de représentation et de valorisation justes d'une personne seule, reliée dans sa transcendance et ouverte à l'amour.

Par rapport à l'instinct social, nous devons valoriser les petits groupes associatifs qui concentrent les êtres humains unis dans une même légende personnelle comme dans une fratrie.

Par rapport à l'instinct sexuel, nous devons favoriser l'émergence de couples souhaitant vivre une relation sacrée.

Ce sont des couples qui s'engagent dans un travail sur eux, où les hommes et les femmes, mus par une juste complémentarité au niveau de l'âme, plus qu'à tout autre niveau, et mus par un désir physique commun, vont s'aider mutuellement dans leur éveil sacré.

Voilà ce que nous pouvons dire face à de multiples chaos qui transparaissent sur l'état complet de notre monde. Nul besoin pour nous d'être comme une nouvelle Cassandre. Chacun verra et jaugera en son âme et conscience.

Qui veut vraiment d'une paix durable ?

Qui va oser aller courageusement vers sa propre introspection salutaire ?

Qui va oser avoir le courage du guerrier intérieur qui agit à contre-courant d'une société décadente et suicidaire ?

Qui va arriver à n'être que guerrier intérieur sans être guerrier extérieur rebelle ou militant ?

Qui va oser exprimer l'amour face au pouvoir ?

Qui va oser lâcher le passé et les repères anciens pour se lancer dans l'aventure du nouveau ?

Qui va oser franchir les trois peurs fondamentales des trois instincts de base (la peur de mourir, la peur de l'inconnu, la peur de l'abandon) au plus fort de la tornade des guerres, des troubles économiques et sociaux, des pandémies et des autres cataclysmes chaotiques ?

Qui va oser s'avancer sans s'attaquer aux bourreaux coincés dans leur cul-de-sac de la conscience, tout en les respectant dans leur infinie souffrance ?

Qui va oser s'en remettre totalement à sa conscience supérieure et à celle de ses lignées d'ancêtres, à sa guidance, plutôt que suivre uniquement les conseils de sa famille, de ses amis et de ses proches ici-bas ?

Qui va se faire confiance plutôt que faire confiance aux autres ?

Qui va se mettre en action à son échelle, petitement mais concrètement, pour aider la jeune génération d'enfants et de petits-enfants condamnée jusqu'ici par autant d'inconscience ?

Qui peuvent être ces courageux pionniers de la conscience qui vont créer les nouvelles structures de demain et les nouveaux cercles de sagesse ?

Vous-même

Car comme le disait Winston Churchill :
« Mieux vaut prendre le changement par la main avant qu'il nous prenne par la gorge ».

Oui, vous pouvez en être, à condition de le décider et de vous y tenir. **La paix durable ne se décrète pas. Elle se gagne de victoires en victoires avec soi-même.** En déclarant la « djihad », vous déclarez une guerre sainte avec vous-même et non pas une guerre religieuse contre les autres. Puissiez-vous, comme d'autres l'ont déjà atteint, retrouver le contact avec l'Imam caché ou avec le Messie intérieur, atteindre l'état de Bouddha ou côtoyer la dimension de Jésus-Christ et de Marie qui vous guident sur le chemin d'une vie de joie, de jeu et d'amour.

Songez que ceci est au final d'une très grande simplicité, puisqu'**il nous suffit de réapprendre à aimer comme le plus jeune des enfants.** Nous aimer en premier, pour nous libérer d'abord et nous permettre d'accéder à nos enseignements, puis aimer les autres ensuite sans attendre de retour.

Ceux qui sont dans l'ombre nous dénigreront et c'est normal. Profitons-en pour développer les liens fraternels entre pionniers de la conscience ayant la conscience globale. Ils permettront de traverser le chaos ensemble, tout en restant indépendants au niveau local. Car la tentation de se regrouper sera grande, particulièrement autour de ceux qui disent savoir ou que l'on croît suffisamment sages pour savoir. Mon expérience me montre que plus j'ai avancé pendant 15 ans dans cette étude moins je savais et plus j'aimais. Là réside peut-être une clé de compréhension essentielle pour **en final ne posséder aucun pouvoir, surtout pas celui de savoir**. Chacun inventera à son échelle les voies de ce futur planétaire de bien-être que nous formulons de nos vœux. Même ce qui figure dans cet ouvrage est légué collectivement afin que tout ce que j'ai pu trouver puisse vous servir intégralement. Je ne détiens rien d'autre, ce qui me rend léger et heureux. Ce que j'ai pu connaître ou savoir, vous le savez maintenant. À partir de là mon chemin est autre.

Cependant, observez bien le point de vue de cet ouvrage qui est **un ouvrage de spiritualité politique et non un ouvrage de politique spirituelle**. Croyez-vous que muni de toutes ces informations sur l'état de notre Terre, vous ayez à devenir des militants plaintifs qui n'ont pas d'autre choix que de partir en croisade politique en prêchant d'autres vérités que celles déjà en place, que vous deviez devenir des rebelles utilisant la violence verbale ou physique ? Croyez-vous que vous ayez besoin de vous défendre si vous choisissez en conscience d'appartenir pleinement à l'ancien monde occidental prônant son dogme de croissance continue parce que cela vous convient, alors que d'autres comme moi font un autre constat ? Croyez-vous réellement qu'on ait je ne sais quel besoin impérieux de vous déranger, de bousculer votre liberté, vos pouvoirs et vos possessions ? Non, mille fois non. Chacun a besoin de vivre ses propres expériences de victime ou de bourreau pour en découvrir l'issue.

Maintenant malgré tout, à la lecture de cet ouvrage vous savez qu'il existe une autre voie, une voie du milieu, une voie de construction patiente à petite échelle, une voie du courage pour procéder au redressement de l'homme en Homme, une voie de la spiritualité et de l'éveil, de la joie et de l'amour.

Voilà pourquoi vous me trouverez dorénavant sur les sentiers du Passeur d'âme® qui accompagne celles et ceux qui souhaitent devenir Créateurs humains. Méditez bien sur le fait qu'en quittant ce monde, tout ce qui est trop lourd ne peut pas monter dans les royaumes du Père. Alors, chacun à notre niveau, allégeons nos fardeaux chaque jour un peu plus car nous n'allégerons pas les fardeaux des autres. L'histoire du bien-être durable me le confirme constamment.

Soyons comme des postes radio, chargés « d'aime être » (des maîtres ou d'émettre) et nous rayonnerons. Ensuite nous recevrons en retour.

Je reprendrais en final le leitmotiv du maître de l'ekklesia Kataugue du 16ème siècle, Ulrich de Mayence, le mentor à partir de 1526 du célèbre Michel de Nostre Dame (dit Nostradamus) et auteur en 1555 des 303 exemplaires d'Arbor Mirabilis[38], « la Bible de l'an 2000 », en disant : *« Tu aimeras ton prochain encore plus et mieux que toi-même »*. Si nous faisons cela, des temps nouveaux s'ouvriront sur Terre.

Le nouveau monde ne peut être fait de l'ancien. C'est par le mouvement nouveau que nous redeviendrons véritablement Créateurs…

ANNEXE

LA GENÈSE BIBLIQUE TRANSMUTÉE

Le texte sacré et de portée universelle qui suit est basé sur la traduction de la Genèse d'Annick de Souzenelle. Il a été appréhendé ici sur la base de mon parcours scientifique qui comprend des connaissances en physique des particules, physique de Charge d'espace dans les isolants, physique de l'eau (cf. mon précédent ouvrage « L'eau matrice de la vie, miroir de la conscience »). Il comprend aussi des apports de compétences externes en médecine énergétique traditionnelle chinoise, M.T.C.*. Ce texte est un peu ardu à la lecture je l'avoue car il demande une certaine concentration et d'avoir acquis un certain nombre de concepts. Il se prête bien à un support de conférence avec dessins et graphiques, où l'on peut plus aisément détailler chacune des notions employées, répondre aux interrogations personnelles de chacune et chacun et faire du sur-mesure. Néanmoins j'ai tenu à le faire figurer ici en annexe, car le récit révélé des trois premiers chapitres de la Genèse répond à la question : comment créer un être humain ? La logique de construction de l'Homme, depuis la première brique élémentaire jusqu'à la dernière, prévaut, ainsi que la quête du sens de notre espèce sur Terre.

Les textes en majuscules sont extraits de l'ouvrage d'Annick de Souzenelle, « L'Alliance oubliée » publié aux éditions Albin Michel en 2005.

Les textes en minuscules sont mes commentaires.

« DANS LE PRINCIPE, DIEU CRÉE LES CIEUX ET LA TERRE. LA TERRE EST FORME ET VIDE. DIEU DIT : QUE SOIT LUMIÈRE, ET LUMIÈRE EST. ET DIEU VOIT DE LA LUMIÈRE PARCE QUE C'EST DE L'ACCOMPLI. ET DIEU SÉPARE LA LUMIÈRE DES TÉNÈBRES. DIEU APPELLE LA LUMIÈRE JOUR, ET LES TÉNÈBRES NUIT. IL EST UN SOIR, IL EST UN MATIN, JOUR UN ».

Dans le principe, le Grand Architecte crée les trois premières dimensions de l'univers : l'état, l'énergie et le potentiel. L'état d'un objet est extérieur à l'objet, quand l'énergie est à l'intérieur de l'objet et le potentiel à la surface.

« Que soit lumière », dit le Grand Architecte. Et la lumière se met à exister dans un espace temps accompli, un espace-temps à quatre dimensions issu de ce choix d'exister. Les quatre autres dimensions d'espace-temps inverse resteront inaccomplies. Ces huit dimensions sont celles du Grand Entrepreneur.

Et le Grand Architecte sépare la lumière -extérieure aux objets-, des ténèbres -intérieures aux objets.

Il est un soir, il est un matin, jour un.

« DIEU DIT : QUE SOIT UNE ÉTENDUE AU MILIEU DES EAUX, ET QU'ELLE SOIT ORDRE DE SÉPARATION ENTRE LES EAUX ET LES EAUX. ET DIEU FAIT L'ÉTENDUE QUI SÉPARE ENTRE LES EAUX QUI SONT AU-DESSOUS DE L'ETENDUE, ET LES EAUX QUI SONT AU-DESSUS DE L'ÉTENDUE. CERTES CELA EST. DIEU APPELLE L'ÉTENDUE CIEUX SHAMAÏM. IL EST UN SOIR, IL EST UN MATIN, JOUR DEUXIÈME ».

« Qu'il y ait un volume isolant à l'intérieur de chaque objet et un volume isolant dans un voisinage extérieur aux objets ».

Il est un soir, il est un matin, jour deuxième.

« DIEU DIT : QUE SE RASSEMBLENT LES EAUX QUI SONT AU-DESSOUS DES CIEUX VERS UN LIEU UN, ET QUE SOIT VU LE SEC. ET QUE CELA SOIT CERTES. DIEU APPELLE LE SEC « TERRE », ET L'AMAS DES EAUX IL L'APPELLE « MERS ». DIEU VOIT PARCE QUE C'EST ACCOMPLI. ET DIEU DIT : QUE VERDURE LA TERRE VERDURE D'HERBE, ENSEMENCANT SEMENCE, ARBRE A FRUIT FAISANT FRUIT SELON SON ESPÈCE, ET QUI A SA SEMENCE EN LUI SUR LA TERRE. QUE CELA SOIT CERTES. ET DIEU VOIT PARCE QUE C'EST DE L'ACCOMPLI. IL EST UN SOIR, IL EST UN MATIN, TROISIÈME JOUR ».

Le Grand Architecte dit : « Que l'énergie électronique au sein du matériau se rassemble vers un lieu unique de l'isolant. Il appelle le lieu de cette particule de terre « atome dopant » et l'amas des électrons il l'appelle « mers ». Et le Grand Architecte voit cela parce que c'est accompli.

Puis il dit : « Que soit implantée la semence de lumière à l'intérieur de chaque atome dopant, dans les univers inaccomplis, afin qu'elle puisse s'accomplir un jour. Que chaque catégorie de semence engendre par loi de cause à effet chaque création à venir dans le monde accompli. »

Il est un soir, il est un matin, troisième jour.

« ÉLOHIM DIT : QUE SOIT UNE RUPTURE DANS L'ÉTENDUE DES CIEUX, POUR FAIRE SÉPARATION ENTRE LE JOUR ET LA NUIT, ET QUE LES DEUX PÔLES DE LA RUPTURE DEVIENNENT DES SIGNES, DES TEMPS ET DES ESPACES, ET QU'ILS SOIENT DEUX ; QU'ILS SOIENT POUR ÉCLAIRER DANS L'ÉTENDUE DES CIEUX, ET POUR ILLUMINER SUR LA TERRE. QUE CELA SOIT, CERTES. ÉLOHIM FAIT LES DEUX GRANDS DE LA RUPTURE, LE GRAND LUMINAIRE POUR PRÉSIDER AU JOUR ET LE PETIT LUMINAIRE POUR PRÉSIDER À LA NUIT, ET LES ÉTOILES. ET DIEU VOIT CELA PARCE QUE C'EST ACCOMPLI. IL EST UN SOIR, IL EST UN MATIN, JOUR QUATRIÈME ».

Le Grand Entrepreneur dit : « Créons la frontière entre ce qui est entrepris et ce qui sera, en disposant la lumière créatrice aussi bien à l'intérieur des mondes inaccomplis, qu'à l'extérieur dans les mondes accomplis. » Et le Grand Architecte voit cela parce que c'est accompli.
Il est un soir, il est un matin, jour quatrième.

« DIEU DIT : QUE FOISONNENT LES EAUX, UN FOISONNEMENT D'ÂMES VIVANTES, ET QUE L'OISEAU OISELLE SUR LA TERRE, AU-DESSUS DE L'ÉTENDUE DES CIEUX. DIEU CRÉE LES GRANDS POISSONS ET TOUTE ÂME VIVANTE RAMPANTE DONT FOISONNENT LES EAUX, SELON LEUR ESPÈCE, ET TOUT OISEAU AILÉ SELON SON ESPÈCE. ÉLOHIM VOIT PARCE QUE C'EST ACCOMPLI. ET DIEU LES BÉNIT ET DIT : CROISSEZ, MULTIPLIEZ ET REMPLISSEZ LES EAUX DANS LES JOURS. ET QUE L'OISEAU SE MULTIPLIE SUR LA TERRE. IL EST UN SOIR, IL EST UN MATIN, JOUR CINQUIÈME ».

Le Grand Architecte dit : « Que chaque isolant devienne un réservoir de conscience d'entités vivantes et que chaque âme soit située à l'extérieur de chaque réservoir de conscience engendré. Que soient séparées en diverses catégories ces entités vivantes piégées et inaccomplies : les entités émotionnelles en mouvement (poissons), les entités éthériques fixes (rampants) et les entités mentales (oiseaux ailés) ».
Et le Grand Entrepreneur voit parce que c'est accompli. Puis le Grand Architecte bénit ces plans de conscience intérieurs et leur demande de remplir maintenant la semence de chaque âme-eau de lumière qui s'est multipliée dans le monde accompli.
Il est un soir, il est un matin, jour cinquième.

« ÉLOHIM DIT : QUE LA TERRE, LE SEC, PRODUISE ÂME VIVANTE SELON SON ESPÈCE, BÉTAIL ET RAMPANT, ET LES VIVANTS DU SEC SELON LEUR ESPÈCE. ET QUE CELA SOIT CERTES. ÉLOHIM FAIT LES VIVANTS DE LA TERRE SELON LEUR ESPÈCE, ET LE BÉTAIL SELON SON ESPÈCE, ET CHAQUE RAMPANT DE LA ADAMAH SELON SON ESPÈCE. ET DIEU VOIT PARCE QUE C'EST DE L'ACCOMPLI. FAISONS UN ADAM, DIT ÉLOHIM, DANS NOTRE IMAGE, CAPABLE DE NOTRE RESSEMBLANCE. ET QUE L'ADAM DOMINE SUR LES POISSONS DE LA MER, SUR L'OISEAU DES CIEUX, SUR LE BETAIL, SUR TOUT VIVANT DE LA TERRE, ET SUR TOUT LE RAMPANT QUI RAMPE SUR LA TERRE. DIEU CRÉE L'ADAM, DANS SON IMAGE, DANS L'IMAGE D'ÉLOHIM. IL CRÉE LUI, MALE ET FEMELLE, IL CRÉE EUX. DIEU LES BÉNIT ET LEUR DIT : CROISSEZ, MULTIPLIEZ ET REMPLISSEZ LA TERRE (SEC), SOUMETTEZ-LA, ET DOMINEZ SUR LES POISSONS DE LA MER, SUR L'OISEAU DES CIEUX ET SUR TOUT VIVANT RAMPANT SUR LA TERRE…

ET DIEU VOIT TOUT CE QU'IL A FAIT, ET VOICI C'EST ACCOMPLI AVEC PUISSANCE. IL EST UN SOIR, IL EST UN MATIN, JOUR LE SIXIÈME ».

Le Grand Entrepreneur dit : « Que chaque atome isolant produise âme vivante selon son espèce groupe. Ensuite que chaque âme vivante produise des lignées éthériques de bétail selon leur type. Puis, que chaque lignée éthérique produise des formes de vie rampantes selon leur type, accrochées au terreau de la Terre entourée et emplie d'eau.

Faisons une âme humaine, dit le Grand Entrepreneur, en miroir de ma propre capacité de Créateur d'Univers. Et que cette âme domine non seulement sur tous les mondes intérieurs mentaux, astraux et éthériques mais aussi sur toutes les formes de vie qui habitent la Terre. Le Grand Entrepreneur crée cette âme-Adam à partir du terreau primordial dont il est lui-même constitué, une terre dopante chargée de lumière et entourée d'eau vivante dodécaédrique. Dans cette image il crée Lui, l'âme Adam, puis Elle, la matrice matière Adamah et enfin Eux, 11 paires d'entités androgynes déjà accomplies du monde.

Le Grand Architecte les bénit et leur dit : croissez, multipliez et remplissez la Terre, soumettez-là et dominez sur les mondes intérieurs du mental, de l'astral, ainsi que sur toutes les formes de vie de toutes les espèces et de tous les règnes vivants de la Terre. Et le Grand Architecte voit tout ce que le Grand Entrepreneur Elohim a fait. Et voici c'est accompli avec puissance.

Il est un soir, il est un matin, jour le sixième.

« SONT ACHEVÉS LES CIEUX ET LA TERRE ET TOUTE LEUR ARMÉE. DIEU ACHÈVE DANS LE JOUR LE SEPTIÈME SON ŒUVRE QU'IL A FAITE, ET IL SE RETIRE DANS LE JOUR LE SEPTIÈME DE TOUTE SON ŒUVRE QU'IL A FAITE. ET IL BÉNIT ÉLOHIM LE JOUR LE SEPTIÈME, ET IL LE SANCTIFIE, CAR EN LUI IL SE RETIRE DE TOUTE SON ŒUVRE QU'IL A CRÉÉE, ÉLOHIM POUR FAIRE. VOICI LES ENGENDREMENTS DES CIEUX ET DE LA TERRE DANS LEUR ÉTANT CRÉES DANS LE JOUR DU FAIRE TERRE ET CIEUX DE YHWH-ÉLOHIM ».

Sont achevés les mondes extérieurs et les mondes intérieurs avec toutes leurs armées dominées et soumises. Le Grand Architecte achève dans le jour le septième son œuvre qu'il a faite et il se retire de toute son œuvre réalisée. En lui il se retire de toute son œuvre, à l'intérieur du feu divin lumière incarné dans la matière physique et à l'extérieur, hors tout ce qui a été créé pour Élohim. Et voici jusqu'à ce septième jour les engendrements des mondes extérieurs et intérieurs tels que créés.

« AUCUN ARBUSTE DU CHAMP N'ÉTAIT ENCORE SUR LA TERRE (LE SEC), ET AUCUNE HERBE DU CHAMP N'AVAIT ENCORE GERMÉ, CAR YHWH-ÉLOHIM N'A PAS FAIT PLEUVOIR SUR LA TERRE, ET L'ADAM N'EST RIEN POUR CULTIVER LA ADAMAH. UNE VAPEUR S'ÉLÈVE DE LA TERRE, ET ARROSE TOUTE LA FACE DE LA ADAMAH. YHWH-ÉLOHIM FORME L'ADAM POUSSIÈRE TIRÉE DE LA ADAMAH, ET IL SOUFFLE DANS SES NARINES, UN SOUFFLE DE VIE, ET L'ADAM DEVIENT ÂME VIVANTE. YHWH-ÉLOHIM PLANTE UN JARDIN DANS LA JOUISSANCE, VENANT DE L'ORIENT, ET IL PLACE LÀ L'ADAM QU'IL A FORMÉ. YHWH-ÉLOHIM FAIT GERMER DE LA ADAMAH TOUT ARBRE DÉSIRABLE POUR LA VUE ET LUMIÈRE ACCOMPLIE BONNE À MANGER, ET L'ARBRE DE VIE AU MILIEU DU JARDIN, ET L'ARBRE DE LA CONNAISSANCE ACCOMPLI-PAS ENCORE ACCOMPLI ».

À ce stade, aucun Arbre de vie n'était encore créé en l'être humain et aucune semence de lumière n'avait encore germé car le Grand Entrepreneur Élohim n'avait pas mis en route l'eau du désir, et l'âme-Adam n'est rien pour cultiver la matrice matière Adamah.

Un désir se met à s'élever en l'être humain (en M.T.C.* : trajet énergétique R1-R11) et arrose toute la matrice. Élohim forme alors autour d'un atome poussière tiré de la matrice terre-eau, l'œuf réceptacle de l'âme future et il souffle dans les canaux des narines le souffle de feu qui permet à la semence de lumière de l'âme de s'incarner dans le Graal de la Adamah afin de devenir une âme vivante. Telle est la signification de Yahvé, qui n'est pas un nom, mais à la fois un dessin et un dessein de cet accomplissement.

Élohim crée le jardin de l'Arbre de vie dans le bassin de l'homme, afin que la jouissance des désirs y remonte dedans, depuis les racines de l'Arbre de Vie plantées dans la

Terre que sont les jambes. Et c'est là, tout en bas de la colonne vertébrale, qu'il place l'œuf de l'âme vivante préalablement formé.

Élohim fait ensuite germer tous les désirs auxquels la créature humaine va s'attacher, toute la nourriture accomplie du monde extérieur dont il va pouvoir se nourrir, afin de faire croître non seulement l'Arbre de vie le long de la colonne vertébrale jusqu'au crâne mais aussi l'Arbre de la connaissance de l'âme, accompli pendant les vies antérieures et non encore accompli en cette vie, arbre qui prend ses racines à l'intérieur de la tête à partir des fruits de l'Arbre de vie.

« UN FLEUVE JAILLIT DE LA JOUISSANCE POUR ARROSER LE JARDIN, ET DE LÀ IL SE PARTAGE ET DEVIENT QUATRE PRINCIPES (TÊTES). LE NOM DU UN (LE FLEUVE) PISHON, IL ENTOURE TOUTE LA TERRE DE HAHAWILAH, CELLE OÙ EST L'OR, ET L'OR DE CETTE TERRE, C'EST DE L'ACCOMPLI. LÀ SONT AUSSI L'AMBRE ET LA PIERRE D'ONYX. LE NOM DU FLEUVE LE DEUXIÈME GUIHON : LUI, IL TRAVERSE TOUTE LA TERRE DE COUSH. LE NOM DU FLEUVE LE TROISIÈME, HIDEQEL. LUI, IL VA À L'ORIENT D'ASHOUR. LE FLEUVE LE QUATRIÈME, LUI, PHRAT ».

Un circuit d'énergie naît de la jouissance tout en bas de la colonne vertébrale, pour arroser le jardin de l'Arbre de vie et de là il se partage en 4 circuits d'énergie de base. Le premier entoure toute la partie basse de la colonne vertébrale (en M.T.C.* : trajet énergétique VG1-VG28), où se trouve le siège accompli de l'âme vivante faite d'ombre matière et de semence-lumière or, depuis la face avant du corps jusqu'à la face arrière.
Le deuxième circuit d'énergie, lui , (en M.T.C.* : trajet énergétique VC1-VC24) traverse les enfers, toute la face avant du corps brûlée par le feu ardent des désirs exacerbés.

Le troisième circuit d'énergie de la force va jusque dans la jambe (en M.T.C.* : trajet énergétique V35-V67). Le quatrième fait le tour de la taille (en M.T.C.* : trajet énergétique du nœud de Hensen en embryologie).

« YHWH-ÉLOHIM PREND L'ADAM ET LE GUIDE DANS LE JARDIN DE JOUISSANCE POUR TRAVAILLER LA ADAMAH ET LA GARDER. YHWH-ÉLOHIM ORDONNE SUR L'ADAM EN DISANT : DE TOUT ARBRE DU JARDIN MANGEANT, TU DOIS MANGER ; MAIS DE L'ARBRE DE LA CONNAISSANCE DE L'ACCOMPLI ET DU PAS ENCORE ACCOMPLI, TU NE MANGERAS PAS DE LUI. CAR DANS LE JOUR OÙ TU MANGERAS DE LUI, MUTANT TU MUTERAS ».

Élohim prend l'Adam et le guide dans le jardin de jouissance pour cultiver le terreau Adamah et le garder. Élohim ordonne sur l'Adam en disant : de tout arbre du jardin de la Terre tu dois manger. Mais de l'Arbre de la connaissance de l'accompli et du pas encore accompli, tu ne mangeras pas de lui car dans le jour où tu mangeras de lui, mutant tu muteras.

« YHWH-ÉLOHIM DIT : L'ADAM COUPÉ DE LUI-MÊME NE PEUT ÊTRE ACCOMPLI. FAISONS POUR LUI UNE AIDE CAPABLE DE COMMUNIQUER AVEC LUI. YHWH-ÉLOHIM FORME, TIRÉS DE LA ADAMAH, TOUS LES VIVANTS DU CHAMP ET TOUT OISEAU DES CIEUX ET LES FAIT VENIR VERS L'ADAM POUR VOIR QUOI IL NOMME POUR LUI, ET TOUT CE QUE L'ADAM NOMME POUR LUI, CELA DEVIENT ÂME VIVANTE DE LUI ET CONSTRUIT SON NOM. ET L'ADAM NOMME LES NOMS DE TOUT LE BÉTAIL, DE L'OISEAU DES CIEUX ET DE TOUS LES VIVANTS DU CHAMP, MAIS POUR L'ADAM IL NE TROUVE PAS UNE AIDE CAPABLE DE COMMUNIQUER AVEC LUI ».

Élohim dit : l'âme-Adam, coupée de l'âme vivante humaine mise en germe dans la terre-eau, ne peut être accomplie s'il n'y a pas une force qui l'aide à s'accomplir. Faisons pour l'âme-Adam une aide capable de communiquer avec lui au sein de la Adamah.

Élohim forme, tiré de cette Adamah, les guides personnels intérieurs dont il va avoir besoin sur un plan mental, émotionnel, éthérique, physique et tous ces mondes vivants construisent son Nom. Mais ce n'est point une aide capable de communiquer avec lui.

« YHWH-ÉLOHIM FAIT TOMBER SUR L'ADAM UN SOMMEIL ET IL S'ENDORT ; DIEU PREND UN DE SES COTÉS ET IL SCELLE LA CHAIR DANS SA PROFONDEUR. YHWH-ÉLOHIM CONSTRUIT LE COTÉ QU'IL A PRIS DE L'ADAM, ISHAH, QU'IL FAIT VENIR VERS L'ADAM. YHWH-ÉLOHIM CONSTRUIT EN ISHAH (ÉPOUSE) LE COTÉ QU'IL A PRIS DE L'ADAM, ET LA FAIT VENIR VERS L'ADAM. L'ADAM DIT : CELLE-CI DU COUP, OS DE MES OS ET CHAIR DE MA CHAIR : CELLE-CI IL NOMME ISHAH CAR DE ISH ELLE EST PRISE, CELLE-CI. SUR QUOI ISH (L'ÉPOUX) QUITTERA SON PÈRE ET SA MÈRE ET S'ATTACHERA À SON ISHAH (ÉPOUSE) ET ILS DEVIENDRONT CHAIR UNE. ILS SONT DEUX NUS, L'ADAM ET SON ISHAH, ET ILS NE SONT PLUS CONFONDUS ».

Élohim fige alors sa création en cours, puis il la dédouble dans sa chair et dans ses os. Ensuite il scelle les deux moitiés masculines et féminines l'une avec l'autre.

Élohim construit avec le coté qu'il a pris d'Adam, la partie féminine opposée Isha et il rapproche cette âme animale de la partie masculine de l'Adam incarné. Inversement, Élohim construit la partie féminine de l'Adam incarné Isha poussière, qu'il rapproche de l'Adam. L'Adam poussière dit que l'autre moitié incarnée, os de ses os et chair de sa chair, sera son épouse Isha poussière. Sur quoi l'Adam poussière, renommé Ish poussière, quittera le corps de l'Adamah-Mère Terre et son âme Adam-Père Ciel du départ auxquels il était relié, et s'attachera avec son autre polarité afin de ne faire plus qu'un seul corps, le corps humain. Ish et Isha poussière sont néanmoins indépendants et nus et ils ne peuvent plus être confondus.

« LE SERPENT EST LE PLUS NU DE TOUS LES VIVANTS DU CHAMP QU'A FAIT YHWH-ÉLOHIM, ET IL DIT À ISHAH : EST-CE QUE VRAIMENT ÉLOHIM A DIT QUE VOUS NE DEVEZ PAS MANGER DE TOUT ARBRE DU JARDIN ?

ISHAH DIT AU SERPENT : DES FRUITS DES ARBRES DU JARDIN, NOUS MANGEONS. DES FRUITS DE L'ARBRE QUI EST AU MILIEU DU JARDIN ÉLOHIM DIT : VOUS NE MANGEREZ PAS DE LUI ET VOUS N'Y TOUCHEREZ PAS, DE PEUR QUE VOUS NE MUTIEZ.

LE SERPENT DIT À ISHAH : NON MUTANTS VOUS MUTEREZ, CAR ÉLOHIM SAIT QUE DANS LE JOUR OU VOUS MANGEREZ DE LUI, VOS YEUX S'OUVRIRONT, ET VOUS SEREZ COMME ÉLOHIM CONNAISSANT L'ACCOMPLI ET LE NON-ACCOMPLI.

ISHAH VOIT QUE L'ARBRE EST MÛR A MANGER, QU'IL EST DÉSIRABLE, LUI. POUR LES YEUX ET PRÉCIEUX L'ARBRE POUR RÉUSSIR ; ELLE PREND DE SON FRUIT, MANGE ET DONNE AUSSI À SON ISH, ET AVEC ELLE IL MANGE. LEURS YEUX S'OUVRENT, ILS SE CONNAISSENT NUS ; ILS SE FONT CROÎTRE UNE MONTEE DE RUT, ET SE FONT ETRANGERS A EUX-MÊMES ».

Le serpent, symbolisant le circuit d'énergie Guihon du vaisseau conception, est le plus simple des circuits d'énergie extérieurs qu'à fait le Grand Entrepreneur Élohim.

Et le serpent dit à l'épouse Isha-poussière : est-ce que vraiment Élohim a dit de ne point manger de tout arbre du jardin ?

Isha-poussière dit au serpent : des fruits des arbres du jardin de la Terre nous mangeons. Des fruits de l'Arbre de la connaissance qui est au milieu du jardin, Élohim dit : vous ne mangerez pas de ces fruits et vous n'y toucherez pas, de peur que vous ne mutiez.

Le serpent tentateur dit à Isha-poussière : de toute façon vous muterez, car Élohim sait que dans le jour où vous mangerez de ces fruits, vos deux yeux s'ouvriront sur l'Arbre de la connaissance et vous serez l'égal d'Élohim connaissant l'accompli et le non accompli.

Isha poussière voit avec les yeux que l'Arbre de la connaissance est mûr à manger, qu'il est désirable parce qu'il porte un fruit précieux à l'autre bout. Elle prend extérieurement de son fruit par le circuit du désir exacerbé en face avant du corps (M.T.C.* : trajet énergétique de R11 à R27), mange et donne aussi à son époux qui en fait autant. Ils se font croître sexuellement une montée de rut (consommation d'un besoin animal seul). Leurs deux yeux s'ouvrent (M.T.C.* : trajet énergétique de V35 à V1), ils se voient nus depuis l'extérieur et deviennent peu à peu étrangers à eux-mêmes.

« ILS ENTENDENT LA VOIX DE YHWH-ÉLOHIM QUI SE VA DANS LE JARDIN SELON L'ESPRIT CE JOUR : L'ADAM, ET SON ISHAH CONFONDUS, SE CACHE DE LA FACE DE YHWH-ÉLOHIM QUI EST DANS LE MILIEU DE L'ARBRE DU JARDIN. YHWH-ÉLOHIM APPELLE L'ADAM ET LUI DIT : OÙ ES-TU ? IL DIT : TA VOIX J'AI ENTENDUE DANS LE JARDIN ET J'AI CRAINT CAR NU, MOI, ET JE ME CACHE. QUI T'A INFORMÉ QUE TU ES NU, DEMANDE DIEU ? EST-CE QUE DE L'ARBRE QUE JE T'AVAIS ORDONNÉ DE NE PAS MANGER DE LUI, TU AS MANGÉ ? L'ADAM DIT : LA ISHAH QUE TU NOUS AS DONNÉE AVEC MOI, ELLE M'A DONNÉ DE L'ARBRE ET J'AI MANGÉ . YHWH-ÉLOHIM DIT A ISHAH : QU'AS-TU FAIT ? ET ISHAH DIT : LE SERPENT M'A SÉDUITE ET J'AI MANGÉ ».

Ils entendent la voix d'Élohim qui va dans le jardin de jouissance du bassin selon l'esprit ce jour. Adam poussière et son Isha poussière sont cachés de la face d'Élohim qui est au bas de la colonne vertébrale, au milieu de l'Arbre de vie.

Élohim appelle l'Adam et lui dit : où es-tu ?

Il répond : ta voix j'ai entendue dans le jardin de jouissance et j'ai craint car je suis à l'extérieur caché de toi.

Qui t'a informé que tu es à l'extérieur ? Est-ce que de l'Arbre de la connaissance que je t'avais ordonné de ne pas manger tu as mangé ?

Adam dit : mon épouse Isha m'a donné des fruits de l'Arbre de vie et j'ai mangé.

Elohim dit à Isha : qu'as-tu fait ? Et Isha dit : le serpent du circuit d'énergie du désir m'a tenté et j'ai consommé ce désir.

« YHWH-ÉLOHIM DIT AU SERPENT : PUISQUE TU AS FAIT CELA, MAUDIT TOI PARMI LE BETAIL ET TOUS LES VIVANTS DU CHAMP. SUR TON VENTRE TU MARCHERAS, ET LA POUSSIÈRE TU MANGERAS TOUS LES JOURS DE TA VIE. UNE OPPOSITION JE PLACE ENTRE TOI ET ISHAH, ENTRE TA SEMENCE ET SA SEMENCE ; LA SEMENCE DE ISHAH T'ÉCRASE LA TÊTE, ET TOI, TU L'ÉCRASES AU TALON. JE MULTIPLIERAI BEAUCOUP TES SOUFFRANCES ET TES CONCEPTIONS. DANS LA SOUFFRANCE TU ENFANTERAS DES FILS. TES DÉSIRS SE PORTERONT VERS TON ÉPOUX NOUVEAU, ET LUI, IL DOMINERA SUR TOI. PUISQUE TU AS MANGÉ LE FRUIT, MAUDITE LA ADAMAH DANS SON RAPPORT À TOI. DANS LA DOULEUR TU T'EN NOURRIRAS TOUS LES JOURS DE TA VIE : DES RONCES ET DES EPINES ELLE GERMERA POUR TOI, ET TU MANGERAS L'HERBE DU CHAMP. DANS LA SUEUR DE TES NARINES TU MANGERAS DU PAIN, JUSQU'À CE QUE TU TE RETOURNES VERS LA ADAMAH DE LAQUELLE TU T'ES COUPÉ, CAR TU ES POUSSIÈRE, ET VERS LA POUSSIÈRE RETOURNE-TOI ».

Élohim dit au serpent : puisque tu as fait cela, soit maudit parmi tous les guides intérieurs de l'âme. Sur le ventre de ta créature tu ramperas et la poussière des bas instincts tu mangeras tous les jours de ta vie. Une opposition je place entre toi et Isha, entre ta semence électronique du désir et sa semence de lumière. Serpent-créature, la semence divine d'Isha poussière sera située juste au-dessus de l'extrémité de ta tête entre les deux yeux et toi, avec ta queue tu écraseras Isha poussière logée dans le bas de la colonne vertébrale. Je multiplierais beaucoup tes souffrances et les conceptions de tes désirs. Dans la souffrance tu enfanteras des fils. Tes désirs se porteront vers un nouvel époux extérieur et lui il dominera sur toi. Puisque tu as mangé le fruit de l'arbre de la connaissance, la Adamah te maudira. Dans la douleur tu t'en nourriras tous les jours de ta vie. Des ronces et des épines elle fera germer pour toi et tu mangeras les produits du désir. Dans la sueur de tes narines, faite d'eau turbulente mêlée au souffle de feu venant de ton âme, tu mangeras le fruit du travail des créatures, jusqu'à ce que tu retournes vers la Adamah de laquelle tu t'es coupé, car tu es poussière de la Adamah et entame ta révolution intérieure pour retourner de la Adamah vers ta semence d'origine, l'âme-Adam.

« L'ADAM DONNE À SON ISHAH LE NOM DE HAWAH, CAR ELLE EST MÈRE DE TOUTE VIE. DIEU FAIT POUR L'ADAM ET SON ÈVE, DES TUNIQUES DE PEAU, ET IL LES EN REVÊT.

YHWH-ÉLOHIM DIT : VOICI L'ADAM EST CAPABLE DE UN VENANT DE LUI POUR LA CONNAISSANCE DE L'ACCOMPLI ET DE L'INACCOMPLI.

ET MAINTENANT, DE PEUR QU'IL AVANCE SA MAIN, QU'IL PRENNE AUSSI DE L'ARBRE DE VIE, QU'IL MANGE, ET QU'IL VIVE POUR TOUJOURS EN EXIL, YHWH-ÉLOHIM LE

RENVOIE DU JARDIN D'ÉDEN POUR TRAVAILLER LA ADAMAH, PUISQUE DE LÀ IL A ETE ENLEVÉ.
YHWH-ÉLOHIM RENVOIE L'ADAM DU JARDIN D'ÉDEN POUR TRAVAILLER LA ADAMAH, PUISQUE DU NOM IL S'EST COUPÉ : IL CHASSE L'ADAM, ET ÉTABLIT, VENANT DE L'ORIENT ET TOURNÉS VERS LE JARDIN D'ÉDEN, LES CHÉRUBINS ET L'ÉPEE FLAMBOYANTE ET TOURNOYANTE POUR GARDER LE CHEMIN DE L'ARBRE DE VIE ».

Le nouvel Adam-homme ainsi conçu, donne à sa femme épouse extérieure le nom d'Ève car elle est celle qui enfante toute vie. Élohim fait pour Adam et son Ève un corps physique de peau et il les en revêt.

Élohim dit : voici l'accomplissement de la création de l'homme créature, capable d'être Créateur à notre image, pour la connaissance de l'accompli et de l'inaccompli. Et maintenant, de peur que l'homme créature avance sa main, qu'il prenne aussi de l'Arbre de vie des autres, qu'il mange et qu'il vive pour toujours en exil, Élohim renvoie Adam-poussière et Isha poussière du jardin du bassin pour aller travailler de plus près la Adamah, puisque c'est de là qu'il ont été conçus et puisque c'est des guides personnels intérieurs dont il ont été coupés. Élohim chasse Adam poussière et Isha poussière du bassin et les établit dans les pieds en prenant soin de mettre les attributs de Yahvé, que sont les chérubins guidant les émotions et l'épée flamboyante et tournoyante guidant le souffle de feu-lumière, pour garder le chemin de l'Arbre de vie.

POSTFACE

Jean Marie Pelt

*Président de l'Institut Européen d'Écologie
Botaniste et Agrégé de Pharmacie,
Professeur émérite de l'Université de Metz en biologie végétale
Auteur de très nombreux ouvrages traitant
du monde des plantes et de l'écologie
Ambassadeur bénévole de l'Environnement de l'Union Européenne
engagé dans de nombreuses responsabilités
de politique environnementale*

Une ode à la simplicité et à l'amour

À l'heure où l'humanité se pose légitimement les questions essentielles sur la survie de l'espèce humaine à court ou moyen terme, à l'heure où notre monde s'apprête à traverser une phase de chaos inéluctable, cet ouvrage apporte une fraîcheur nouvelle.

Partant d'un constat précis, de plus en plus connu de tous et sans concession sur l'état de nos créations et de nos projections du monde actuel, Patrick Le Berre a su nous redonner la force d'un nouvel espoir. Il s'agit d'un optimisme qui passe résolument par la transformation spirituelle de l'homme créature en Homme Créateur, un optimisme qui redonne le sens de la vie et sens à sa propre vie. Il nous décrit que cette nécessaire évolution des consciences donne une vision plus juste des situations que chacun vit, une vision qui conduit ensuite à poser de nouveaux actes concrets. C'est là son mérite premier.

De plus, l'originalité majeure de cet ouvrage repose sur la prise de conscience de la pièce de théâtre que nous jouons collectivement, avec d'un côté des bourreaux qui se prétendent forts et de l'autre côté des victimes qui se disent faibles. Traditionnellement les victimes se plaignent du comportement des bourreaux tout en restant dans un état de résignation et une sensation d'impuissance fataliste. Par conséquent les bourreaux continuent à proposer leur vision réductrice du monde en créant un clivage entre eux et les autres. Seulement aujourd'hui le chaos modifie les rapports du fort au faible. Comme dans la nature, celui qui paraît le plus faible peut finalement être le plus fort. Cet éloge de la vulnérabilité nous éclaire : la vie constitue un jeu de miroirs entre l'intérieur de soi et le monde extérieur. Dans cette philosophie harmonieuse du Yin et du Yang, c'est finalement de la grande fragilité de l'homme que peut naître sa plus grande force. Comme bien peu de personnes bougent avant d'y être contraintes, réjouissons-nous du chaos salvateur qui arrive.

Ainsi, de plus en plus de courageux, désireux de léguer demain un autre monde à leurs enfants, effectueront leur révolution intérieure, dépasseront leurs culpabilités pour enfin devenir individuellement et collectivement responsables du jardin de la Terre.

Ici, il n'est même pas demandé aux bourreaux situés au sommet des pyramides hiérarchiques de se poser en sauveur de ce monde en perdition. Ils ne le peuvent.

C'est en fait aux victimes endormies de se réveiller pour réagir et rebondir sur la base de leur propre souffrance.

La démonstration est désormais faite dans cet essai. Grâce à son passé de physicien et à sa pratique de Passeur d'âme®, Patrick Le Berre a mis en évidence les lois énergétiques qui font de la douleur une grande enseignante et qui permettent de faire germer en l'être humain la plus juste et la plus belle des créativités.

Nombreux sont celles et ceux qui ont déjà effectué cette prise de conscience, ressenti cet appel impérieux à se transformer pour dépasser les mécanismes de dépendance et générer de bien belles réalisations en harmonie avec l'ensemble du vivant. Un nouveau monde est déjà là, encore souterrain pour l'instant.

Je souhaite qu'à partir de cet ouvrage, un plus grand nombre fasse aussi cette prise de conscience salutaire qui permette de réconcilier le bourreau et la victime au lieu de les mettre dos à dos. Puis chacun pourra ensuite réaliser la nécessaire adaptation à notre monde en mutation.

Je formule aussi le vœu que cet ouvrage de spiritualité adapté à notre monde politique soit ressenti et vécu de l'intérieur de chacun. La portée de son message est universelle. Elle contient le fait que tous les êtres sont potentiellement des êtres d'amour, capables d'un éveil créateur pour le bien-être de la Terre.

Découvrir sa propre guidance créatrice et s'en remettre à elle est le message clé de cette révélation, de cette apocalypse dont nous parle Philippe Desbrosses dès la préface. C'est par une révolution intérieure ou un demi-tour sur soi que nous serons individuellement conduits à dépasser le stade de créature pour endosser le manteau de Créateur. Nous en sommes tous capables. À chacune et chacun d'en avoir la volonté.

L'ouvrage a aussi le mérite, surtout venant d'un ancien ingénieur physicien du nucléaire, de remettre en cause la toute-puissance des sciences et des techniques pour les confronter aux concepts philosophiques, aux valeurs morales, aux expériences spirituelles et aux programmes politiques orientés vers le bien-être. Les bases d'un nouveau contrat social sont ainsi posées, dans le respect des diversités ethniques, sociales, religieuses et culturelles.

J'ai la conviction intime que l'Europe est la mieux placée au monde pour relever ce nouveau défi. Ceci est vrai notamment si elle corrige ses erreurs du passé en rentrant maintenant dans une vraie collaboration avec l'Afrique occidentale, l'Afrique Centrale et le Maghreb.

Patrick Le Berre nous apporte les preuves théoriques et expérimentales que nos souffrances masquent la présence d'une vraie lumière au-dedans de nous, d'un phare en devenir qui est tout sauf une manifestation de toute-puissance. Nous comprenons alors le propos de Robert Schuman, père fondateur de l'Union Européenne dont j'ai été le secrétaire et qui disait : *« l'Europe peut modestement devenir un phare pour le monde »*. L'expression de nos vérités intérieures ne peut être qu'humble et modeste, du fait de la force du témoignage de nos échecs passés. Comme la somme des souffrances des citoyens de notre vieux continent est immense, c'est bien en Europe que nous pouvons inverser le processus actuel. Il nous reste à avoir le courage de la plante qui naît sur le terreau des anciennes créations décomposées en humus fertile : faire naître un joyau vivant à partir du fumier.

Cet essai de spiritualité politique pose aussi les limites du développement durable pour proposer aux générations futures une vision cohérente à long terme, celle d'un bien-être durable pour tous sans contreparties négatives pour l'entourage. Comme le suggère Patrick Le Berre, empreint d'une forte culture chrétienne, les grandes philosophies et les principales traditions religieuses sont arrivées à un point de convergence et de cohérence. Elles ont le potentiel de transcender l'héritage de leurs aînés en une spiritualité simple, sobre et authentique, une spiritualité en alliance avec la nature.

L'idée maîtresse de dépasser le stade de la créature pour découvrir le potentiel du Créateur en soi se marie harmonieusement avec la réalité du jardin de la Terre que j'évoque si souvent. Je souhaite donc que la Terre devienne ce jardin du Créateur. Cela se fera lorsque les êtres auront rétabli en eux-mêmes leur véritable jardin d'Eden dont parle la Genèse, une Genèse biblique éclairée ici sous un jour totalement nouveau et révélateur.

Cet ouvrage ouvre sur un quotidien de paix, de partage mutuel et de solidarité, un quotidien joyeux, accessible à tous, exactement tel que l'enfant qui sommeille en nous aimerait le vivre. Je prie pour que nous le rendions concret maintenant. Après il sera bien tard pour le plus grand nombre. Osons aimer vraiment. Toutes les conditions de ces lendemains qui chantent sont là.

La citation de Malraux est devenue réalité :
« Le 21ème siècle sera spirituel ou ne sera pas ».

RÉFÉRENCES BIBLIOGRAPHIQUES

1- « Conférence des Nations Unies sur l'environnement et le développement » ou « sommet planète de RIO », 3-14 juin 1992, Conférence des parties à la Convention Cadre des Nations Unies sur les changements climatiques, 3ème session (COP3), protocole de Kyoto, 1997,

2- Rapport ministériel issu du séminaire gouvernemental du 28 novembre 2002, (108 p)., www.environnement.gouv.fr/telch/2002-t4/dossier-seminaire28novembre2002.pdf,

3- Semaine sur le Développement Durable de juin 2003, 17 p , www.environnement.gouv.fr,

4- Guide AFNOR sur le développement durable, FDX30-021 de mai 2003 (41 p),

5- « Economics of welfare », Arthur Cecil Pigou, Éditions Macmillan 1920,

6- « Théorie générale de l'emploi, de l'intérêt et de la monnaie », John Maynard Keynes, 1936, Éditions Payot, dernière édition de 1963,

7- Lignes directrices pour la production de rapports sur le Développement Durable de la Global Reporting Initiative GRI, www.globalreporting.org, rapport 2000 (53 p), rapport 2002 (94 p),

8- « La mécanique des sectes », Jean Marie Abgrall, Éditions Documents Payot, 1996,

9- Informations sur le site du CICNS, Centre d'Information et de Conseil des Nouvelles Spiritualités www.cicns.net,

10- Sur une base modifiée des enseignements de la psychologie nucléaire de Bernard Montaud et Associés, association Artas, ouvrage : « La psychologie nucléaire- Un accompagnement du vivant », Éditions Édit'as, 2000,

11- Données issues du film de 52 minutes « L'argent dette » ou le pouvoir de créer de l'argent, Paul Grignon, Bankster editor, 2008, www.vimeo.com/1711304,

12- **Bilan de la France et du monde réalisé en 2006-2007-2008.**
J'ai effectué l'ensemble de cette synthèse au départ dans le cadre du mouvement politique La France en Action auquel j'ai appartenu, à partir de différents ouvrages ou données sur lesquels j'ai travaillé. J'ai poursuivi ce bilan en 2008.

En voici les références principales :
12-1 « Vivre c'est possible », Jean Marc Governatori, Éditions Le Courier du Livre, 2006,
12-2 « Vers une Santé Totale », Jean Marc Governatori, Éditions Le Courier du Livre, 2007,
12-3 « Politique écologique = Plein Emploi », Jean Marc Governatori, Éditions Jouvence, 2007,
12-4 « La nouvelle dictature médico-scientifique », Sylvie Simon, Éditions Dangles, 2006,
12-5 « Les bons chiffres pour ne pas voter nul en 2007 », Jacques Marseille, Éditions Perrin, 2007,
12-6 « Députés sous influences », Hélène Costanty et Vincent Nouzille, Éditions Fayard, 2006,
12-7 « L'eau des multinationales, les vérités inavouables », Roger Lenglet et Jean-Luc Touly, Éditions Fayard, 2005, **www.acme-eau.com**,

12-8 « Pesticides, révélations sur un scandale français », Fabrice Nicolino et François Veillerette, Éditions Fayard, 2007,

12-9 « Le génie de Viktor Schauberger », Alick Barthomew, Éditions Le Courier du Livre, 2003,

12-10 « Tchernobyl 20 ans après », Jean Michel Jacquemin-Raffestin, Éditions Guy Trédaniel, 2006,

12-11 « La maison des Négawatts », Thierry Salomon et Stéphane Bédel, Éditions Terre Vivante, 2005,

12-12 « La conception bioclimatique », Samuel Courgey et Jean Pierre Oliva, Éditions Terre Vivante, 2006,

12-13 « L'isolation écologique », Jean Pierre Oliva, Éditions Terre Vivante, 2005,

12-14 « La vie et les tribulations de Gaston Naessens, le Galilée du microscope » de Christopher Bird, Éditions Les Presses de l'Université de la personne, Canada, 1990,

12-15 « Pour en finir avec Pasteur » d'Éric Ancelet, Collection Résurgence, 3ème édition 2005,

12-16 « Mettre au monde, enquête sur les mystères de la naissance », Patrice Van Eersel, Éditions Albin Michel, 2008,

12-17 Quid 2007,

12-18 Encyclopédie libre Wikipédia,

12-19 Hors série n°11, « Le guide des vaccinations » de l'Impatient-Alternative Santé juin 1996,

12-20 Hors série n°15 « Le guide santé des 0-7ans » de l'Impatient-Alternative Santé octobre 1997,

12-21 « Vaccin contre l'hépatite B » de l'Impatient-Alternative Santé octobre 1996,

12-22 Données des présidents de commissions de la France en Action, **www.lafranceenaction.com**,

12-23 Données issues du manifeste pour une médecine écologique du Collectif ACECOMED (Action pour une médecine écologique), **http://www.mnc.ouvaton.org**,

12-24 Données du Comité scientifique Pro-Anima, 84 rue Blanche 75009 Paris, et de l'association Antidote,

12-25 Données sur les abeilles : Klein AM, Vaissière BE, Cane JH, Steffan-Dewenter I, Cunningham SA, Kremen C, Teja Tscharntke T, Importance of pollinisators in changing landscapes for world crops, Proc. Royal Soc. B 274 : 303-313, 2007 ; Revue Sciences, enjeux et santé n°48 de mars 2008 du comité scientifique Pro-Anima,

12-26 Données de la Ligue Nationale Pour la Liberté Vaccinale **lnplv.acy@wanadoo.fr**,

12-27 Données issues de la fondation Antoine Béchamp, 33 Av Foch 78800 Houilles,

12-28 Bulletin de la Société Française d'Histoire de la Médecine et des Sciences Vétérinaires, 2003, 2 (2), p.19,

12-29 Données de Michel Dogna, **http://www.infomicheldogna.net**,

12-30 Données issues du film d'Al Gore « Une vérité qui dérange », 2006, **www.climatecrisis.net**,

12-31 Données issues de l'émission de Yann Artus Bertrand « Vu du ciel » sur l'eau (déc. 2006) diffusé sur A2,

12-32 Données issues de l'émission de Yann Artus Bertrand « Vu du ciel » sur les mers (avr. 2007) diffusé sur A2,

12-33 Données issues de l'émission de Yann Artus Bertrand « Vu du ciel » sur les grands fleuves (2008) diffusé sur A2,

12-34 Données issues de l'émission de Yann Artus Bertrand « Vu du ciel » sur les forêts (déc. 2008) diffusé sur A2,
12-35 Données issues du film d'Érik Orsenna et Joël Calmettes « Sur les routes du coton », 2006,
12-36 Données issues du film « Super size me » de Morgan Spurlock, propos du Dr Neal Barnard,
12-37 Données de Marc Laimé, sociologue, journaliste spécialiste de l'eau au Canard Enchaîné, conseiller sur les politiques publiques de l'eau auprès des collectivités locales,
12-38 Données de Christian Vélot sur les OGM, **http://altercampagne.free.fr**, DVD « OGM »,
12-39 Données de l'association Kokopelli, **www.kokopelli.asso.fr**,
12-40 Données de l'association MDRGF, Mouvement pour le Droit et le Respect des Générations Futures **www.mdrgf.fr**,
12-41 Données de Centre Sciences, CCSTI de la région Centre, 12ème rencontres scientifiques de la région Centre sur les énergies,
12-42 Données du Réseau Sortir du Nucléaire **http://sortirdunucleaire.org**,
12-43 Données du collectif Stop EPR, **www.stop-epr.org**,
12-44 Données de l'association Action des Citoyens pour le Désarmement Nucléaire, **www.acdn.net**,
12-45 Données du Pacte Pacifique, **http://www.pacte-pacifique.fr**,
12-46 Données de l'association France Palestine Solidarité **www.afps.fr**,
12-47 Données du Collectif Palestine 37,
12-48 17ème entretiens de Millançay, 3-5 octobre 2008, « Santé et modes de vie », 10 conférences-débats, 28 intervenants,

12-49 36ème congrès de la société de recherche sur les rayonnements ionisants ERRS, du 1er au 4 septembre 2008 à Tours, débat public du 1er septembre avec l'IRSN et l'ANCLI,

12-50 Données issues du film de Dominique et Ananda Guillet, « le Titanic apicole » Tome I, réalisé par « la voix des semences », 2008,

13- « For the common good », Herman E. Daly, John B. Cobb Jr., Boston, Éditions Beacon Press, 1989,

14- « La fin du développement », François Partant, Éditions Actes Sud, 1997,

15- « Cornélius Castoriadis, le projet d'autonomie », Georges Bertin, Revue Esprit critique Vol 4 n°5 mai 2002,

16- « Vaccinations, les vérités inavouables », Michel Georget, Éditions Dangles, 2ème édition 2007,

17- « L'effroyable imposture n°2 », Thierry Meyssan, Éditions Alphée-Jean Paul Bertrand, 2007, www.axisforpeace.net,

18- « L'effroyable imposture », Thierry Meyssan Éditions Carnot, 2002, réseau Voltaire www.voltairenet.org,

19- Film Loose Change version II, 2006, écrit et dirigé par Dylan Avery, produit par Korey Rowe ; www.loosechange911.com,
et sites associés : www.geocities.com/killtown, www.letsroll911.org, www.prisonplanet.com, www.911proof.com, www.911blogger.com,
et films associés : « 911 : in plane site », « 911 : road to tyranny », « Painful questions », « Martial law »

20 Film Oil Smoke and Mirrors, 2006, produit et dirigé par Ronan Doyle, éditeurs Ronan Doyle et Ronan O. Murghasa, Ephrim Pictures, www.reopen911.info,

21 Source photos sur www://phortail.org. ; et Chaîne 13ème rue, film « Imposture de la Lune, 41' de Bruce Nash, version française ciné K, traduction André Benouaisch sur www.video.google.com,

22- Citation du Pasteur Niemoller issue d'un poème écrit dans le camp de concentration de Dachau et lu dans une conférence après la seconde guerre mondiale :

« *Quand ils sont venus chercher les communistes,*
  je n'ai rien dit.
  Je n'étais pas communiste.

Quand ils sont venus chercher les syndicalistes,
  je n'ai rien dit.
  Je n'étais pas syndicaliste.

Quand ils sont venus chercher les juifs,
  je n'ai rien dit.
  Je n'étais pas juif.

Quand ils sont venus chercher les catholiques,
  je n'ai rien dit.
  Je n'étais pas catholique.

Quand ils sont venus chercher les francs-maçons,
  je n'ai rien dit.
  Je n'étais pas franc-maçon.

Quand ils sont venus me chercher
  il ne restait plus personne pour protester ».

23 « Le pari de la décroissance », Serge Latouche, Éditions Fayard, 2006,

24- « Reconsidérer la richesse », Patrick Viveret, Éditions de l'Aube, 2003,

25- « La corruption du meilleur engendre le pire », le testament d'Yvan Illich, Yvan Illich, David Cayley, traduction Daniel de Bruycker, Jean Robert, Éditions Actes Sud, 2007,

26- « La stratégie du dauphin », Dudley Lynch et Paul L.Kordis Éditions de l'Homme, 1994,

27- Lettre confidentielle GlobalEurope Anticipation Bulletin n°29 ; 16 novembre 2008,

28- « Intelligence collective, la révolution invisible », Jean François Noubel, novembre 2004 révisé 24 août 2007, www.thetransitioner.org,

29- « Le temps choisi, un nouvel art de vivre pour partager le travail autrement », François Plassard, Éditions de la Fondation Charles Léopold Mayer pour le progrès de l'homme, 2007,

30- « Crise écologique ou crise sociale ? Vivre ensemble autrement », François Plassard, Éditions Ovadia, 2008, préface d'Albert Jacquard,

31- « Della sfera del mondo », Alessandro Piccolomini (1508-1579), Éditions Vinégia, Nicolo Bevilacqua, 1ère édition de 1540, premier atlas céleste qui expose la nomenclature des étoiles, la première situation astronomique de la Terre dans le cosmos,

32- « Delle stelle fisse », Alessandro Piccolomini, Éditions Giovanni Varisco & Compagni ; 1561 4ème édition,

33- « La renaissance de la tontine », Dominique Kounkou, Éditions L'Harmattan, 2008,

34- « Monnaie africaine », Dominique Kounkou, Thèse sur le franc CFA et la question de la zone franc en Afrique centrale, collection Justice internationale, Éditions L'Harmattan, 2008,

35- « L'émergence d'initiatives africaines », Dominique Kounkou, 2009, en cours de parution,

36- Film J.F.K. de 1991, réalisé par Oliver Stone, produit par A. Kitman HO et Oliver Stone, Warner Bros,

37- Expérience de Milgram décrite dans le film de 1978, I comme Icare réalisé, produit et mis en scène par Henri Verneuil, scénario fiction d'Henri Verneuil bâti à partir de l'assassinat du Président Kennedy,

38- « Arbor Mirabilis », Ulrich de Mayence (1486-1558), Bibliothèque du Vatican, 1539, 1ère édition en 3 exemplaires ; 1555 2ème édition en 300 exemplaires.

SOMMAIRE

Préface	9
Avant-propos	13
Préambule	17

Chapitre I : Le but et les valeurs

Les 4 étapes de l'objectif à atteindre	25
Le Développement Durable	26
Le bien-être durable	29
L'historique de la genèse du Développement Durable	29
L'échec du Développement Durable	33
La naissance d'un nouvel optimisme	36
Les valeurs du bien-être durable	37
Le faire, l'être et l'avoir	43

Chapitre II : La nature de l'être humain

L'eau vivante, matrice de la vie, miroir de la conscience	45
Les mécanismes de la douleur et du bien-être durable	47
Les 7 niveaux de conscience	50
Les peurs et les mécanismes sectaires	52
Les mécanismes bourreau-victime	58
Les 3 peurs fondamentales	59
Les lois de la petitesse et de la grandeur	64
Le Jardin du Créateur	71
Le cycle des initiations de la vie	72
La finalité de la vie humaine	74
Les 6 poisons	76
Les 15 péchés capitaux	79
Les 5 vertus	86
Une philosophie de la vie	88
Les 6 attitudes justes	90
Les 3 joyaux	109

Un système énergétique du bien-être durable
auto-entretenu 110
Bilan sur la nature de l'être humain 113

Chapitre III : La nature, le vivant et ses lois

Les créateurs et les serviteurs 115
La Terre en tant qu'être vivant 117
Les principes clés de la nature et ceux de notre
société actuelle 119
L'empreinte écologique 120
Les causes des dangers rencontrés par le règne
vivant 121
L'agriculture, l'élevage, la pêche et le bilan
des écosystèmes 122

Chapitre IV : Les produits de la création

La finalité politique de la création 139
Un système monétaire suicidaire 144
Domaine de l'économie 151
Domaine de l'emploi 155
Domaine des petites entreprises 157
Domaine des associations 158
Domaine des énergies 158
Domaine de l'habitat et de l'urbanisme 162
Domaine de la santé 163
Domaine des personnes handicapées 174
Domaine de l'éducation 175
Domaine de la famille et de la jeunesse 176
Domaine des seniors 177
Domaine de la culture 178
Domaine de la justice 179
Domaine de la démocratie et de la citoyenneté 180
Domaine de l'international 182
Le sens du licite et de l'illicite 187

Chapitre V : Le programme politique

Le challenge du programme politique 197
La stratégie du dauphin 198
Les conditions pour bâtir un programme
politique cohérent 203
De nouvelles organisations sociales 205
Une économie respectueuse réhabilitant les petites
structures, la ruralité, la proximité, le local 217
Un pacte écologique actif pour sauver le vivant
et mieux vivre ensemble 220
Une santé axée sur la prévention et la coopération
entre les médecines 225
Une éducation au savoir-être dans le respect du
vivant pour nos enfants 228
Une société plus juste et plus équitable 232
Une vraie démocratie qui fait participer les
citoyens et rétablit la confiance 232
Une solidarité avec les personnes handicapées
et les plus défavorisés 233
Une vie sereine dans les pays démunis 235
Un esprit européen en action pour mettre le
monde en action 235
Une politique internationale en faveur du
bien-être durable 236

Chapitre VI : Le plan programme

Les huit étapes du plan programme 239
Physique du chaos 243
Qui veut vraiment d'une paix durable ? 251

Annexe : La Genèse Biblique transmutée 255

Postface 271

Références bibliographiques 277

L'HARMATTAN, ITALIA
Via Degli Artisti 15 ; 10124 Torino

L'HARMATTAN HONGRIE
Könyvesbolt ; Kossuth L. u. 14-16
1053 Budapest

L'HARMATTAN BURKINA FASO
Rue 15.167 Route du Pô Patte d'oie
12 BP 226
Ouagadougou 12
(00226) 76 59 79 86

ESPACE L'HARMATTAN KINSHASA
Faculté des Sciences Sociales,
Politiques et Administratives
BP243, KIN XI ; Université de Kinshasa

L'HARMATTAN GUINEE
Almamya Rue KA 028
En face du restaurant le cèdre
OKB agency BP 3470 Conakry
(00224) 60 20 85 08
harmattanguinee@yahoo.fr

L'HARMATTAN COTE D'IVOIRE
M. Etien N'dah Ahmon
Résidence Karl / cité des arts
Abidjan-Cocody 03 BP 1588 Abidjan 03
(00225) 05 77 87 31

L'HARMATTAN MAURITANIE
Espace El Kettab du livre francophone
N° 472 avenue Palais des Congrès
BP 316 Nouakchott
(00222) 63 25 980

L'HARMATTAN CAMEROUN
BP 11486
Yaoundé
(00237) 458 67 00
(00237) 976 61 66
harmattancam@yahoo.fr

653814 - Mai 2016
Achevé d'imprimer par